ŒUVRES COMPLÈTES

D'ALEXANDRE DUMAS

MES MÉMOIRES

X

ŒUVRES COMPLÈTES D'ALEXANDRE DUMAS
PUBLIÉES DANS LA COLLECTION MICHEL LÉVY

Titre	Vol.
Acté	1
Amaury	1
Ange Pitou	2
Ascanio	2
Une Aventure d'amour	1
Aventures de John Davys	2
Les Baleiniers	2
Le Bâtard de Mauléon	3
Black	1
Les Blancs et les Bleus	3
La Bouillie de la comtesse Berthe	1
La Boule de neige	1
Bric-à-Brac	2
Un Cadet de famille	3
Le Capitaine Pamphile	1
Le Capitaine Paul	1
Le Capitaine Rhino	1
Le Capitaine Richard	1
Catherine Blum	1
Causeries	2
Cécile	1
Charles le Téméraire	2
Le Chasseur de Sauvagine	1
Le Château d'Eppstein	2
Le Chevalier d'Harmental	2
Le Chevalier de Maison-Rouge	2
Le Collier de la reine	3
La Colombe. — Maître Adam le Calabrais	1
Les Compagnons de Jéhu	3
Le Comte de Monte-Cristo	6
La Comtesse de Charny	6
La Comtesse de Salisbury	2
Les Confessions de la marquise	1
Conscience l'Innocent	2
Création et Rédemption. — Le Docteur mystérieux	2
— La Fille du Marquis	2
La Dame de Monsoreau	3
La Dame de Volupté	2
Les Deux Diane	3
Les Deux Reines	2
Dieu dispose	2
Le Drame de 93	3
Les Drames de la mer	1
Les Drames galants. — La Marquise d'Escoman	2
Emma Lyonna	5
La Femme au collier de velours	1
Fernande	1
Une Fille du régent	1
Filles, Lorettes et Courtisanes	1
Le Fils du forçat	1
Les Frères corses	1
Gabriel Lambert	1
Les Garibaldiens	1
Gaule et France	1
Georges	1
Un Gil Blas en Californie	1
Les Grands Hommes en robe de chambre : César	2
— Henri IV, Louis XIII, Richelieu	2
La Guerre des femmes	2
Histoire d'un casse-noisette	1
L'Homme aux contes	1
Les Hommes de fer	1
L'Horoscope	1
L'Ile de Feu	2
Impressions de voyage : En Suisse	3
— Une Année à Florence	1
— L'Arabie Heureuse	3
— Les Bords du Rhin	2
— Le Capitaine Arena	1
— Le Caucase	3
— Le Corricolo	2
— Le Midi de la France	2
— De Paris à Cadix	2
— Quinze jours au Sinaï	1
— En Russie	4
— Le Speronare	2
— Le Véloce	2
— La Villa Palmieri	1
Ingénue	2
Isaac Laquedem	2
Isabel de Bavière	2
Italiens et Flamands	2
Ivanhoe de Walter Scott (traduction)	2
Jacques Ortis	1
Jacquot sans Oreilles	1
Jane	1
Jehanne la Pucelle	1
Louis XIV et son Siècle	4
Louis XV et sa Cour	2
Louis XVI et la Révolution	2
Les Louves de Machecoul	3
Madame de Chambley	2
La Maison de glace	2
Le Maître d'armes	1
Les Mariages du père Olifus	1
Les Médicis	1
Mes Mémoires	10
Mémoires de Garibaldi	2
Mémoires d'une aveugle	2
Mémoires d'un médecin : Balsamo	5
Le Meneur de loups	1
Les Mille et un Fantômes	1
Les Mohicans de Paris	4
Les Morts vont vite	2
Napoléon	1
Une Nuit à Florence	1
Olympe de Clèves	3
Le Page du duc de Savoie	2
Parisiens et Provinciaux	2
Le Pasteur d'Ashbourn	2
Pauline et Pascal Bruno	1
Un Pays inconnu	1
Le Père Gigogne	2
Le Père la Ruine	1
Le Prince des Voleurs	2
Princesse de Monaco	2
La Princesse Flora	1
Propos d'Art et de Cuisine	1
Les Quarante-Cinq	3
La Régence	1
La Reine Margot	2
Robin Hood le Proscrit	2
La Route de Varennes	1
Le Salteador	1
Salvator (suite des Mohicans de Paris)	5
La San-Felice	4
Souvenirs d'Antony	1
Souvenirs d'une Favorite	4
Les Stuarts	1
Sultanetta	1
Sylvandire	1
Terreur prussienne	2
Le Testament de M. Chauvelin	1
Théâtre complet	25
Trois Maîtres	1
Les Trois Mousquetaires	2
Le Trou de l'enfer	2
La Tulipe noire	1
Le Vicomte de Bragelonne	6
La Vie au Désert	2
Une Vie d'artiste	1
Vingt Ans après	3

Paris. — Imp. N.-M. Duval, rue de l'Échiquier, 17.

MES
MÉMOIRES

PAR

ALEXANDRE DUMAS

DIXIÈME SÉRIE

NOUVELLE ÉDITION

PARIS
CALMANN LÉVY, ÉDITEUR
ANCIENNE MAISON MICHEL LÉVY FRÈRES
3, RUE AUBER, 3

1884

Droits de reproduction et de traduction réservés.

MÉMOIRES

DE

ALEXANDRE DUMAS

CCXLIII

Les artilleurs. — Carrel et *le National*. — Barricades du boulevard Bourdon et de la rue de Ménilmontant. — La voiture du général la Fayette. — Un mauvais tireur de mes amis. — Désespoir d'Harel. — Les pistolets de *Richard*. — Les femmes sont contre nous! — Je distribue des armes aux insurgés. — Changement d'uniforme. — Réunion chez Laffitte. — Marche de l'insurrection. — M. Thiers. — Barricade Saint-Merri. — Jeanne. — Rossignol. — Barricade du passage du Saumon. — Matinée du 6 juin.

Le groupe d'artilleurs que guidaient les trois chefs que nous venons de nommer descendait au pas de course, et en criant : « Vive la République! » la rive droite du canal. Devant lui, les uns fuyaient; autour de lui, les autres se groupaient; c'était un effroyable tumulte.

A la place de la Bastille, on retrouva le 12ᵉ léger; d'après ce qu'avait dit l'officier, on était sûr de lui. Aussi les soldats laissèrent-ils passer les artilleurs. Le chef de bataillon les salua et les approuva de la tête.

Au boulevard Saint-Antoine, un cuirassier dont j'ai oublié le nom se joignit aux artilleurs. — Il y eut le cuirassier du 5 juin, comme il y eut le pompier du 15 mai!

Arrivé devant le poste du boulevard, au coin de la rue de

Ménilmontant, le cuirassier, le sabre à la main, s'élança sur le corps de garde; le peuple le suivit. En un instant, le poste fut pris, et les soldats furent désarmés.

On continuait de suivre les boulevards aux cris de « Vive la République! » cris qui, presque partout, étaient accueillis par des bravos.

A la hauteur de la rue de Lancry, on rencontra Carrel à cheval. Il venait, comme un général, s'assurer de l'état des choses.

— Avez-vous un régiment avec vous? demanda-t-il.

— Nous les avons tous! lui cria-t-on.

— C'est trop; je n'en veux qu'un seul, dit-il en riant.

Et il reprit au galop le chemin de la Bastille.

Les artilleurs prirent la rue Bourbon-Villeneuve. A leur vue, le poste de la Banque courut aux fusils, mais, au grand étonnement des insurgés, leur présenta les armes.

On ne pouvait, cependant, traverser ainsi tout Paris; on était à quelques pas du Vaudeville, on y déposa le drapeau; on mangea rapidement un morceau, et l'on courut au *National*, rue du Croissant.

Les républicains y affluaient, et, au milieu des républicains, des hommes d'une opinion intermédiaire, comme Hippolyte Royer-Collard, par exemple.

Carrel arriva sur ces entrefaites; on attendait son opinion avec impatience.

— Je n'ai pas grande confiance dans la barricade, dit-il; nous avons réussi en 1830, c'est un accident. Que ceux qui sont d'un autre avis que moi remuent les pavés, je ne les y engage pas, je ne les désapprouve pas; seulement, en sauvant *le National*, et en l'empêchant de se compromettre comme journal, je leur garde un bouclier pour le lendemain. Croyez qu'il y a plus de courage à dire à mes amis ce que je leur dis, qu'à essayer avec eux ce qu'ils vont entreprendre.

Comme Carrel prononçait ces quelques mots, Thomas arrivait du boulevard Bourdon.

— Nous n'avons rien à faire ici, dit Thomas; allons-nous-en!

A l'instant même, les ardents sortirent du *National,* et l'on s'en alla tenir conseil chez Ambert, rue Godot-de-Mauroi.

Voici ce qui s'était passé au boulevard Bourdon, d'où arrivait Thomas :

Comme nous l'avons dit, les dragons étaient sortis de la caserne des Célestins, et après s'être avancés rapidement, s'étaient arrêtés à deux cents pas du pont. La multitude toute frémissante leur faisait face. De la multitude sortit en ce moment la voiture du général la Fayette, traînée par les jeunes gens.

Ceux qui marchaient devant, criaient : « Place à la Fayette ! »

Les dragons ouvrirent leurs rangs, et laissèrent passer le général, les jeunes gens et la voiture.

A peine le général était-il passé, que plusieurs coups de fusil retentirent.

Qui tira ces coups de fusil ? C'est ce qu'il fut impossible de constater, c'est ce que nous ignorons nous-même. — C'est la question éternelle que refait l'histoire, sans que la vérité y réponde jamais ; c'est l'énigme du 10 août, c'est l'énigme du 5 juin, l'énigme du 24 février.

En un instant, les dragons furent écrasés de pierres ; des enfants se glissèrent jusque sous le ventre des chevaux, éventrant les animaux sous les hommes.

La conduite des dragons et de leur commandant, M. Dessolier, fut admirable : ils supportèrent tout sans charger ni faire feu.

L'attaque devait venir d'un autre côté.

Un sous-officier était parti au galop, pour prévenir le colonel, resté aux Célestins. Ce sous-officier fit son rapport ; le colonel résolut non-seulement de dégager ses soldats en faisant une diversion, mais encore de prendre les insurgés entre deux feux. Il sortit à la tête d'un second détachement, et, trompettes en tête, déboucha par la place de l'Arsenal. Mais à peine avait-il fait cent pas, qu'une décharge de mousqueterie éclata, et que deux dragons tombèrent.

Alors, les dragons prirent le galop, et vinrent, pour se venger de la fusillade essuyée, charger la foule du boulevard Bourdon.

Une seconde décharge partit, et le commandant Cholet tomba mort.

Puis le cri « Aux armes » retentit.

Bastide et Thomas étaient à l'extrémité opposée du boulevard Bourdon. Ils n'avaient point attaqué ; mais, au contraire, ils étaient attaqués. Ils résolurent de ne point reculer d'un pas.

En quelques minutes, une barricade fut improvisée.

Elle était défendue par trois chefs principaux : Bastide, Thomas, Séchan. Une douzaine d'élèves de l'École polytechnique, une vingtaine d'artilleurs et autant d'hommes du peuple s'étaient réunis à eux.

Comme s'il n'eût pas eu assez de sa grande taille pour courir un danger double des autres, Thomas monta sur la barricade ; Séchan le prit par derrière, à bras-le-corps, et le força de descendre.

On tenait ferme.

Le feu partait à la fois de l'Arsenal, du pavillon de Sully et du grenier d'abondance.

Le colonel des dragons avait eu son cheval tué sous lui ; le lieutenant était blessé à mort. Une balle venait d'atteindre le capitaine Briqueville.

L'ordre de la retraite fut donné au dragons, qui se replièrent sur les rues de la Cerisaie et du Petit-Musc.

La barricade était dégagée ; il était inutile de continuer la lutte à l'extrémité de Paris ; c'était au cœur qu'il fallait allumer l'incendie. Thomas, Bastide et Séchan se jettent sur le boulevard Contrescarpe, et rentrent dans Paris en criant: « Aux armes ! »

Thomas court prendre langue au *National*. Bastide, Séchan, Dussart, Pescheux d'Herbinville, élèvent une barricade à l'entrée de la rue de Ménilmontant, où Bastide et Thomas avaient leur maison, et tenaient un chantier de bois à brûler.

Pendant ce temps, des étudiants, des élèves de l'École, des gens du peuple se sont emparés du corbillard. Les cris « Au Panthéon ! » se font entendre.

— Oui ! oui ! au Panthéon ! répètent toutes les voix.

Et le catafalque est traîné du côté du Panthéon.

La cavalerie municipale barrait le passage. On l'attaque : elle résiste, mais elle est repoussée dans la direction de la barrière d'Enfer.

Deux escadrons de carabiniers viennent à son aide, et, grâce à ce secours, elle reste maîtresse du convoi.

Les insurgés se dispersent dans le faubourg Saint-Germain en criant : « Aux armes ! »

Paris est en feu, de la barrière d'Enfer à la rue de Ménilmontant.

Cependant, les jeunes gens qui ont dételé les chevaux de la Fayette, et qui traînent sa voiture, entendent les coups de feu, les cris « Aux armes ! » et la fusillade qui gagnent de tous les côtés. Ils s'ennuient de rester inactifs. Celui qui est monté sur le siège de derrière se penche alors vers celui qui est sur le siège de devant.

— Une idée ! dit-il.

— Laquelle ?

Si nous jetions le général la Fayette à la rivière, et si nous disions que c'est Louis-Philippe qui l'a fait noyer?...

Les jeunes gens se mirent à rire.

Par bonheur, ce n'était qu'une plaisanterie.

Le soir même, chez Laffitte, le digne vieillard me racontait l'anecdote.

— Eh ! eh ! disait-il, au bout du compte, l'idée n'était pas mauvaise, et je ne sais pas si j'aurais eu le courage de m'y opposer, dans le cas où ils eussent tenté de la mettre à exécution.

Voilà donc où en était Paris quand nous nous présentâmes à la barrière de Bercy, et quand les hommes du peuple, en sentinelle, nous annoncèrent que Louis-Philippe était dans le troisième dessous, et la République proclamée.

Nous suivîmes en toute hâte le boulevard Contrescarpe. A la place de la Bastille, nous trouvâmes le 12e léger, qui nous laissa passer.

Les boulevards étaient à peu près déserts.

En arrivant à la rue de Ménilmontant, je vis une barricade; elle était gardée par un seul artilleur. Je m'approchai et je reconnus Séchan, la carabine à l'épaule, — cette même carabine dont j'ai déjà parlé, à propos de la fameuse nuit du Louvre.

Je m'arrêtai; je ne savais rien de positif: je lui demandai des nouvelles, et le priai de m'expliquer pourquoi il était seul.

Les autres mouraient de faim, et mangeaient un morceau au chantier de Bastide. Au premier coup de feu, ils devaient accourir.

Je sus par Séchan ce qui s'était passé au boulevard Bourdon, et je continuai mon chemin.

Mes deux compagnons de route se jetèrent dans la rue de Bondy; je suivis le boulevard.

A la hauteur de la rue et du faubourg Saint-Martin, le boulevard était coupé en travers par un détachement de la ligne; les hommes étaient postés sur trois rangs.

Je me demandai comment j'allais, seul, avec mon uniforme hostile, traverser cette triple ligne, lorsque mon regard, en plongeant dans les rangs, y découvrit un de mes anciens camarades de batterie.

Il est vrai que j'avais failli avoir un duel avec lui à cette époque, pour différence d'opinion.

Il était vêtu d'une veste ronde, d'un bonnet de police, et d'un de ces pantalons à boutons qu'on appelle des charivaris. Il avait à la main un fusil à deux coups, et s'était joint à la troupe en amateur.

Cette reconnaissance faite, je crus pouvoir être tranquille.

Je continuai d'avancer en faisant signe de la main.

Lui abaissa son fusil.

Je crus qu'il m'avait reconnu et plaisantait, ou voulait me faire peur; j'avançai toujours.

Tout à coup, il disparut dans un nuage de feu et de fumée, et une balle siffla à mes oreilles.

Je vis que c'était sérieux.

J'étais à la hauteur du café de la Porte-Saint-Martin. Je voulus me jeter dans le passage du théâtre: le passage était fermé. J'enfonçai la porte du théâtre d'un coup de pied.

La quatrième ou cinquième représentation de *la Tour de Nesle* était affichée.

Je courus vers le magasin d'accessoires.

Sur le théâtre, je rencontrai Harel. Il s'arrachait les cheveux en voyant son succès interrompu.

Comme il s'aperçut que je me détournais de lui :

— Où allez-vous? me demanda-t-il.

— Au magasin d'accessoires.

— Qu'allez-vous y faire?

— Vous avez bien un fusil?

— Pardieu! j'en ai un cent! Vous savez bien que nous venons de jouer... c'est-à-dire pas moi, malheureusement, mais Crosnier... *Napoléon à Schœnbrunn*.

— Eh bien, je veux un fusil.

— Pour quoi faire?

— Pour renvoyer à un de mes amis une balle qu'il vient de m'envoyer. Seulement, j'espère être plus adroit que lui.

— Oh! mon ami! s'écria Harel, vous allez faire brûler le théâtre!

Et il se mit en travers de la porte des accessoires.

— Pardon, cher ami, lui dis-je, je renonce aux fusils, puisqu'ils sont à vous; mais rendez-moi les pistolets que j'ai prêtés pour la seconde représentation de *Richard :* non-seulement ce sont des pistolets de prix, mais encore c'est un cadeau.

— Cachez les pistolets! cria Harel au garçon d'accessoires.

— Mais, mon cher ami, ces pistolets sont à moi.

— Cachez-les!

On les cacha si bien, que je ne les revis jamais.

Furieux, je montai au deuxième étage.

Par les petites fenêtres du théâtre formant un carré long, je pouvais voir tout ce qui se passait sur le boulevard.

Les soldats étaient toujours à leur poste, et mon ami — l'homme au fusil à deux coups, au bonnet de police, au charivari, — était toujours avec eux.

J'enrageais de ne pas avoir la moindre sarbacane.

Pendant que je regardais par cette ouverture, si étroite,

qu'elle me permettait de voir sans être vu, un fait d'une grande signification s'accomplit en face du théâtre.

Un dragon accourait à toute bride, apportant un ordre.

Un enfant embusqué derrière un arbre du boulevard l'attendait, une pierre à la main.

Au moment où le dragon passait, l'enfant lança la pierre, qui rebondit sur le casque.

Le dragon chancela, mais ne s'arrêta point à poursuivre l'enfant, et continua son chemin au grand galop.

Mais une femme — la mère de l'enfant probablement — était sortie, était venue à pas de loup derrière lui, et, après l'avoir saisi au collet, lui donnait une effroyable rincée.

Je baissai la tête.

— Les femmes n'en sont point, cette fois-ci, dis-je; nous sommes perdus!

En ce moment, j'entendis Harel qui m'appelait d'une voix lamentable.

Je descendis. Par la porte que j'avais enfoncée pour pénétrer dans le théâtre, une vingtaine d'homme venaient d'entrer, demandant des armes. Eux aussi se souvenaient de *Napoléon à Schœnbrunn*.

Harel voyait déjà son théâtre pillé de fond en comble, et m'appelait à son secours, comptant sur mon nom, déjà populaire, et sur mon uniforme d'artilleur.

J'allai au-devant du flot, qui s'arrêta en m'apercevant.

— Mes amis, leur dis-je, vous êtes d'honnêtes gens !

L'un d'eux me reconnut.

— Tiens, dit-il, c'est M. Dumas, le commissaire de l'artillerie.

— Justement; vous voyez bien que nous pouvons nous entendre.

— Eh oui! puisque vous êtes des nôtres.

— Alors, écoutez-moi, je vous en prie.

— Écoutons.

— Vous ne voulez pas la ruine d'un homme qui partage vos opinions, d'un proscrit de 1815, d'un préfet de l'Empire ?

— Non, nous voulons seulement des armes.

— Eh bien, M. Harel, le directeur, a été préfet des Cent-Jours, et exilé par les Bourbons en 1815.

— Vive M. Harel, alors !... Qu'il nous donne ses fusils, et se mette à notre tête.

— Un directeur de théâtre n'est pas maître de ses opinions : il dépend du gouvernement.

— Qu'il nous laisse prendre ses fusils ; nous ne lui en demandons pas davantage.

— Un peu de patience ! nous allons les avoir ; mais c'est moi qui vais vous les donner.

— Bravo !

— Combien êtes-vous ?

— Une vingtaine.

— Harel ! faites apporter vingt fusils, mon ami.

Puis, me retournant vers ces braves gens :

— Vous comprenez bien ceci : ces fusils, c'est moi, M. Alexandre Dumas, qui vous les prête ; ceux qui seront tués, je n'ai rien à leur réclamer ; mais ceux qui survivront rapporteront leurs armes. C'est dit ?

— Parole d'honneur !

— Voilà vingt fusils.

— Merci !

— Ce n'est pas tout : vous allez écrire sur les portes : *Armes données !*

— Qui est-ce qui a de la craie ?

J'appelai le chef machiniste.

— Darnault, un morceau de craie !

— Voilà.

— Allez écrire ! dis-je à mes hommes.

Et l'un d'eux, le fusil à la main, à la vue du détachement de la ligne, alla écrire sur les trois portes du théâtre : *Armes données*, et il signa.

Puis les vingt hommes échangèrent avec moi vingt poignées de main, et partirent en criant : « Vive la République ! » et en brandissant leurs fusils.

— Maintenant, dis-je à Darnault, barricadez la porte.

— Ma foi, dit Harel, le théâtre est à vous à partir de ce moment, mon cher ami, et vous pouvez y faire ce qu'il vous plaira : vous l'avez sauvé !

— Allons voir Georges, et lui annoncer qu'elle est sauvée en même temps que le théâtre.

Nous montâmes ; Georges mourait de peur.

En me voyant entrer en artilleur, elle jeta les hauts cris.

— Est-ce que vous allez vous en aller dans ce costume-là? demanda-t-elle.

— Parbleu !

— Mais vous serez tué avant d'être au faubourg Poissonnière.

— Quant à cela, c'est bien possible... et, si mon ami G. de B... ne tirait pas si mal, ce serait déjà fait.

— Harel, prête-lui des habits.

— Ah ! oui, pourquoi pas Tom ?

— Mais envoyez-en chercher chez vous, au moins ; je ne vous laisse pas partir avec ce malheureux uniforme.

— Eh bien, voyons !

Harel appela Darnault.

— Darnault, avez-vous là un de vos hommes ?

— Oui, je crois, dit Darnault : il y a Guérin.

— Envoyez-le chercher des habits chez Dumas.

— Donnez-moi un mot, me dit Darnault.

— Prêtez-moi votre crayon.

J'écrivis sur un chiffon de papier quelques lignes au crayon.

Un quart d'heure après, Guérin était de retour sans accident.

Au reste, le chemin était parfaitement libre.

Je m'habillai rapidement en bourgeois ; je confiai mon uniforme à Darnault, — ne voulant pas le confier à Georges, qui l'eût certainement fait brûler, — et, par le faubourg Saint-Martin, le passage de l'Industrie, la rue d'Enghien, la rue Bergère, je gagnai l'hôtel de M. Laffitte.

J'y arrivai vers sept heures du soir.

La Fayette y arrivait par le boulevard.

Ce fut là qu'il me raconta l'anecdote de la rivière.

Nous entrâmes ensemble chez Laffitte, où je n'étais pas entré depuis le mois de juillet 1830.

Voici quelles étaient les nouvelles arrivant, de tous les côtés de Paris, à ce centre de l'opposition, sinon de l'insurrection.

Sur la rive gauche, on était maître de la caserne des vétérans ; la poudrière des Deux-Moulins était emportée ; le poste de la place Maubert, qui avait refusé de rendre ses armes, était tué ou pris; on se battait aux alentours de Sainte-Pélagie; toute la ligne des barrières appartenait aux républicains.

Sur la rive droite, on était maître de l'Arsenal, du poste de la Galiote, de celui du Château-d'Eau, de la mairie du huitième arrondissement ; les républicains dominaient le Marais ; la fabrique d'armes de Popincourt, enlevée d'assaut, leur avait livré douze cents fusils ; ils étaient arrivés à la place des Victoires, et se préparaient à attaquer la Banque et l'hôtel des postes.

Mais où l'insurrection s'était concentrée, le quartier qu'elle s'occupait de transformer en forteresse inabordable, c'était la rue Saint-Martin et les rues voisines.

La troupe, encore toute troublée des événements de 1830, ignorait pour qui elle devait se décider ; tiendrait-elle pour le gouvernement ? tournerait-elle au peuple ?

1830 lui traçait ce dernier chemin.

Quant à la garde nationale, l'apparition de l'homme au drapeau rouge l'avait consternée, elle ne voyait, dans l'insurrection du 5 juin, et dans les cris de « Vive la République ! » qu'un retour vers la Terreur ; elle se réunissait plutôt pour se défendre que pour attaquer, et l'on racontait qu'un bataillon tout entier, massé sur le pont Notre-Dame, s'était ouvert pour laisser passer huit insurgés.

Aussi le gouvernement, comprenant que la troupe ne ferait rien que de concert avec la garde nationale, avait-il concentré aux mains du maréchal Lobau la direction de toutes les forces militaires de la capitale.

Ce fut au moment où toutes ces nouvelles se croisaient que nous entrâmes dans le salon de M. Laffitte.

La vue du général la Fayette fit pousser un cri. On se leva et l'on alla au-devant de lui.

— Eh bien, général, lui cria-t-on de toutes parts, que faites-vous ?

— Messieurs, dit-il, de braves jeunes gens sont venus chez moi, et en ont appelé à mon patriotisme.

— Que leur avez-vous répondu ?

— Je leur ai répondu. « Mes enfants, plus un drapeau est troué, plus il est glorieux ! trouvez-moi un endroit où l'on puisse mettre une chaise, et je m'y ferai tuer. »

Les députés réunis chez Laffitte se regardèrent.

— Eh bien, messieurs, leur dit Laffitte avec ce doux sourire qui ne le quittait pas, même dans les plus grands dangers, qu'en dites-vous ?

— Que fait le maréchal Clausel ? demanda une voix.

— Je puis vous le dire, répondit Savary, qui venait d'entrer, et qui avait entendu la question ; je sors de chez lui.

— Ah !

— Je l'ai pressé de se joindre à nous, et il m'a répondu : « Je me joins à vous, si vous êtes sûrs d'un régiment. — Eh ! monsieur, lui ai-je dit, si nous avions un régiment, nous n'aurions pas besoin de vous ! » Sur quoi, je l'ai quitté.

— Messieurs, dit Laffitte, si nous nous jetons dans l'insurrection, il n'y a pas de temps à perdre ; il faut à l'instant même proclamer la déchéance du roi, nommer un gouvernement provisoire, et que Paris se réveille demain avec une proclamation sur toutes les murailles. — La signerez-vous, général ? continua Laffitte en s'adressant à la Fayette.

— Oui, répondit simplement la Fayette.

— Moi aussi, dit Laffitte ; il nous faut un troisième.

Le général et le banquier regardèrent autour d'eux : personne ne s'offrit.

— Ah ! si Arago était là ! dit Laffitte.

— Vous savez que vous pouvez comptez sur lui, hasardai-je ; il ne vous reniera point : je quitte son frère, qui est jusqu'au cou dans l'insurrection

— Nous pouvons jouer notre tête, dit Laffitte, non celle de nos amis.

— N'a-t-on pas fait cela en 1830 pour le comte de Choiseul ?

— Oui ; mais la situation est plus grave qu'en 1830.

— Elle est la même, hasardai-je.

— Pardon ! en 1830, nous avions le duc d'Orléans avec nous.

— Derrière nous !

— Enfin, il y était, et la preuve, c'est qu'aujourd'hui il est roi.

— S'il est roi, le général la Fayette se rappellera que ce n'est pas notre faute.

— Oui, c'est dans les jeunes têtes qu'était la sagesse !

Je vis qu'il n'y avait rien à faire de ce côté, et que la nuit se passerait à discuter.

Je sortis ; cela m'était d'autant plus facile que j'étais un personnage fort peu important, et que, probablement, personne ne remarqua mon absence.

Mon intention était d'aller, soit au *National*, soit chez Ambert ; mais, arrivé au boulevard, j'appris qu'on se battait rue du Croissant.

Je n'avais pas d'arme. Puis à peine pouvais-je me tenir debout, j'étais brûlé par la fièvre. Je pris un cabriolet, et me fis conduire chez moi.

Je m'évanouis en montant l'escalier, et l'on me retrouva sans connaissance entre le premier et le second étage.

Pendant que l'on me retrouvait dans mon escalier, que l'on me déshabillait, que l'on me couchait, l'insurrection allait son train.

Suivons-la jusque derrière la barricade de la rue Saint-Merri.

Nous avons laissé Séchan gardant seul la barricade de la rue de Ménilmontant. Aussitôt le repas fini, ses compagnons étaient venus le rejoindre.

A neuf heures du soir, ils n'avaient pas encore été inquiétés. Les postes les plus avancés de la troupe ne dépassaient pas la rue de Cléry.

C'est qu'il y avait grande préoccupation à l'état-major, où s'étaient réunis un certain nombre de généraux et de ministres.

Le maréchal Soult se trouvait, par son âge et son expérience, président naturel de cette réunion. Mais peut-être était-il le plus indécis de tous. Il se rappelait le 29 juillet 1830, et l'anathème attaché au nom du duc de Raguse.

Un général proposa de donner aux troupes l'ordre de la retraite, de les masser sur le Champ de Mars, et, du Champ de Mars, de rentrer l'épée à la main dans Paris.

Peut-être cette opinion, si étrange qu'elle fût en stratégie, allait être adoptée, quand le préfet de police, M. Gisquet, s'y opposa de toute sa force.

La collision, on se le rappelle, s'était engagée sur un ordre de lui donné aux dragons, et, pendant les trois jours que dura la lutte, il fut plus ardent au combat et plus téméraire aux résolutions extrêmes que les plus hardis généraux.

La dicussion se prolongeait lorsqu'il eût fallu agir ; le danger prenait de formidables proportions : les insurgés avaient enlevé successivement, sur la garde municipale, repoussée avec de grandes pertes, les postes de la Bastille, de la Lingerie, des Blancs-Manteaux et du marché Saint-Martin.

A huit heures du soir, la nouvelle arrivait à l'état-major qu'ils venaient de construire une barricade près du petit pont de l'Hôtel-Dieu ; que la garde municipale, forcée de battre en retraite, leur avait abandonné le quai aux Fleurs ; qu'ils enveloppaient de toutes parts la préfecture de police.

Alors, on expédia des ordres pour rappeler les troupes dans la ville ; un bataillon du 12e léger partait de Saint-Denis en même temps que le 14e accourait de Courbevoie.

La batterie de l'École militaire avait été appelée sur le Carrousel.

Un bataillon du 3e léger et un détachement de la 6e légion éclairaient le boulevard de la Madeleine ; à la porte Saint-Martin, deux escadrons de carabiniers stationnaient en face du théâtre, et le général Schramm s'était établi avec quatre compagnies à la hauteur de l'Ambigu.

A six heures du soir seulement, et après des charges réitérées, les dragons étaient parvenus à se rendre maîtres de la place des Victoires, et ce fut en présence de M. de Lemet, et en passant au milieu d'un double haie de garde nationale que partirent les courriers.

Vers neuf heures un quart du soir, Étienne Arago commandait, en uniforme de lieutenant d'artillerie, une patrouille grise d'une vingtaine d'hommes parfaitement armés et au nombre desquels étaient Bernard (de Rennes) fils, Thomas et Ambert; il faisait sa jonction avec Bastide, Dussart, Pescheux d'Herbinville et Séchan.

La barricade derrière laquelle j'avais vu Séchan, seul avec sa carabine, comptait alors quarante défenseurs, à peu près.

On passa la nuit à se fortifier.

Vers la même heure, M. Thiers était arrivé à l'état-major. Il avait vu le feu de près: le hasard avait fait qu'il dînait, ce jour-là, au *Rocher de Cancale* avec Mignet et d'Haubersaert; ils avaient un instant été enveloppés par les insurgés, qui se concentraient dans les environs du cloître Saint-Merri, et étaient loin de se douter qu'ils eussent si près d'eux trois des plus chauds partisans de Louis-Philippe.

M. Thiers avait tant raconté de batailles dans son *Histoire de la Révolution,* qu'il était un peu général. Arrivé à la place du Carrousel, il se fit un état-major de MM. de Béranger, de Kératry, Madier de Montjau, Voisin de Gartempe, qui se trouvaient là, et distribua des cartouches, tout en faisant dire aux députés de bonne volonté de venir le rejoindre où il était.

Neuf seulement se rendirent à l'invitation (1).

On savait que le roi devait venir, et on l'attendait avec une grande impatience. A l'air de son visage, on saurait ce qu'il devait faire.

Le roi arriva, calme et même souriant.

Le roi, nous l'avons dit à propos de la façon dont il s'empara du trône, n'avait aucune audace, mais il avait un grand courage.

---

(1) Louis Blanc, *Histoire de Dix Ans.*

Ce fut alors seulement que la défense s'organisa.

L'insurrection campait, en réalité, au cœur de Paris.

La rue Saint-Martin était occupée par deux barricades, l'une au nord, à la hauteur de la rue Maubuée, l'autre au midi, puissamment fortifiée, presque imprenable, à la hauteur de la rue Saint-Merri.

Dans l'espace compris entre ces deux barricades, une maison avait été choisie par les insurgés pour servir à la fois de forteresse, de quartier général et d'ambulance. C'était la maison n° 30.

La position avait été choisie par un stratégiste presque aussi habile que M. Thiers.

Elle faisait face à la rue Aubry-le-Boucher ; —par conséquent, si on l'abordait par cette rue, on tombait sous le feu de quatre étages ; si on l'attaquait à revers, on avait affaire aux hommes des barricades.

Un décoré de juillet nommé Jeanne, qui se fit une double célébrité par son courage dans le combat, par sa fermeté devant les juges, commandait ce poste dangereux.

Deux ou trois vieux soldats coulaient des balles avec du plomb arraché aux gouttières.

Des enfants allaient déchirer des affiches le long des murailles, et les rapportaient pour faire des bourres. — Nous publierons dans toute sa naïveté le récit d'un de ces enfants.

Tout à coup, on vient annoncer aux républicains, dont la moitié était sans armes, que, dans la cour de cette même maison n° 30, se trouvait une boutique d'armurier.

C'était une nouvelle miraculeuse.

La boutique fut ouverte, et, sans désordre, sans confusion, tout ce qu'il y avait de fusils fut distribué, tout ce qu'il y avait de poudre fut fractionné en mesure égale.

La distribution venait d'être faite lorque retentirent plusieurs coups de fusil, et le cri « Aux armes ! »

Voici ce qui était arrivé :

Une colonne de gardes nationaux qui reconnaissait la rue Saint-Martin était venue donner dans la barricade.

— Qui vive ? cria la sentinelle.

— Amis ! s'empressa de répondre le commandant de la colonne.

— Êtes-vous républicains ?

— Oui, et nous venons à votre aide.

— Vive la République ! crièrent alors en chœur les défenseurs de la barricade.

Un des chefs, nommé Rossignol, ne put résister au bonheur de serrer avant les autres la main à des coreligionnaires ; il sauta par-dessus la barricade, et s'avança vers les gardes nationaux en criant :

— Soyez les bienvenus !

Mais à l'instant même un cri partit des rangs de la garde nationale :

— Ah ! brigands ! nous vous tenons enfin.

— Feu, mes amis ! cria Rossignol, ce sont des philippistes.

Et une décharge partit de l'intérieur de la barricade, et tua cinq hommes à la garde nationale.

C'était le pendant de : « A moi d'Auvergne ! c'est l'ennemi. » Seulement, plus heureux que le chevalier d'Assas, Rossignol, à travers une grêle de balles, rentra sain et sauf dans la barricade (1).

Après une lutte terrible, après être revenue trois fois à la charge la garde nationale fut repoussée.

Et vieillards qui avaient quitté leurs moules à balles, enfants qui avaient cessé de faire des bourres pour prendre les armes, déposèrent leurs fusils, et se remirent à la besogne.

Un enfant de douze ans avait été blessé à la tête par la première décharge ; Jeanne, ni comme chef, ni comme ami, ne put obtenir de lui qu'il quittât la barricade.

Les gardes nationaux s'éloignèrent, abandonnant leurs morts et leurs blessés ; mais, aussitôt le champ de bataille libre, Jeanne et ses hommes franchirent la barricade, et allèrent ramasser les blessés, qu'ils portèrent à leurs ambulances.

---

(1) Noël Parfait, *Épisodes des 5 et 6 juin 1832.*

Un élève en chirurgie, qui faisait partie des insurgés, les pansa, aidé de deux femmes.

A quelques centaines de pas de la barricade de la rue Saint-Merri s'élevait la barricade du passage du Saumon, qui échelonnait ses sentinelles tout le long de la rue Montmartre.

A huit heures du soir, le maréchal Lobau donna l'ordre de l'emporter à quelque prix que ce fût ; il voulait que, le lendemain, au point du jour, la rue Montmartre fût libre.

On combattit toute la nuit.

Ceux qui gardaient la barricade firent ce serment sur les corps d'un des leurs qui tomba : « Ou nous sortirons vainqueurs, ou l'on nous emportera morts ! »

Un café, qui n'existe plus aujourd'hui, servait d'ambulance au rez-de-chaussée et à l'entre-sol, tandis que, des fenêtres du premier et du deuxième étage, pleuvaient de temps en temps, dans un drap étendu, des cartouches jetées par des mains inconnues.

Les défenseurs de la barricade n'étaient que vingt.

Quand, après un combat qui avait duré neuf heures, les soldats franchirent enfin la barricade, ils trouvèrent huit morts couchés sur les pavés, sept blessés hors de combat couchés sur des lits au rez-de-chaussée du café, un élève de l'École polytechnique expirant sur le billard.

Les quatre autres insurgés étaient parvenus à s'échapper.

Le 6 au matin, l'insurrection était refoulée et concentrée dans deux quartiers : sur la place de la Bastille et à l'entrée du faubourg Saint-Antoine, et dans les rues Saint-Martin, Saint-Merri, Aubry-le-Boucher, Planche-Mibray et des Arcis.

Pour emporter ces derniers postes, le gouvernement réunissait tous ses efforts.

Dès le lendemain, la place de la Concorde était encombrée d'artillerie ; deux bataillons accouraient de Saint-Cloud, et trois régiments de cavalerie entraient à Paris, venant de Versailles et traînant des canons.

Quant à la barricade de la rue de Ménilmontant, elle tint jusqu'au jour ; mais, trop découverte de tous côtés, elle ne put tenir plus longtemps : ceux qui la gardaient se réfugièrent chez Bastide et Thomas, et s'échappèrent par une petite fenêtre donnant sur une ruelle.

A quatre heures du matin, au reste, le bruit courait que tout était apaisé.

Après une nuit fiévreuse, je m'étais levé pour aller aux nouvelles ; mais, ne pouvant marcher, j'avais pris une voiture.

Je me fis conduire rue des Pyramides. J'espérais y voir Arago, et avoir par lui des nouvelles.

Ni lui ni Bernard (de Rennes) fils n'étaient rentrés ; M. Bernard (de Rennes) et ses deux charmantes filles — que je n'ai pas revues depuis ce jour-là, je crois, — étaient fort inquiets ; mais, pendant que j'étais là, un coup de sonnette vigoureusement accentué retentit.

Ce coup de sonnette annonçait certainement quelque nouvelle, bonne ou mauvaise.

On courut à la porte, et ce ne fut qu'un cri de joie. Le père avait retrouvé son fils, les sœurs revoyaient leur frère.

Je laissai toute cette excellente famille caressant son enfant prodigue, et je montai chez Arago.

Il quittait son costume d'artilleur.

— Derrière quelle barricade as-tu donc passé la nuit? me demanda-t-il en me voyant pâle comme un mort.

— Dans mon lit, malheureusement... Et toi?

Il me raconta l'histoire de la barricade de la rue de Ménilmontant.

— Voilà tout ce que tu sais? demandai-je.

— Que veux-tu que je sache? Je quitte mon fusil... Mais viens avec moi au *National*, nous aurons des nouvelles.

Nous descendîmes. Sur l'escalier, nous rencontrâmes Charles Teste, qui se rendait chez Bernard (de Rennes).

— Ah! te voilà, déserteur? dit-il à Arago.

— Comment, déserteur? s'écria celui-ci. Je viens de me battre.

— C'est bien comme cela que je l'entends ; mais sache qu'il y a plusieurs manières de déserter : tu étais *maire;* ta place était, non derrière une barricade, mais à ta permanence ; quand on est tête, il ne faut pas se faire bras... Parbleu! moi aussi, j'aurais voulu prendre un fusil, ce n'est pas bien malin ; mais je me suis dit : » Halte-là, Charles ! tu es tête, ne te fais pas bras ! »

Pour qui connaissait Charles Teste, l'homme était tout entier dans les quelques mots qu'il venait de prononcer, ou plutôt dans un seul mot : le devoir.

Nous arrivâmes au *National ;* on avait grand'peine à pénétrer dans les bureaux : ils étaient encombrés.

Là, nous apprîmes la dispersion de la barricade du Saumon ; mais, en même temps, nous sûmes que la rue Saint-Merri tenait encore.

En ce moment, de Latouche entra consterné.

— Tout est fini ! dit-il.

— Comment, tout ?

— Oui, tout.

— En viens-tu ?

— Non, mais je rencontre à l'instant même quelqu'un qui en vient.

— Bon ! dit Arago, il y a encore de l'espoir alors... Qui vient avec moi ?

— J'en mourais d'envie, mais à peine pouvais-je marcher ; un excellent garçon, ami à nous, décoré de juillet comme nous, Howelt, que je rencontre encore de temps en temps, se présenta.

— Va chez Laffitte, me dit Arago, et dis à François, s'il y est, que je suis allé aux nouvelles.

J'allai chez Laffitte.

Toute l'assemblée était dans une effroyable confusion. On proposait d'envoyer à Louis-Philippe une députation qui protestât contre la révolte de la veille. Mais, il faut le dire, cette proposition fut repoussée avec horreur et mépris.

Je me rappelle un mot de Bryas, qui fut superbe d'indignation.

Son fils, élève de l'École polytechnique, était parmi les insurgés.

La Fayette aussi se refusait à toute démarche auprès du roi.

— Pourquoi cette répugnance, cria une voix. *Le duc d'Orléans n'est-il pas la meilleure des républiques ?*

— Ah ! puisque l'occasion se présente de démentir ce propos que l'on m'a faussement attribué, cria le noble vieillard, je le démens !

Enfin, on nomma trois commissaires, non pas pour aller faire amende honorable au nom de l'insurrection, mais pour implorer la clémence du roi en faveur de ceux qui tenaient encore.

Ces trois commissaires étaient François Arago, le maréchal Clausel et Laffitte.

Clausel se récusa ; Odilon Barrot lui fut substitué.

Nous n'avions pas pu entrer dans la salle des délibérations, nous autres jeunes gens ; mais, dans la cour, j'avais rencontré Savary,— Savary le membre de l'Institut, le grand géomètre, le physicien, l'astronome, l'homme de bien que la mort, à peine au milieu de l'âge qu'il devait vivre, enleva depuis aux sciences et au pays !

Nous étions très-frères d'opinion, et, comme notre république, à nous, n'était pas celle de tout le monde, quand nous nous rencontrions, nous nous accrochions à l'instant même pour bâtir nos utopies.

Nous nous étions donc rencontrés, nous nous étions donc accrochés, et nous attendions ensemble.

Arago sortit le premier. Nous courûmes à lui.

Louis Blanc, qui, dans son excellente *Histoire de Dix Ans*, n'a laissé échapper aucun détail de cette grande période, mentionne notre entrevue en ces termes :

« En sortant, M. Arago rencontra dans la cour Savary et Alexandre Dumas, un savant et un poëte ; très-animés l'un et l'autre, ils n'eurent pas plus tôt appris ce qui venait de se passer chez M. Laffitte, qu'ils éclatèrent en discours pleins d'emportement et d'amertume, disant que Paris, pour se soulever, n'avait attendu qu'un signal, et qu'ils s'étaient rendus bien coupables envers leur pays, les députés si prompts à désavouer les efforts du peuple. »

— Mais, demanda François Arago, tout n'est-il donc pas fini ?

— Non, dit un homme du peuple qui était là, et qui écoutait notre conversation ; car on entend le tocsin de l'église Saint-Merri, *et, tant que le malade râle, il n'est pas mort.*

L'expression me frappa, et l'on voit que je ne l'ai pas oubliée.

CCXLIV

L'intérieur de la barricade Saint-Merri, d'après un enfant de Paris. — Le général Tiburce Sébastiani. — Louis-Philippe pendant l'insurrection. — M. Guizot. — MM. François Arago, Laffitte et Odilon Barrot aux Tuileries. — La dernière raison des rois. — Étienne Arago et Howelt. — Dénonciation contre moi. — Rapport de M. Binet.

Pendant que MM. Laffitte, François Arago et Odilon Barrot se rendent chez le roi, voyons ce qui se passe derrière la barricade Saint-Merri.

Une de ces bonnes fortunes, comme il nous en arrive quelquefois, va nous permettre d'y conduire le lecteur.

Un enfant de quatorze ans qui se trouvait là, et qui, depuis, est devenu un homme, et un homme très-distingué, trois ans après l'insurrection éteinte, m'envoya les détails suivants, écrits de sa main, et que je reproduis dans toute leur simplicité.

Au bout de dix-neuf ans, je retrouve le papier froissé, l'encre jaunie, mais le récit exact et fidèle.

LA BARRICADE SAINT-MERRI.

« Dans la matinée du 5 juin 1832, mon père m'envoya faire une commission sur le boulevard du Temple.

« Ce jour-là, jour de l'enterrement du fameux général Lamarque, il y avait de nombreux groupes sur la place de la Bastille et sur les boulevards.

» Avide de tout savoir, comme un véritable enfant de Paris que je suis, je m'arrêtais à chaque groupe : on y parlait chaudement politique; plusieurs individus montraient même une telle exaspération, qu'ils cassaient les petits arbres nouvellement plantés à la place de ceux qui avaient été sciés en 1830, pour faire des barricades.

» — Nous savons bien, disaient-ils, que ça ne vaut pas grand'chose contre les fusils et les canons; mais c'est fameux contre les mouchards et les sergents de ville.

» Il n'en fallait pas davantage pour me faire faire l'école buissonnière.

» Au lieu donc de m'en revenir promptement à la maison, poussé par mon insatiable curiosité, j'arrivai bientôt jusqu'à la porte Saint-Martin; alors, j'aperçus de loin le convoi du général Lamarque. Le char funèbre s'avançait lentement, et s'arrêtait même de temps en temps. J'étais tout étonné de voir si peu de troupes à un convoi de général; il y avait tout au plus le nombre de soldats nécessaire pour maintenir un peu d'ordre dans la marche. A notre âge, on ne juge la magnificence des funérailles que par le nombre des troupes qui les accompagnent, et, comme, quelques semaines auparavant, j'avais vu, au magnifique cortége de Casimir Périer, les longues et larges colonnes de soldats qui marchaient aux deux côtés du catafalque, je fus tout d'abord étonné qu'on ne rendît pas les mêmes honneurs militaires à un général qu'à un banquier.

» Il n'y avait pas de soldats; en revanche, une foule immense inondait les boulevards, on se poussait, on se pressait pour arriver près du char. « Le peuple s'y était attelé, et traînait le catafalque en criant de temps en temps : « Honneur au » général Lamarque ! »

» Chaque fois que j'entendais ce cri, il me remuait tout le corps.

» On se disputait une poignée de la corde; chacun voulait avoir l'honneur de faire mouvoir le précieux fardeau; ce fut là que, pour la première fois, j'entendis des hommes s'appeler du nom de *citoyens*. Toutes les figures étaient empreintes de je ne sais quel enthousiasme électrique qui se communiquait simultanément à toute la foule ; une vive émotion, qui n'était ni celle de la douleur ni celle du recueillement, illuminait tous les visages. Je n'avais alors que quatorze ans, et je ressentis au fond du cœur cet enthousiasme et cette émotion qu'aucun langage ne saurait exprimer.

» — Ah bah ! me dis-je, je serai grondé par mon père ; mais n'importe ! il faut que je tire la corde ; un jour, si j'ai des enfants, je leur dirai : « Moi aussi, j'ai tiré le cercueil du gé-
» néral Lamarque ! » comme mon grand'père nous disait toujours, à nous autres : « Moi aussi, j'étais de la fédéra-
» tion ! »

» A peine eus-je la corde dans la main, — et ce ne fut pas tout de suite, je vous prie de le croire : on faisait queue ! — à peine eus-je la corde dans la main, que je compris que le plus ou le moins de soldats ne faisait rien à la chose, et que mieux valait être un général de la patrie qu'un ministre de Louis-Philippe.

» Au bout de cent pas, il me fallut céder la place à d'autres : ils m'eussent assommé, je crois, pour me prendre ma corde ; je la lâchai donc, et j'allai me ranger devant une des haies que formait le peuple sur toute la longueur du boulevard ; mais, poussé violemment par les flots de la foule contre le cheval d'un dragon, j'eus le gros doigt du pied à moitié écrasé ; j'éprouvai une douleur terrible ! mais, ma foi, il paraît que l'enthousiasme, s'il ne me la fit pas oublier, me donna du moins le courage de la supporter, car, clopin-clopant, j'accompagnai le convoi jusqu'à la place d'Austerlitz.

» Les groupes nombreux qui s'y étaient formés devenaient de plus en plus menaçants.

» — Un homme à longue barbe haranguait les citoyens ; il tenait un drapeau rouge ; il était coiffé d'un bonnet phrygien.

» On parlait de se préparer à la lutte.

» J'écoutais tout cela sans trop savoir ce que cela voulait dire.

» Tout à coup, un escadron de cavalerie s'élança à franc étrier sur le peuple, et fit une charge terrible; plusieurs coups de feu furent tirés en même temps.

» Quoique blessé au pied, comme j'ai dit, je ne restai pas le dernier sur la place. En me sauvant, je rencontrai un de mes amis nommé Auguste.

» — Où vas-tu ? lui demandai-je.

» — Avec les républicains, donc! me répondit-il.

» — Quoi faire?

» — Attaquer tous les postes des barrières. — Viens-tu, toi ?

» — Ma foi ! oui.

» Et j'y allai.

» Quelques corps de garde résistèrent, mais presque tous se rendirent sans faire feu.

» Je n'avais pas d'arme, c'était mon enragement.

» Par bonheur, à l'attaque de l'un des postes, un jeune homme bien vêtu et de belles manières tire un coup de pistolet; il était trop chargé : la crosse s'en va d'un côté, et le canon de l'autre.

» Quant au jeune homme, il tombe sur son derrière.

» Je saute alors sur le canon, je le ramasse et je le mets dans ma poche, avec l'intention de le monter sur affût.

» — Bon! les républicains auront de l'artillerie, dit Auguste.

» Pendant ce temps, le jeune homme au pistolet se relève ; il était blessé à la main, et le sang coulait en abondance.

» — Voyons un peu de linge ; dit-il : qui a un peu de linge?

» Un enfant en blouse déchire sa chemise, et en donne les morceaux au blessé, qui l'embrasse.

» — Tiens, dis-je à Auguste, comme c'est drôle ! je n'ai jamais pleuré au spectacle, et voilà que je pleure.

» En moins de trois heures, tous les postes étaient pris et désarmés jusqu'à la barrière du Trône.

» Alors, nous traversâmes le faubourg Saint-Antoine, et arrivâmes sur la place de la Bastille.

» En ce moment, je songeais sérieusement à rentrer chez mon père; mais deux artilleurs de la garde nationale me demandent si je veux leur rendre un service; j'accepte, bien entendu.

» Ils me chargent d'aller, au haut du faubourg Saint-Jacques, dire à leur mère, madame Aumain, que ses fils sont en bonne santé ; qu'ils rentreront peut-être un peu tard, mais qu'en attendant, elle soit sans inquiétude.

» Je pars avec Auguste, regardant comme un devoir sacré d'aller donner à une mère des nouvelles de ses enfants, et oubliant que ma mère, à moi, doit être aussi inquiète que celle chez qui je vais.

» J'ajouterai aussi que, redoutant la colère de mon père, je reculais autant que je pouvais le moment de rentrer.

» Nous trouvâmes madame Aumain à l'adresse indiquée. Cette dame nous demanda avec empressement depuis combien de temps nous avions quitté ses fils, à quel endroit nous les avions laissés ; puis elle nous fit une foule de questions sur les affaires du jour.

» Elle semblait prendre le plus grand intérêt au succès des républicains.

» Une jeune fille assez grande, d'une beauté ravissante, et qui, probablement, était la sœur des deux artilleurs, était là écoutant et interrogeant.

» Enchantés de l'importance que nous donnait notre mission, nous bavardions, Auguste et moi, comme deux vrais enfants de Paris.

» Lorsque ces dames eurent appris tout ce qu'elles désiraient savoir, — et il y en avait eu pour plus d'une heure, — elles nous engagèrent à retourner promptement chez nos parents respectifs.

» Malgré notre appréhension d'être sévèrement grondés en arrivant, nous résolûmes de suivre l'avis, et nous sortîmes de chez madame Aumain, décidés à ne pas nous arrêter en route.

» Malheureusement, la circulation était interdite.

» En arrivant aux ponts, bonsoir ! impossible de passer !

» Alors, nous nous retirâmes sous une porte avec d'autres individus attardés comme nous.

» Mais, à onze heures, le concierge nous mit dehors.

» Ne pouvant passer l'eau, et craignant d'être ramassés par les patrouilles, nous retournâmes chez madame Aumain.

» Elle nous accueillit comme une mère eût fait de ses propres enfants, et nous improvisa un lit dans la salle à manger.

» Le lendemain, à quatre heures du matin, madame Aumain nous réveilla et nous dit de nous en aller bien vite pour ne pas laisser plus longtemps nos mères dans l'inquiétude.

» C'était bien facile à dire : « Allez-vous-en ! » mais, pour revenir du faubourg Saint-Jacques au faubourg Saint-Antoine, il fallait passer par l'hôtel de ville.

» Plus de deux mille hommes stationnaient sur la place de Grève ; il n'y avait pas moyen de passer : nous nous arrêtâmes deux ou trois heures à regarder aller et venir les soldats.

» A chaque instant, de gros détachements arrivaient, se succédant le long des quais.

» Vers sept heures, un officier accourt tout effaré en criant : « Aux armes ! »

» Alors, tous les curieux se précipitent du côté de la rue des Arcis.

» Comme tout le monde, nous courions pour voir ce qui se passait de ce côté-là.

» Une forte barricade s'appuyait, d'un côté, contre le coin de la rue Aubry-le-Boucher, et, de l'autre, contre la maison n° 30 de la rue Saint-Martin.

» On voyait bien que nous n'étions pas des ennemis, Auguste et moi ; aussi les républicains nous laissèrent-ils franchir la barricade.

» A quelque distance de la première, il y en avait une seconde, à la hauteur de la rue Maubuée.

» Dans l'intervalle se tenaient une soixantaine d'hommes armés.

» Des vieillards et des enfants faisaient des cartouches. Les femmes effilaient de la charpie.

Sur chaque barricade flottait un drapeau rouge. Un citoyen le soutenait de la main gauche, et brandissait un sabre de la main droite.

» Un des deux hommes criait aux soldats:

» — Mais venez donc, fainéants! on vous attend ici.

» En ce moment, un détachement de soldats parut dans la rue des Arcis.

» Une jeune fille dont l'amant était parmi les insurgés, et qui se tenait en sentinelle à une fenêtre, les vit avant tout le monde, et cria:

» — Aux armes!

» A ce cri « Aux armes! » poussé par la jeune fille, les républicains prennent place, et se disposent à repousser les soldats.

» Quant aux porte-drapeaux, ils restèrent immobiles sur leurs barricades, prêts à essuyer le feu.

» Le feu ne se fit pas attendre, et un porte-drapeau tomba mort.

» La place ne fut pas longtemps vacante. Un autre s'élança sur la barricade, redressa le drapeau, et, dix minutes après, tomba à son tour.

» Mais il paraît qu'il était convenu qu'il fallait que l'on vît toujours le drapeau rouge debout, car un troisième républicain prit la place du second, et le drapeau flotta de nouveau.

» Le troisième fut tué comme les deux autres.

» Un quatrième prit sa place, et tomba près des trois autres.

» Puis un cinquième.

» Le sixième était un ouvrier peintre en bâtiment; celui-là semblait être protégé par un charme. Pendant plus d'une heure, il agita le drapeau en criant: « Vive la République! »

» Enfin, au bout d'une heure, il descendit lentement, et vint s'appuyer près de la porte de la maison numéro 36, sous laquelle nous nous tenions, Auguste et moi.

» Puis il tomba lourdement en poussant un soupir.

» Il n'avait rien dit, mais il était frappé près du cœur.

» Son frère, qui le vit tomber, quitta un instant son fusil pour le venir soigner; mais, le voyant presque mort, et sûr que ses soins seraient inutiles, il l'embrassa à plusieurs reprises, ressaisit son fusil, monta tout debout sur la barricade,

visant lentement, et, chaque fois qu'il avait fait feu, criant :
« Vive la République ! »

» Et, à chaque fois, les soixante hommes qui défendaient la barricade répétaient le même cri.

» Et ce cri de soixante hommes entourés de vingt mille soldats faisait, à chaque fois, osciller le trône de Louis-Philippe.

» Enfin, soldats et garde nationale de la banlieue après trois heures de lutte, furent forcés de battre en retraite.

» Pendant ce temps, Auguste et moi, qui n'avions pu nous battre, nous montâmes sur les barreaux de la boutique d'un marchand de vin, et nous criâmes de toute la force de nos poumons :

» — A bas Louis-Philippe !

» La trêve ne fut pas longue ; au bout d'une heure, soldats et gardes nationaux revinrent à la charge.

» Alors, le combat recommença.

» Pendant ce temps, Auguste et moi, nous étions rentrés sous notre porte, et tantôt nous faisions de la charpie, tantôt nous fondions des balles.

» Souvent il arrivait qu'au plus fort de la fusillade, j'avançais un peu la tête hors de l'allée pour voir ce qui se passait.

» Alors, Auguste me tirait de toutes ses forces en arrière.

» — Allons, voyons, veux-tu te faire tuer ? criait-il.

» Puis lui voulait regarder à son tour. Et c'était moi, cette fois, qui me cramponnais à lui.

» Une fois que je l'avais tiré plus brutalement qu'il n'était d'ordonnance, il se fâcha, et, tandis qu'on se battait à coups de fusil, nous nous battîmes à coups de poing.

» Nous avions raison tous les deux : la mort était prompte, et le sifflement des balles était si continu, qu'il ressemblait au bruit du vent dans une porte mal jointe.

» Depuis le matin jusqu'à trois heures, personne encore n'avait mangé.

» A trois heures, on annonça une distribution de pain bis dans la maison en face de celle où nous étions cachés, Auguste et moi. Alors, nous traversâmes la rue en courant pour aller chercher notre ration au milieu des balles.

» Nous étions en train de mordre à belles dents au milieu de nos miches, quand, tout à coup, nous entendons le cri « Nous sommes perdus! »

» Alors, nous voyons, tandis que les défenseurs de la barricade tiennent encore, une douzaine de curieux comme nous qui se précipitent dans la maison pour y chercher des cachettes. Auguste et moi, qui y étions déjà, primes les devants, et, montant les escaliers quatre à quatre, arrivâmes bientôt au grenier.

» On sortait de ce grenier par une lucarne étroite; un homme se tenait à califourchon sur le toit, et tendait un bras vigoureux à ceux qui voulaient passer de l'autre côté, ne craignant pas de tenter cette route aérienne.

» Auguste et moi n'hésitâmes pas un instant; de toits en toits, nous gagnâmes une lucarne, et nous nous trouvâmes dans les mansardes d'une autre maison.

» Ceux qui habitaient cette mansarde nous aidèrent à entrer, au grand désespoir du propriétaire, qui criait dans les escaliers :

» — Allez-vous-en, malheureux que vous êtes! vous allez faire brûler ma maison!

» Mais, comme vous pensez bien, on ne s'inquiétait pas du propriétaire; chacun emménageait comme il pouvait.

» Ce fut bien pis quand il vit deux ou trois combattants, noirs de poudre, arriver à leur tour avec des fusils à la main.

» — Jetez vos armes, au moins! criait-il en s'arrachant les cheveux.

» — Jeter nos fusils? répondaient les combattants. Jamais!

» — Mais que comptez-vous faire?

» — Nous défendre jusqu'à la mort.

» Et, comme ils n'avaient plus de balles, mais encore de la poudre, ils arrachaient les tringles des rideaux, et les glissaient dans le canon de leur fusil.

» Quant à nous, qui n'avions pas d'armes, et que le combat n'avait point transportés à ce degré d'héroïque exaltation, nous descendîmes jusqu'à la cave, pleine de caisses d'emballage et de légumes, et nous nous y cachâmes du mieux que nous pûmes.

» Derrière nous, descendirent une dizaine de personnes qui, de leur côté, se cachèrent comme elles purent.

» Sur l'escalier de la cave étaient étagés quelques républicains, se tenant prêts à se défendre jusqu'à la dernière extrémité.

» En ce moment, nous entendîmes le grondement du canon, qui faisait trembler la maison jusque dans sa base.

» Les pavés de la barricade volaient en éclats, et rebondissaient dans la rue.

» Ce fut alors seulement que je compris l'étendue du danger que nous courions.

» Ma première idée fut que la maison allait crouler, et que nous serions étouffés sous les décombres.

» Alors, je me mis à genoux, et je fis, en pleurant, toutes les prières dont je me souvins.

» Je demandais pardon à mon père et à ma mère de leur avoir désobéi, et de les laisser dans la peine; j'invoquais Dieu avec ferveur; je me frappais la poitrine de toutes mes forces.

» Auguste montrait moins de désespoir, et attendait la mort avec plus de courage que moi.

» De temps en temps, nous nous serrions étroitement dans les bras l'un de l'autre.

» Dans l'une de ces étreintes, il s'aperçut que j'avais encore dans ma poche le canon du pistolet. Il me le fit jeter dans un coin de la cour.

» Plusieurs voix criaient :

» — Il faut le fusiller, s'il ne parle pas !

» C'était le concierge que l'on menaçait ainsi parce qu'il refusait de dire où nous étions cachés.

» Cinq minutes après, la porte de la cave était violemment enfoncée. Trois ou quatre soldats s'élancèrent dans l'escalier.

» Plusieurs coups de feu éclatent qui éclairent fantastiquement la cave, et l'emplissent de fumée.

» Alors, tandis que plusieurs voix crient : « De la lumière ! » trente ou quarante soldats se précipitent dans la cave.

» A partir de ce moment, je ne vis plus rien ; j'entendis seulement des cris de douleur, un froissement de fer, et je sentis une main qui me prenait par le cou, et me secouait violemment. Puis cette main me souleva à deux pieds de terre, et me lança contre la muraille.

» Je retombai évanoui sur les dernières marches de la cave.

» Et, cependant, du fond de cet évanouissement, mais sans pouvoir en sortir, je sentais ceux qui montaient et descendaient l'escalier de cette cave me passer sur le corps.

» Enfin, par un violent effort de ma volonté, je parvins à me réveiller.

» Je me relevai d'abord sur un genou, la tête courbée, comme si elle était si lourde que je ne pusse la porter ; puis, enfin, avec l'aide de la muraille, je me redressai sur mes pieds.

» En ce moment, un officier m'aperçut, s'élança sur moi, et, m'écrasant de coups de pied et de coups de poing :

» — Comment ! s'écria-t-il, il y a jusqu'à des gamins ici ?

» En même temps, je reçus dans les reins un coup de crosse d'un soldat.

» Ce coup de crosse me jeta contre le mur.

» Instinctivement, je mis les mains en avant; sans quoi, j'avais la tête écrasée.

» Auguste, qui me suivait, fut plus heureux : tandis que l'on m'assassinait, il se glissa rapidement par l'escalier, et échappa à une partie des mauvais traitements qu'éprouvaient ceux qui avaient été trouvés dans la cave.

» Enfin, avec force bourrades, on me fit remonter dans la cour ; comme tous les autres prisonniers, je fus gardé à vue sous la porte cochère du n° 5.

» Notre garde se composait d'un sergent et de deux soldats.

» J'avais pleuré si longtemps, on m'avait si fort maltraité, que je pouvais à peine me tenir sur mes jambes ; aussi, au bout de quelques minutes, sentis-je que je m'évanouissais de nouveau. J'étendis les bras en appelant au secours. — Le sergent s'élança et me soutint.

» Pendant mon évanouissement, je n'entendais pas très-bien ce que disait le brave homme ; cependant, je comprenais qu'il me plaignait et me recommandait à ses soldats.

» Cela me rendit mes forces, et, au bout de quelques instants, je rouvris les yeux.

» Alors, je lui racontai comment j'étais là, quelles étaient les circonstances qui nous y avaient amenés, Auguste et moi.

» Mon récit avait un caractère de vérité tel, qu'il le toucha. Il me promit qu'il ne nous serait fait aucun mal.

» Nous restâmes plus d'une demi-heure sous cette porte, et, pendant ce temps, j'assistai à toutes les atrocités qui peuvent se commettre pendant la guerre civile : les soldats vainqueurs, irrités par les pertes qu'ils avaient faites, voulaient absolument à leur sang versé une compensation sanglante. On tirait sur tout le monde, sans s'inquiéter si celui sur lequel on tirait était un républicain ou un citoyen inoffensif ; de temps en temps, un bruit sourd se faisait entendre : nous ne cherchions pas même à nous assurer des causes de ce bruit, nous le connaissions. C'étaient des hommes blessés qu'on précipitait des fenêtres, ou qui, en fuyant, glissaient le long des toits, et tombaient sur le pavé.

» On amena en face de la porte un républicain pris les armes à la main, on l'écrasait de coups de crosse, on le lardait de coups de baïonnette.

» — Misérables ! criait-il, respectez les vaincus et les prisonniers, ou rendez-moi une arme quelconque, et laissez-moi me défendre !

» On le lâcha, on le repoussa à coups de crosse, et on le fusilla à bout portant.

» Oh ! monsieur, je vous jure que, quand, à quatorze ans, un enfant a vu de pareilles choses, il prie Dieu toute sa vie de ne pas les revoir.

» Dans la maison du n° 30, au troisième étage, quelques soldats saisirent par les jambes et par les bras un blessé qu'ils menaçaient de jeter par la fenêtre ; le corps était déjà à moitié dans le vide, et allait être précipité sur le pavé, quand les autres soldats eux-mêmes, qui d'en bas faisaient feu sur les toits et à travers les fenêtres, eurent horreur de cette action, et menacèrent de tirer sur leurs camarades.

» L'homme ne fut pas précipité.

» Fut-il sauvé pour cela ? J'en doute.

» Bientôt le sergent, dont je m'étais fait un ami, reçut l'ordre de nous conduire au poste des Innocents.

» Nous passions par la rue Aubry-le-Boucher et par le devant des Halles.

» Comme il pleuvait en ce moment, un grand nombre de soldats se tenaient sous les piliers ; à mesure que nous passions, ils nous injuriaient, criant à leurs camarades :

» — Mais frappez donc sur ces brigands-là ! mais assommez-les donc !

» Je ne quittais pas des yeux mon cher et bon sergent, et, pendant qu'une foule de curieux nous regardait passer, et que cette foule produisait un certain encombrement, il me fit un signe. Je le compris.

» Je me glissai entre deux soldats ; Auguste me suivit.

» La foule s'ouvrit pour nous donner passage, et se referma sur nous ; les soldats laissèrent échapper un gros juron, comme s'ils étaient furieux : au fond, ils étaient enchantés.

» Notre sergent semblait avoir donné une portion de son cœur à chacun de ses hommes.

» Je courus sans m'arrêter jusqu'à la maison et je tombai comme une bombe au milieu de toute la famille.

» Ma mère se trouva mal ; mon père resta sans paroles. On leur avait dit que j'avais été précipité du pont d'Austerlitz dans la Seine. Ils me tenaient donc pour mort depuis la veille.

» Je n'étais que bien malade.

» Mon père me fit coucher, et j'en fus quitte pour une fièvre cérébrale.

» On m'assure, monsieur Dumas, que ce récit peut avoir quelque intérêt pour vous, et je vous l'envoie.

» O vous qui avez une voix si puissante, criez bien haut, criez toujours :

» TOUT PLUTÔT QUE LA GUERRE CIVILE ! »

Ce que dit le pauvre enfant est aussi vrai que les vœux que nous faisons avec lui sont sincères; il y eut, dans cette fatale journée du 6 juin, des actes de vengeance terribles, de la part non-seulement de la troupe, mais encore de la garde nationale.

C'est avec bonheur que nous consignons ici le nom du général Tiburce Sébastiani, dont l'éternelle bienveillance nous a fait oublier, et bien au delà, l'accueil qu'à notre arrivée à Paris, nous avait fait son frère aîné.

Le général Tiburce Sébastiani, mieux que personne, pourrait lever le voile sanglant que nous jetons sur ces atrocités ; car il a été une providence pour les blessés que l'on achevait lentement, pour les prisonniers que l'on allait fusiller.

Ne pouvant me tenir debout, je m'étais assis sur une chaise du café de *Paris*, je crois ; et, là, j'attendais les nouvelles, quand, tout à coup, des cris de « Vive le roi ! » poussés par les gardes nationaux, retentirent, et le roi parut à cheval, accompagné des ministres de l'intérieur, de la guerre et du commerce.

A la hauteur du club de la rue de Choiseul, il s'arrêta et vint tendre la main à un groupe de gardes nationaux en armes ; ceux-là mêmes qui, seize ans plus tard, devaient le renverser, poussèrent des cris de joie féroces à l'honneur qu'il leur faisait.

Puis il continua sa route.

En le voyant passer si calme, si souriant, si insoucieux du danger qu'il courait, j'eus une espèce d'éblouissement moral et je me demandai si cet homme, que saluaient tant d'acclamations, n'était véritablement point un homme élu, et si l'on avait droit de porter atteinte à un pouvoir auquel Dieu lui-même, en se déclarant pour lui, semblait donner raison.

Et, à chaque tentative d'assassinat qui se renouvela contre lui, dont il sortait sain et sauf, je me refaisais cette même question, et, à chaque fois, ma conviction reprenait le dessus sur le doute, et je me disais : « Non, cela ne saurait demeurer ainsi ! »

Et, la trace de cette conviction, on la trouvera partout dans mes œuvres, dans l'épilogue de *Gaule et France*, dans ma lettre datée de Reichenau au duc d'Orléans, dans ma visite à Arenenberg, dans mes articles sur la mort du duc d'Orléans.

Cette promenade, au reste, pensa ouvrir la série des meurtres tentés contre Louis-Philippe; — car on ne peut sérieusement regarder comme une tentative de meurtre le coup de cabriolet dont le menaça, sur la place du Carrousel, M. Berthier de Sauvigny. — Sur le quai, non loin de la place de Grève, une jeune femme le coucha en joue avec le fusil de son mari blessé ; mais l'arme était trop lourde, la main trop faible : le poids du fusil fit baisser la main, et le coup ne partit pas.

Vers deux heures, le roi rentra.

M. Guizot l'attendait dans son cabinet.

L'homme d'État et le roi restèrent une heure ensemble.

Nul ne sait ce qui fut décidé dans ce tête-à-tête; mais, à coup sûr, M. Guizot, avec le caractère que nous lui connaissons, ne dut pas être pour les moyens conciliants.

Comme M. Guizot sortait par une porte, une calèche découverte amenait MM. François Arago, Laffitte et Odilon Barrot.

Je tiens de la bouche même de notre illustre savant les détails qui vont suivre.

Il me les rappelait encore, appuyé à mon bras, lors de la promenade du 26 ou du 27 février 1848 à la Bastille.

Il était alors, à son tour, membre du gouvernement provisoire, et succédait pour un neuvième à la royauté de Louis-Philippe.

Une calèche découverte, disons-nous, portant MM. Arago, Laffitte et Odilon Barrot entra dans la cour des Tuileries.

A peine avait-elle tourné l'angle du guichet, qu'un inconnu arrêta les chevaux, et, courant vivement à la portière :

— N'entrez pas! dit-il.

— Pourquoi cela ? demanda Odilon Barrot.

— Guizot le quitte.

— Eh bien, après ?

— Guizot est votre ennemi personnel, et peut-être l'ordre se donne-t-il en ce moment de vous arrêter comme Cabet et Armand Carrel.

Les trois commissaires remercièrent l'inconnu ; mais, ne croyant pas au danger, — ou du moins à un danger si rapproché, — ils continuèrent leur chemin, descendirent de voiture et se firent annoncer chez le roi.

Le roi donna aussitôt ordre de les faire entrer.

Au moment où il allait franchir le seuil de la porte, M. Laffitte se retourna vers ses deux collègues, et leur dit à voix basse :

— Tenons-nous bien, messieurs ! il va essayer de nous faire rire.

Le moment était singulièrement choisi pour craindre un pareil moyen de controverse.

Mais M. Laffitte se vantait de connaître le roi mieux que personne. C'était une prétention que pouvait se permettre l'homme qui lui avait donné sa popularité, et vendu la forêt de Breteuil.

Le roi reçut, en effet, les trois députés avec un visage calme, presque souriant.

Il les fit asseoir, ce qui indiquait que l'audience serait longue ou, du moins, aurait la durée que voudraient lui donner ces messieurs.

Louis Blanc, renseigné à la fois par les trois acteurs de cette scène, l'a racontée dans tous ses détails. Je n'y ajouterai donc rien, qu'une forme dialoguée plus vive peut-être.

La position est grave : insurrection à Lyon, — insurrection à Grenoble, — insurrection dans la Vendée, — émeute ou révolution partout.

Seulement, restaient à établir les causes de ces troubles sanglants, de ces collisions terribles.

Au dire des trois députés, c'était la réaction qui, en s'éloignant de jour en jour du programme de juillet, les avait causés.

Au dire du roi, c'était l'esprit de jacobinisme, mal éteint sous la Convention, sous le Directoire et sous l'Empire, qui s'efforçait de faire revivre les jours de la Terreur. Et il invoquait l'apparition de l'homme au drapeau rouge, que les républicains renvoyaient à la rue de Jérusalem, d'où ils prétendaient qu'il était sorti.

La conversation, posée sur de pareilles bases, entre un avocat et un roi parleur, menaçait de durer longtemps.

Un bruit sinistre, qui devait retentir plus d'une fois dans les rues de Paris sous le règne de Louis-Philippe, se fit entendre, et trancha la conversation par la moitié comme un coup de faux tranche en deux un serpent.

— Sire, est-ce que je me trompe?... demanda Laffitte en tressaillant. C'est le canon!

— Oui;... on l'a fait avancer, dit le roi pour forcer sans perdre trop de monde, le cloître Saint-Merri.

— Sire, reprit Laffitte, vous êtes moins sévère à l'égard des légitimistes qu'à l'égard des républicains.

— Comment cela?

— Votre Majesté a pour eux de singuliers ménagements!

— Écoutez, monsieur Laffitte, dit le roi, je me suis toujours rappelé ce mot de Kersaint: « Charles Ier eut la tête tranchée, et son fils remonta sur le trône; Jacques II ne fut que banni, et sa race s'éteignit sur le continent. »

Le roi ne se doutait pas qu'il prononçait alors contre lui et sa race, innocente des fautes qu'il a commises, une sentence de bannissement perpétuel.

— Sire, dit Arago, nous avions, cependant, espéré que, Casimir Périer mort, ce système de réaction et de persécution s'arrêterait.

— Ainsi, répondit le roi en riant, on attribue ce système au ministre?

— Nous, du moins, sire, nous espérions qu'il était son œuvre.

— Vous vous trompiez, monsieur, dit le roi en plissant le front: ce système, c'est le mien; M. Casimir Périer n'a été entre mes mains qu'un instrument ferme et docile à la fois comme l'acier; ma volonté a toujours été, est à cette heure, et sera toujours inébranlable; une seule fois, elle a fléchi; entendez-vous bien? ajouta le roi. — Comme l'a dit M. de Salvandy, à ma fête du Palais-Royal, nous marchons sur un volcan: ce volcan, c'est la Révolution, dont les éléments sont répandus par toutes les nations de l'Europe; mais toutes les nations n'ont pas sur le trône un d'Orléans pour les étouffer.

C'était un programme bien autrement précis que celui de l'hôtel de ville.

Aussi, M. Arago, se levant :

— Sire, dit-il, après de pareils principes exprimés devant moi, ne comptez jamais sur mon concours!

— Comment entendez-vous cela, monsieur Arago?

— C'est-à-dire que jamais, à aucun titre, je ne servirai un roi qui enchaînera le progrès ; car, pour moi, le progrès n'est rien autre chose que la Révolution bien dirigée.

— Ni moi non plus, sire, dit Odilon Barrot.

Mais le roi, le touchant du genou :

— Monsieur Barrot, dit-il, souvenez-vous que je n'accepte pas votre renonciation.

En effet, le 24 février 1848, à sept heures du matin, M. Barrot fut nommé ministre. Il est vrai qu'à midi il ne l'était plus! cette révolution que le roi s'était vanté d'étouffer l'emportait comme l'ouragan fait d'une feuille morte.

Les trois députés se levèrent.

Comme il n'y avait rien à faire, il n'y avait rien à dire.

Le bruit du canon accompagna leur retour à l'hôtel Laffitte.

Nous avons raconté, ou plutôt un enfant de quatorze ans, témoin oculaire, a raconté la fin de la terrible scène.

Un de nos amis, Étienne Arago, tandis que son frère était chez le roi, était, lui, parmi les républicains.

Nous l'avons vu partant avec Howelt; le soir même, me sachant malade, voici ce qu'il m'écrivait:

« Mon cher Dumas,

» Tout est fini, pour aujourd'hui du moins. Les hommes du cloître Saint-Merri sont tombés, mais comme ils devaient tomber, en héros.

» En deux mots, voici ce qui s'est passé sous nos yeux:

» Nous sommes partis, comme tu sais, avec Howelt; nous avons suivi les boulevards, nous avons pris la rue du Petit-Carreau.

» Parvenus, au milieu de quelques coups de fusil qui balayaient les rues adjacentes, au bout de la rue Aubry-le-Boucher, d'où l'on aperçoit le numéro 30 de la rue Saint-Martin, nous vîmes que l'on pouvait approcher.

» Nous étions justement arrivés entre deux attaques.

» Nous en profitâmes pour pénétrer jusqu'à la barricade; elle venait d'être abandonnée.

» Tout se concentrait dans la maison nº 30 : attaque et défense.

» Nous montâmes chez un herboriste, et, de derrière les guirlandes d'herbes pendues à sa fenêtre, nous assistâmes à la prise de la maison nº 30.

» L'artillerie arriva.

» Te figures-tu ma situation ? Je tremblais que mon frère Victor, capitaine à Vincennes, ne fût parmi les artilleurs.

» Quand je te verrai, je te raconterai ce que nous avons vu.

» Enfin!...

» Nous quittâmes la rue à six heures et demie seulement.

» Je revins au Vaudeville; j'y trouvai Savary; il t'avait rencontré, m'a-t-il dit, chez Laffitte, et, là, vous aviez parlé tous les deux à mon frère François.

» Je reçois un mot de Germain Sarrut, qui me prévient qu'un mandat d'amener est lancé contre moi.

» A toi,

» ÉTIENNE ARAGO. »

Je n'étais pas trop rassuré sur mon propre compte : j'avais été vu et reconnu en artilleur par tout le boulevard ; j'avais distribué des armes à la Porte-Saint-Martin ; enfin, je savais qu'au mois de décembre de l'année précédente, une dénonciation contre moi avait été adressée au roi.

Cette dénonciation, chose étrange! s'est retrouvée, en 1848, dans les papiers de Louis-Philippe, et est tombée entre les mains d'un de ces amis inconnus dont je parle si souvent, et à qui je suis si reconnaissant de leur amitié.

Cet ami me l'a envoyée.

C'est un rapport à la date du 2 décembre 1831, portant le n° 1034.

Je le transcris littéralement, quoique je n'y tienne qu'une place secondaire et épisodique.

Il prouvera que ce que je dis de mes opinions, toujours les mêmes, n'est point exagéré. — D'ailleurs, je crois que le moment actuel est assez mal choisi pour se vanter d'être républicain.

Le rapport est authentique, et porte la signature de M. Binet.

Il va sans dire que je n'ai pas l'honneur de connaître ce monsieur.

Rapport du 2 décembre 1831.

« N° 1034.

» Les renseignements les plus scrupuleux ont été pris sur M. Véret et les personnes désignées dans la note dont le numéro est ci-contre.

» M. Véret est arrivé d'un petit voyage il y a quinze jours, d'où il avait conduit le fils d'un ami qu'il a eu la douleur de voir mourir peu de temps après son arrivée.

» Le 25 de ce mois, en arrivant à Monceau (parc), où il est logé, il y trouva MM. Teulon, député du Gard, et Augier, avocat, qui étaient venus demander à dîner à madame Véret; il n'y avait que ces deux messieurs d'étrangers. Ils y ont, en effet, dîné, et n'en sont sortis qu'à onze heures un quart. Le 26 au matin, madame Véret a été occupée toute la matinée à savonner, et, l'après-midi, à repasser son linge, et n'est point sortie dans le parc de toute la journée; mais, le dimanche 27, elle s'y est promenée pendant une demi-heure avec un parent de M. Véret; j'ignore sur quel objet ils se sont entretenus.

» Ce qu'il y a de certain, c'est que M. Véret, quoique ayant de l'esprit, est peut-être l'homme du monde le moins propre à la politique, et qu'il ne s'en occupe jamais.

» Le donneur d'avis aurait pu signaler aussi comme fréquentant la maison de M. Véret : MM. Crémieux, Madier de Montjau,

Augier, gendre de Pigault-Lebrun, et Oudard, secrétaire des commandements de la reine.

» Le préfet qui commande la maison de M. Véret, et qui, dit-on, doit être connu de M. Thibault, — et non Thiébault, — médecin, rue de Provence, 56, ne serait-il point M. le comte de Celles, qui, à une époque déjà ancienne, était préfet à Amsterdam, lorsque M. Véret y était commissaire de police? M. le comte de Celles, honoré des bontés du roi depuis longtemps, pourrait-il donner des soupçons d'être en opposition au gouvernement du roi Louis-Philippe? On peut affirmer que non.

» La liaison de M. Véret avec MM. Teulon, député du Gard; Augier, avocat; Rousselle et Madier de Montjau, ainsi que M. Detrée, demeurant rue Planche-Mibray, n° 3, date de 1815, lorsque M. Véret était commissaire de police à Nimes, et que, d'accord ensemble, ils s'opposèrent avec énergie aux massacres qui eurent lieu dans cette ville. Ce furent encore eux qui rédigèrent la fameuse protestation de M. Madier de Montjau, qui valut à celui-ci d'être censuré à la cour royale de Paris.

» M. Thibault, médecin, demeurant, rue de Provence, n° 56, est l'ami et le médecin de M. Véret et de sa famille, et, en cette double qualité, il va quelquefois chez la famille Véret, mais rarement sans y être appelé. J'ai déjà rendu compte, dans un précédent rapport, de l'opinion de ce jeune homme, qui a l'habitude de s'exprimer librement et avec franchise, mais qui, j'en ai la certitude, est incapable de nuire au gouvernement du roi Louis-Philippe, ni à aucun ministère; ce jeune homme, qui a du talent, est recherché des meilleures sociétés de la capitale, et même d'opinions très-opposées; il appartient, comme je l'ai déjà dit, à une famille de distinction : un grand vicaire de Lisieux est son oncle.

» *M. Alexandre Dumas, demeurant rue Saint-Lazare, dans une maison bâtie par des Anglais, est, en effet, un républicain dans toute l'acception du terme. Il était employé dans la maison de M. le duc d'Orléans, avant la révolution de juillet. Il y resta encore quelques temps après; mais, en-*

fin, n'ayant pas voulu prêter serment de fidélité au roi Louis-Philippe, il quitta son service. Pendant tout le temps qu'il a été employé dans la maison de monseigneur le duc d'Orléans, il a fréquenté la maison de M. Véret ; mais on peut affirmer, sans crainte d'être démenti, que, depuis ce temps, il n'a pas été une fois chez lui.

» M. Detrée est propriétaire de la maison où il demeure, rue Planche-Mibray, n° 3, depuis sept ou huit ans, et où il tient un bureau de loterie ; il a été anciennement chirurgien-major aux armées ; cet homme jouit de la réputation d'un homme de bien, et est parfaitement dans les principes du gouvernement actuel. Sous le gouvernement déchu, il passait pour être bonapartiste ; mais on peut dire que c'est un homme à peu près nul. J'ai déjà dit depuis quelle époque il est lié d'amitié avec M. Véret.

» M. Rousselle, homme de loi, ami de M. Véret, demeure depuis plusieurs années rue de la Coutellerie, n° 10, où il tient un cabinet d'affaires, et a une nombreuse clientèle ; il est très-considéré dans son quartier, a la réputation d'avoir beaucoup d'esprit, a vu la révolution de juillet avec plaisir ; depuis ce temps, il fait partie de la garde nationale, et en remplit exactement tous les devoirs ; son opinion est et a toujours été très-modérée, et, quoique ami de la famille Véret, il n'y va que rarement le soir.

» M. Augier, gendre de M. Pigault-Lebrun, a la réputation d'être un avocat distingué, ami intime de M. Véret et de M. Teulon, député du Gard, jouissant de l'estime générale, et, à ce qu'on m'a assuré, grand partisan du roi Louis-Philippe.

» M. Puget, élève en droit, natif de Nîmes, est fils d'un ami de M. Véret, et ce n'est qu'en cette qualité qu'il est reçu chez lui, et encore peu souvent ; ce jeune homme a demeuré pendant dix-huit mois en garni, rue Hautefeuille, n° 11, où il s'est fait estimer pour sa douceur et sa bonne conduite ; depuis le 1er novembre, il est logé rue des Fossés-Saint-Germain-des-Prés, n° 9, où il est en pension, et on ne l'a pas encore entendu parler politique.

» Le sieur Bluret ne demeure rue Jacob, n° 6, que depuis

quinze jours ; on ne sait où il demeurait auparavant ; il prend la qualité d'homme de lettres, et n'en paraît pas plus heureux. Tant qu'à son opinion, on ne la connaît pas, n'étant connu de personne dans la maison, ni dans le quartier.

» Le sieur Zacharie demeure rue de Bussy, n° 30, depuis plus d'un an. Avant, il travaillait, à Lyon, dans une fabrique de châles. Croyant qu'à Paris cet état était plus avantageux, il y vint avec sa femme, et s'y est fixé ; mais, ayant été sans ouvrage, et se trouvant dans la misère, il a réclamé des secours de la maison du roi. Depuis quelque temps, on dit qu'il est occupé à la construction du nouveau pont en face des Saints-Pères. Cet homme n'a point d'opinion, et, quoique pas heureux, jouit de la réputation d'un honnête homme.

» Le sieur Riverand a demeuré rue Saint-Martin, n° 222, pendant deux mois seulement. On ne sait où il demeurait avant, et il y a environ trois mois qu'il a quitté ce logement pour aller, a-t-on dit, loger rue du Mail ; mais toutes les recherches pour l'y trouver ont été inutiles. Ayant laissé des dettes rue Saint-Martin, on a des raisons de croire qu'il cache sa nouvelle demeure. Quoi qu'il en soit, on n'en dit ni bien ni mal dans son ancien domicile de la rue Saint-Martin ; seulement, on sait qu'il n'était pas heureux.

» D'après les renseignements que j'ai pu recueillir sur M. Véret, je puis affirmer qu'il jouit de l'estime de tous les gens de bien, qu'il est aimé dans la maison du roi ; mais il n'est pas sans avoir quelques ennemis qui peut-être sont jaloux de la faveur dont il jouit, et, si j'en crois quelques mots échappés à quelques personnes, M. le marquis d'Estrada pourrait bien être pour quelque chose dans les déclarations contre M. Véret.

» *Signé :* BINET. »

CCXLV

Le Fils de l'Émigré. — J'apprends ma mort prématurée. — On me conseille un voyage de prudence et de santé. — J'opte pour la Suisse. — Opinion littéraire de Gosselin sur ce pays. — Premier effet du changement d'air. — De Châlon à Lyon par un train de petite vitesse. — La montée du Cerdon. — Arrivée à Genève.

Le 7 juin, au matin, Harel était chez moi.

— Allons, me dit-il, cher ami, il s'agit de ne pas perdre son temps... Voilà le calme rétabli; comme après toutes les grandes secousses, il va y avoir une réaction en faveur des théâtres. Il faut bien oublier le choléra et l'émeute : le choléra est mort de sa belle mort, l'émeute est tuée; ce qui prouve que Louis-Philippe est plus fort que Broussais. — Où en sommes-nous du *Fils de l'Émigré?*

— Cher ami, il y a trois actes faits.

— Faits... écrits?

— Faits, écrits! mais je vous déclare que, pour le moment, je serais incapable de m'y remettre... Je suis écrasé de fatigue, brûlé de fièvre; je ne mange plus!

— Finissez le *Fils de l'Émigré*, et puis faites un voyage... Vous allez gagner un argent fou, cet été : vous pourrez bien vous reposer un peu !

— Avez-vous de l'argent à me donner?

— Combien vous faut-il?

— Un millier de francs... deux peut-être... et l'autorisation de tirer sur vous pour autant.

— Donnez-moi mes deux derniers actes, et je vous donne argent et traite.

— Vous savez que je trouve cela exécrable.

— Quoi?

— *Le Fils de l'Émigré.*

— Bah! vous nous en disiez autant de *la Tour de Nesle*... Georges est enchantée du prologue, et Provost aussi.

— Enfin, priez, en vous en allant, Anicet de me venir voir... Je vais tâcher de faire de mon mieux.

Un quart d'heure après, Anicet était chez moi.

Anicet est un travailleur consciencieux, un chercheur infatigable ; nul ne fait plus grandement sa part dans une collaboration.

J'ai dit qu'il m'avait apporté le plan de *Teresa* presque entièrement fait. Je lui ai donné l'idée d'*Angèle* ; toutefois, c'est lui qui a trouvé, non pas *Muller médecin*, mais *Muller malade de la poitrine*, c'est-à-dire le côté profondément mélancolique de l'ouvrage.

L'idée du *Fils de l'Émigré* était de lui ; l'exécution — dans les trois premiers actes surtout — fut entièrement de moi. Nous fîmes ensemble les deux derniers actes pendant les journées des 7 et 8 juin.

Le 9 juin, je lus, dans une feuille légitimiste, que j'avais été pris les armes à la main, à l'affaire du cloître Saint-Merri, jugé militairement pendant la nuit, et fusillé à trois heures du matin. On déplorait la mort prématurée d'un jeune auteur qui donnait de si belles espérances !

La nouvelle avait un caractère si authentique ; les détails de mon exécution, que j'avais supportée, au reste, avec le plus grand courage, étaient tellement circonstanciés ; les renseignements venaient d'une si bonne source, que j'eus un instant de doute. Je me tâtai.

Pour la première fois, le journal disait du bien de moi : donc, le rédacteur me croyait mort.

Je lui envoyai ma carte, *avec tous mes remercîments*.

Comme mon commissionnaire sortait, un autre commissionnaire entrait, apportant une lettre de Charles Nodier.

Cette lettre était conçue en ces termes :

« Mon cher Alexandre,

» Je lis à l'instant dans un journal que vous avez été fusillé le 6 juin, à trois heures du matin. Ayez la bonté de me faire dire si cela vous empêcherait de venir dîner demain à l'Arsenal, avec Dauzats, Taylor, Bixio, nos amis ordinaires enfin.

» Votre bien bon ami,

» CHARLES NODIER,

» qui sera enchanté de l'occasion pour vous demander des nouvelles de l'autre monde. »

Je fis répondre à mon bien-aimé Charles que je venais de lire la même nouvelle dans le même journal; que je n'étais pas sûr moi-même d'être vivant; mais que, corps ou ombre, je serais chez lui le lendemain à l'heure dite.

Cependant, comme je ne mangeais plus depuis six semaines, j'ajoutai que ce serait plutôt à mon ombre qu'à mon corps qu'il aurait affaire. Je n'étais pas mort : mais, décidément, j'étais bien malade!

En outre, j'étais prévenu par un aide de camp du roi que l'éventualité de mon arrestation avait été sérieusement discutée; on me conseillait d'aller passer un mois ou deux à l'étranger, puis de revenir à Paris : à mon retour, il ne serait plus question de rien.

Mon médecin me donnait, en hygiène, le même conseil que l'aide de camp de Sa Majesté me donnait en politique.

J'avais toujours eu le plus grand désir de visiter la Suisse. C'est un magnifique pays, l'épine dorsale de l'Europe, la source des trois grands fleuves qui courent au nord, à l'est et au midi de notre continent. Puis c'est une république, et, ma foi! si petite qu'elle fût, je n'étais point fâché de voir une république. De plus, j'avais l'idée que je pourrais tirer parti de mon voyage.

J'allai trouver Gosselin, auquel j'offris de lui écrire deux volumes sur la Suisse. Gosselin secoua la tête : selon lui, la Suisse était un pays usé, sur lequel il n'y avait plus rien à écrire; tout le monde y avait été. J'eus beau lui dire que, si tout le monde y avait été, tout le monde irait, et qu'en supposant que ceux qui y avaient été ne me lussent point, je serais lu, au moins, par ceux qui devaient y aller; je ne pus parvenir à le convaincre.

Je résolus donc de regarder bien positivement les deux ou trois mois que j'allais passer en Suisse comme un temps perdu. Je remis à Harel les deux derniers actes du *Fils de l'Émigré*; il me donna les trois mille francs promis, et je reçus l'autorisasion de tirer sur lui pour deux autres mille francs.

Enfin, muni d'un passe-port en règle, je partis, le 21 juillet au soir.

Comme on le comprend bien, je n'ai pas l'intention de recommencer ici mes *Impressions de Voyage*; je ne dirai, dans ces Mémoires, que ce qui n'a pas trouvé place dans mon premier récit, et ce sera peu de chose, car la franchise est une de mes qualités: elle m'a fait bien des ennemis, mais je ne remercie pas moins Dieu de me l'avoir donnée.

Que le lecteur se rassure donc: je vais le conduire le plus rapidement possible par un chemin où, dans mes *Impressions de Voyage,* je l'ai forcé de s'arrêter à chaque pas.

Le lendemain de mon départ de Paris, j'arrivai à Auxerre.

Le changement d'air commençait à produire son effet sur ma santé: à Auxerre, en face de la table où était servi le dîner de la diligence, je retrouvai un peu d'appétit. Un plat énorme d'écrevisses leva tous mes doutes! je mangeais: donc, je ne tarderais pas à me bien porter.

Je couchai à Auxerre, voulant donner à ce bon génie qu'on appelle le sommeil le temps de faire son œuvre. — Les anciens ont appelé le Sommeil le frère de la Mort; cette fois, les anciens, si exacts dans leurs définitions, ont à mon avis, été ingrats envers le Sommeil: c'est le réparateur des forces; c'est la source où la jeunesse puise son ardeur, où la santé cache son trésor.

O bon et doux sommeil de la jeunesse! comme on sent bien, en te savourant, que tu es la vie, — plus le rêve!

Perdez l'amour, perdez la fortune, perdez l'espérance même, et vienne le sommeil: momentanément, le sommeil vous rendra tout ce que vous avez perdu. — *Momentanément*, je le sais bien; mais c'est justement par ce deuil qui vous reprend du moment où vous rouvrez les yeux que vous comprenez combien le sommeil est doux et puissant!

Nous fîmes une nouvelle halte à Châlon. Un ami que j'avais là me proposa — au lieu des curiosités urbaines, qui se composent de caves grandes comme les catacombes — d'aller visiter un caprice de la nature et une ruine du temps: le Vaux-Chignon et le château de la Roche-Pot.

J'ai décrit l'un et raconté l'autre; on trouvera tout cela dans mes *Impressions de Voyage*.

La sécheresse avait, depuis quelque temps, interrompu le service des bateaux à vapeur; cependant, en revenant à Châlon, nous apprîmes qu'un bateau, tirant dix-huit pouces d'eau seulement, allait tenter le voyage.

Nous nous embarquâmes le lendemain, et, vers midi, nous arrivâmes, en effet, à Mâcon; mais impossible d'aller plus loin: c'était trop demander à la Saône, que de lui demander dix-huit pouces d'eau.

Quant aux voitures, les places y étaient retenues pour trois jours.

J'étais plein de naïveté à cette époque, et je dois dire, hélas! que j'ai conservé intacte cette sotte qualité.

Des bateliers virent mon embarras, vinrent à moi, et me proposèrent, vu la faveur du vent, de me conduire en six heures à Lyon. Je leur en donnai huit : ils jurèrent qu'ils n'avaient aucun besoin de ce surcroît de temps, et que j'étais par trop généreux. En conséquence, nous fîmes prix, et ils me conduisirent à une grande barque où étaient déjà entassés une douzaine d'innocents comme moi.

Sur ces douze innocents, il y en avait trois ou quatre qui méritaient doublement ce nom: c'étaient de pauvres enfants de cinq ou six mois, accompagnés de leurs nourrices.

Je fis une certaine grimace en voyant la compagnie dans laquelle j'étais introduit; mais bah! six heures sont bientôt passées! Il était une heure de l'après-midi: à sept heures, nous serions à Lyon.

Toutefois, au lieu de partir à une heure, nous ne partîmes qu'à trois heures. Nos bateliers nous trouvaient trop à l'aise, couchés que nous étions les uns sur les autres; ils comptaient, probablement, mettre un second rang en travers. Le second rang manqua, par bonheur!

Après deux heures d'attente inutile, on démarra enfin.

Pendant une heure, le vent tint à peu près la parole qu'il nous avait donnée au moment du départ; pendant cette heure, nous dûmes faire une lieue ou une lieue et demie.

Puis le vent tomba.

J'avais cru que, les cas échéant, nos bateliers s'attelleraient aux rames; mais point! nous descendîmes la Saône du même train que faisait un chien noyé qui flottait à vingt pas de nous!

Le lendemain, à trois heures de l'après-midi, juste en même temps que notre chien noyé, qui nous tenait fidèle compagnie, nous eûmes connaissance de l'île Barbe.

Cinquante minutes après, nous étions à Lyon.

Il fallait que ma santé fût déjà bien robuste pour résister à la nuit que je venais de passer sur la Saône.

Nous restâmes trois jours à Lyon, et, le troisième jour, à trois heures du soir, nous prîmes la voiture de Genève.

A six heures du matin, le conducteur nous ouvrait la portière en disant:

— Si ces messieurs veulent faire un bout de chemin à pied, ils en ont le loisir.

C'était une invitation que nous transmettaient nos chevaux, lesquels trouvaient que, pour gravir la montée du Cerdon, la voiture était déjà bien assez lourde sans nous.

C'est à cette montée que commencent les premières rampes des Alpes; elles conduisent au fort de l'Écluse, placé à cheval sur la route, et sous la voûte duquel on visite les passe-ports.

Au bout de trois heures de marche, en sortant de Saint-Genis, le conducteur, que j'avais prié de m'avertir au moment précis où je serais en Suisse, se retourna vers moi, et me dit:

— Monsieur, vous n'êtes plus en France.

— Et à combien suis-je de Genève?

— A une heure et demie de marche.

— Alors, laissez-moi descendre; je ferai le reste de la route en me promenant.

Le conducteur obtempéra à ma demande, et, au bout d'une heure et demie de marche, j'entrai dans la ville natale de Jean-Jacques Rousseau et de Pradier.

CCXLVI

Grands éclaircissements sur le bifteck d'ours. — Jacotot. — Une épithète malsonnante. — Un feutre séditieux. — Des carabiniers trop spirituels. — Je me brouille avec le roi Charles-Albert à propos de la dent du Chat. — Les princes et les hommes d'esprit.

En 1842, je revenais de Florence pour une fort triste et fort cruelle cérémonie: je revenais pour assister aux funérailles de M. le duc d'Orléans.

C'est une des singularités de ma vie, d'avoir connu tous les princes; et, avec les idées les plus républicaines de la terre, de leur avoir été attaché du plus profond de mon cœur.

Or, qui m'avait appris, à Florence, la mort du duc d'Orléans? Le prince Jérôme-Napoléon.

Je venais dîner à Quarto, — charmante maison de campagne située à quatre milles de Florence, — chez l'ancien roi de Westphalie, son père, lorsque, me prenant à part:

— Mon cher Dumas, me dit-il, je vais vous apprendre une nouvelle qui vous fera grand'peine.

Je le regardai avec inquiétude.

— Monseigneur, lui dis-je, j'ai reçu ce matin des nouvelles de mes deux enfants: ils se portent bien; à part les accidents qui peuvent leur arriver, je suis préparé à tout.

— Eh bien, le duc d'Orléans est mort!

J'avoue que ce fut pour moi un coup de foudre.

Un cri et des larmes vinrent en même temps; je me jetai dans les bras du prince.

N'était-ce pas chose curieuse, que de voir un homme pleurant un duc d'Orléans dans les bras d'un Bonaparte?

Le même soir, je partis pour Livourne; le lendemain, je m'embarquai sur le bateau à vapeur de Gênes. La mer, mauvaise, me jeta tout fatigué dans la ville des palais; je trouvai à table d'hôte un de mes amis qui arrivait de Naples, plus fatigué encore que moi : il m'offrit de revenir ensemble en poste, mais à la condition que nous passerions par le Simplon, qu'il n'avait pas vu. J'acceptai; nous louâmes une espèce de carriole, et nous partîmes.

Le Simplon traversé, le Valais franchi, nous nous arrêtâmes à la porte de l'auberge de la *Poste*, à Martigny.

Le maître d'auberge, le chapeau à la main, vint poliment nous inviter à prendre, en passant, un repas chez lui. Nous avions dîné à Sion : nous le remerciâmes.

Il se retira aussi poliment qu'il était venu.

— Voilà un aubergiste bien charmant! me dit mon ami.

— Tu trouves?

— Ma foi, oui.

— Et quand je pense que, si je lui disais mon nom, je serais, probablement, obligé de lui donner une volée pendant que nous relayons.

— Pourquoi cela?

— Parce que, au lieu de faire fortune avec une plaisanterie que j'ai risquée sur lui, il a eu la niaiserie de s'en fâcher, et m'en veut mal de mort.

— A toi?

— Eh! mon Dieu, oui!

— Ah bah!

— Rappelle-le un peu, et dis-lui que nous nous arrêterons si, par hasard, il peut nous donner un bifteck d'ours.

— Hé! monsieur!... Monsieur le maître de l'hôtel! cria mon ami avant que j'eusse eu le temps de l'en empêcher.

Le maître de l'hôtel se retourna.

— Voici mon compagnon qui dit qu'il s'arrêtera pour dîner chez vous, si vous avez, par hasard, du bifteck d'ours.

J'ai vu bien des figures se décomposer dans ma vie; j'ai vu ces décompositions arriver à la suite de nouvelles terribles, d'accidents inattendus, de blessures graves... Je n'ai jamais vu décomposition de physionomie pareille à celle du malheureux maître de poste de Martigny.

— Ah! s'écria-t-il en prenant ses cheveux à pleines mains, encore! toujours!... Il ne passera donc pas un voyageur qui ne fasse la même plaisanterie?

— Dame, reprit mon compagnon, j'ai lu, dans les *Impressions de Voyage* de M. Alexandre Dumas...

— Les *Impressions de Voyage* de M. Alexandre Dumas! hurla le malheureux maître de poste; mais il y a donc encore des gens qui les lisent?

— Pourquoi ne les lirait-on pas? me hasardai-je à demander.

— Mais parce que c'est un livre atroce, plein de mensonges, et qu'on en a brûlé par la main du bourreau qui ne le méritaient pas comme celui-là... Oh! M. Alexandre Dumas! continua le malheureux marchand de soupe en passant de la colère à l'exaspération, je ne le rencontrerai donc pas un jour entre quatre yeux? il faudra donc que j'aille à Paris pour en finir avec lui? il ne repassera donc pas par la Suisse? Il n'ose pas! il sait que je l'attends ici pour l'étrangler: je le lui ai fait dire. Eh bien, si vous le voyez, si vous le connaissez, redites-le-lui encore, redites-le-lui chaque fois que vous le rencontrerez, redites-le-lui toujours!

Et il rentra chez lui comme un fou, comme un furieux, comme un désespéré.

— Qu'a donc votre maître? demandai-je au postillon.

— Ah! on dit comme cela qu'il a une maladie, un sort qu'un monsieur de Paris lui a jeté en passant.

— Et il veut tuer le monsieur de Paris?

— Il veut le tuer.

— Absolument?

— Sans rémission.

— Et, si le monsieur de Paris lui disait tout à coup: « Me voilà, c'est moi! » que ferait-il?

— Oh! pour sûr, il tomberait mort d'un coup de sang.

— C'est bien, postillon... En revenant, vous direz à votre maître que M. Alexandre Dumas est passé, qu'il lui souhaite une longue vie, et toute sorte de prospérités. — En route!

— Ah! en voilà une bonne! dit le postillon en partant au

galop. Ah! oui, que je le lui dirai; ah! oui, qu'il le saura, et qu'il se rongera les poings de ne pas vous avoir reconnu... Allons, la Grise, allons, hue!

Mon compagnon était tout pensif.

— Eh bien, lui demandai-je, à quoi penses-tu?

— Je cherche la cause de la haine de cet homme contre toi.

— Tu ne comprends pas?

— Non.

— Tu te rappelles bien le bifteck d'ours, dans mes *Impressions de Voyage?*

— Parbleu! c'est la première chose que j'en ai lue.

— Eh bien, c'est chez ce brave homme que se passa la scène de M. Alexandre Dumas mangeant un bifteck d'ours, en 1832.

— Après?

— Beaucoup d'autres comme toi ont lu le bifteck d'ours; de sorte qu'un beau matin, est passé un voyageur plus curieux ou moins en appétit que les autres, qui a dit en regardant la carte:

» — Vous n'avez pas de l'ours?

» — Plaît-il? a répondu le maître de l'hôtel.

» — Je vous demande si vous avez de l'ours.

» — Non, monsieur, non.

» Et, pour le moment, tout a été fini là... Un jour, deux jours, huit jours après, un second voyageur, en posant son bâton ferré dans l'angle de la porte, en jetant son chapeau sur une chaise, en secouant la poussière de ses souliers, a dit au maître de l'hôtel :

» — Ah! je suis bien ici à Martigny, n'est-ce pas?

» — Oui, monsieur.

» — A l'hôtel de la *Poste?*

» — A l'hôtel de la *Poste.*

» — C'est ici qu'on mange de l'ours, alors.

» — Je ne comprends pas.

» — Je dis que c'est ici qu'on mange de l'ours.

» Le maître de l'hôtel regarda le voyageur tout ébahi.

» — Pourquoi ici plutôt qu'ailleurs? lui demanda-t-il.

» — Mais parce que c'est ici que M. Dumas en a mangé.

» — M. Dumas?

» — Oui, M. Alexandre Dumas... Vous ne connaissez pas M. Alexandre Dumas?

» — Non.

» — L'auteur d'*Henri III*, d'*Antony*, de *la Tour de Nesle*?

» — Je ne connais pas.

» — Ah ! c'est que, comme il dit, dans ses *Impressions de Voyage*, qu'il a mangé de l'ours chez vous... Mais, du moment que vous n'en avez pas dans ce moment-ci, n'en parlons plus ; ce sera pour une autre fois. Voyons, qu'avez-vous?

» — Monsieur, choisissez, voici la carte !

» — Oh ! je n'y tiens pas ! donnez-moi tout ce que vous voudrez : du moment que vous n'avez pas d'ours, tout m'est égal.

» Et, d'un air dégoûté, en trouvant tout mauvais, le second voyageur a mangé le dîner qu'on lui a servi. — Le lendemain, le surlendemain, la semaine suivante est entré un voyageur qui, sans rien dire, a posé son sac de voyage à terre, s'est assis devant la première table venue, et a frappé de son couteau contre un verre, en criant :

» — Garçon !

» Le garçon est arrivé.

» — Qu'y a-t-il pour votre service, monsieur?

» — Un bifteck d'ours.

» — Ah ! ah !

» — Allons, vite, et saignant !

» Le garçon n'a pas bougé.

» — Eh bien, tu n'entends pas, farceur?

» — Si fait, j'entends.

» — Eh bien, commande mon bifteck, alors.

» — C'est que monsieur paraît désirer un bifteck particulier...

» — Un bifteck d'ours.

» — Oui... Nous n'en avons pas.

» — Comment, vous n'en avez pas?

» — Non.

» — Va me chercher ton maître.

» — Mais, monsieur, mon maître...

» — Va me chercher ton maître!

» — Cependant, monsieur...

» — Je te dis de m'aller chercher ton maître!

» Et le voyageur se leva si majestueusement, que le garçon crut qu'il n'avait qu'une chose à faire, — obéir.

» Et il disparut en disant :

» — Je vais le chercher, je vais le chercher.

» — Me voici, monsieur, dit le maître de l'hôtel au bout de cinq minutes.

» — Ah! c'est bien heureux!

» — Si j'eusse su que monsieur désirait particulièrement avoir affaire à moi...

» — Je désire avoir affaire à vous, parce que votre garçon est un sot!

» — C'est possible, monsieur.

» — Un impertinent!

» — Aurait-il eu l'impudence de manquer à monsieur?

» — Un drôle qui ruinera votre établissement!

» — Oh! oh! ceci devient grave... Si monsieur veut me dire en quoi il a à se plaindre de lui.

» — Comment! je lui demande un bifteck d'ours, et il a l'air de ne pas comprendre.

» — Ah! ah! c'est que...

» — Avez-vous de l'ours, ou n'en avez-vous pas?

» — Monsieur, permettez...

» — Avez-vous de l'ours?

» — Mais, enfin, monsieur...

» — De l'ours ou la mort! Avez-vous de l'ours?

» — Eh bien, non, monsieur.

» — Il fallait donc l'avouer tout de suite, alors, dit le voyageur en rechargeant son sac.

» — Que faites-vous, monsieur?

» — Je m'en vais.

» — Comment, vous vous en allez?

» — Sans doute.

» — Mais pourquoi vous en allez-vous?

» — Parce que je ne venais dans votre gargote que pour

manger de l'ours. Du moment que vous n'en avez pas, je vais en chercher ailleurs.

» — Cependant, monsieur...

» — Allons, *furth !*

» Et le voyageur sortit en disant :

» — Il paraît que vous avez des préférences pour M. Alexandre Dumas. Il me semble, cependant, qu'un voyageur en vins de Bourgogne vaut bien un homme de lettres.

« Et l'aubergiste resta consterné. — Maintenant, tu comprends, mon cher, ces maudites *Impressions de Voyage* ont été beaucoup lues, imprimées, réimprimées ; il ne s'est point passé un jour qu'un voyageur excentrique n'ait demandé un bifteck d'ours. Français, Anglais, semblaient s'être donné rendez-vous à l'hôtel de la *Poste* pour désespérer le malheureux aubergiste. Jamais Pipelet refusant de ses cheveux à Cabrion, aux amis de Cabrion, aux connaissances de Cabrion, n'a été plus malheureux, plus tourmenté, plus désespéré, que le malheureux, le tourmenté, le désespéré maître de poste de Martigny ! Un aubergiste français eût pris la balle au bond ; il eût changé son enseigne ; au lieu de ces mots : *Hôtel de la Poste,* il eût mis : *Hôtel du Bifteck d'ours.* Il eût accaparé tous les ours des montagnes environnantes ; quand l'ours aurait manqué, il aurait donné du bœuf, du sanglier, du cheval, ce qu'il eût voulu, pourvu que ce fût assaisonné à quelque sauce inconnue. Il eût fait fortune en trois ans, au bout desquels il se fût retiré en vendant son fonds cent mille francs, et en bénissant mon nom. Celui-ci fait fortune tout de même, mais plus lentement, en passant par des colères incessantes qui ruinent sa santé — et maudissant mon nom.

— Qu'est-ce que cela te fait ?

— Il est toujours désagréable d'être maudit, mon cher.

— Mais, enfin, qu'y a-t-il de vrai dans ton histoire du bifteck d'ours ?

— Tout et rien.

— Comment, tout et rien ?

— Trois jours avant mon passage, un homme s'était mis à l'affût d'un ours, et avait blessé l'ours à mort ; mais, avant de mourir, l'ours avait tué l'homme et dévoré une partie de sa tête. En ma qualité de poëte dramatique, j'ai mis la chose en scène, voilà tout. Il m'est arrivé ce qui est arrivé à Werner, à l'auberge de Schwartzbach, avec son drame du *Vingt-Quatre Février*.

— Et qu'est-il arrivé à Werner ?

— Ah ! ma foi ! cher ami, achète mes *Impressions de Voyage* ouvre le premier volume, et tu le sauras.

Sur quoi, nous continuâmes notre chemin.

Voilà, chers lecteurs, la vérité pure révélée pour la première fois sur le bifteck d'ours, qui a fait, depuis vingt ans, un si grand bruit dans le monde.

Du reste, je n'ai jamais été heureux avec les célébrités que j'ai faites.

Une de mes créations, — création presque aussi européenne que le bifteck d'ours, — c'est Jacotot ; pas l'inventeur de la fameuse méthode d'orthographe ; mais mon Jacotot, à moi ; le Jacotot de mes *Impressions de Voyage*.

— Ah ! oui, oui, le garçon limonadier du café d'Aix.

Justement, chers lecteurs ; vous voyez bien que Jacotot est célèbre, puisque vous vous rappelez son nom.

Qui est-ce qui ne se rappelle pas le nom de Jacotot !

Je puis donc le dire hautement, c'est moi qui ai fait la fortune de Jacotot ; car Jacotot est riche, Jacotot est retiré ; Jacotot a maison de ville à Aix, maison de campagne sur le lac du Bourget.

Et, cependant, comme le maître de l'auberge de la *Poste* de Martigny, Jacotot m'exècre, Jacotot m'abomine, Jacotot me maudit !

D'où vient pareille ingratitude ?

J'ai blessé l'amour-propre de Jacotot, — toujours à cause de la mise en scène ; le nombre d'ennemis que m'a faits mon talent dramatique est incalculable ! Un homme qui ne serait pas, comme moi, perdu par la rage du pittoresque, un de ces écrivains qui ne se croient pas obligés de peindre quand ils écrivent, ayant à rendre la première apparition de Jacotot, aurait dit tout simplement : « Jacotot entra. » Il n'aurait pas jugé à propos de dire comment était Jacotot ; si Jacotot était beau ou laid, bien ou mal mis, jeune ou vieux.

Le *Jacotot entra* me parut insuffisant, et j'eus le malheur de dire : « Jacotot entra ; *ce n'était pas autre chose que le garçon limonadier.* »

Première désignation blessante pour Jacotot, qui était garçon limonadier, c'est vrai, mais qui, sans doute, avait le désir d'être pris pour un clerc de procureur.

Je continuai : « Il s'arrêta en face de nous ; le sourire était stéréotypé *sur sa grosse figure stupide,* qu'il faut avoir vue pour s'en faire une idée. »

Voilà ce qui me brouilla véritablement avec Jacotot, c'est ce portrait physique ; tout le bien que j'ai pu dire de lui, et qui l'a immortalisé, n'a pu effacer de son souvenir la malheureuse épithète appliquée par moi à sa figure.

Il y a un an, c'est-à-dire en l'an de grâce 1854, près d'un quart de siècle après la publication de ces malheureuses *Impressions de Voyage* qui ont heurté tant de susceptibilités, un voyageur, de passage à Aix, eut le désir de connaître Jacotot : il alla au café, et fit ce que j'avais fait.

Il appela Jacotot.

Le maître du café s'approcha de lui

— Monsieur, lui dit-il, celui que vous demandez a fait fortune, et est retiré.

— Ah ! diable ! reprit le voyageur. J'eusse voulu le voir.

— Oh ! vous pouvez le voir.

— Où cela ?

— Chez lui.

— Oh ! le déranger, pour lui dire purement et simplement que j'ai envie de le voir, c'est peut-être bien un peu indiscret.

— Eh ! tenez, justement, vous pouvez le voir sans le déranger.

— Comment cela ?

— C'est lui qui est là-bas sur sa porte, les mains dans ses poches, le ventre au soleil.

— Merci.

Le voyageur se leva, et, gagnant l'autre côté de la place, passa et repassa deux ou trois fois devant Jacotot.

Jacotot s'aperçut que c'était à lui que le voyageur avait affaire ; et, comme c'est, à tout prendre, un excellent garçon, quand son amour propre n'est pas surexcité, il sourit au voyageur.

Le voyageur se sentit enhardi par ce sourire.

— Vous êtes, je crois, M. Jacotot? lui demanda-t-il.

— Oui, monsieur, pour vous servir.

— Et vous êtes retiré?

— Depuis deux ans, comme vous voyez!... bourgeois, bon bourgeois.

Et il frappa de la paume de ses deux mains sur son ventre.

— Je vous en fais mon compliment, monsieur Jacotot.

— Vous êtes bien bon.

— Je connais quelqu'un qui n'a pas nui à votre petite fortune.

— Qui cela, monsieur?

— Alexandre Dumas, l'auteur des *Impressions de Voyage*.

Le visage de Jacotot se décomposa.

— Alexandre Dumas? répéta-t-il.

— Oui.

— Est-ce parce qu'il a dit que j'avais une figure stupide? s'écria Jacotot en refermant la porte avec violence, et en rentrant chez lui.

Le voyageur dut faire son deuil de Jacotot. A partir de ce moment-là, quand Jacotot l'aperçut d'un côté, il tourna de l'autre!

Je me vis, dans le même pays, et pour une chose de la même importance à peu près, un troisième ennemi, bien autrement sérieux que les deux autres : c'était Sa Majesté Charles-Albert, roi de Sardaigne.

Pendant mon séjour à Aix, je fis deux excursions: une à Chambéry, l'autre à la dent du Chat.

Toutes deux furent signalées : l'une par une grosse imprudence, l'autre par un grave accident; imprudence et accident qui eussent probablement passé inaperçus, si je ne les avais signalés dans ces fatales *Impressions de Voyage*.

L'imprudence, ce fut d'aller, mes compagnons et moi, en chapeau gris dans la capitale de la Savoie.

Vous me demanderez, chers lecteurs, quelle imprudence il y a à se coiffer d'un chapeau gris, au lieu de se coiffer d'un feutre noir. Il n'y aurait aucune imprudence en 1855, mais il y avait une grande imprudence en 1832; et la preuve, ce sont ces quelques lignes, extraites de mes *Impressions de Voyage*:

« Le même jour, à quatre heures de l'après-midi, nous étions à Chambéry. Je ne dis rien des monuments publics de la capitale de la Savoie; je ne pus entrer dans aucun, attendu que j'avais un chapeau gris. Il paraît qu'une dépêche des Tuileries avait provoqué les mesures les plus sévères contre le feutre séditieux, et que le roi de Sardaigne n'avait pas voulu, pour une chose aussi futile, s'exposer à une guerre avec son frère bien-aimé Louis-Philippe d'Orléans. Comme j'insistais, réclamant énergiquement contre l'injustice d'un pareil procédé, les carabiniers royaux, qui étaient de garde à la porte du palais, me dirent facétieusement que, si j'y tenais absolument, il y avait à Chambéry un édifice dans l'intérieur duquel il leur était permis de me conduire: c'était la prison. Comme le roi de France, à son tour, n'aurait probablement pas voulu s'exposer à une guerre contre son frère chéri Charles-Albert, pour un personnage aussi peu important que son ex-bibliothécaire, je répondis à mes interlocuteurs qu'ils étaient fort aimables pour des Savoyards, et très-spirituels pour des carabiniers: mais je n'insistai par davantage. »

C'est un singulier pays que la Savoie: Jacotot s'était fâché parce que je lui avais dit une injure; les carabiniers se fachèrent parce que je leur faisais un compliment.

Voilà pour l'imprudence.

Passons à l'accident.

A la suite d'un souper, une dizaine de baigneurs, joyeux compagnons, — dont, hélas! quatre sont morts aujourd'hui! — proposèrent, afin de ne point se quitter, d'aller voir ensemble le soleil se lever, de la cime de la dent du Chat.

La dent du Chat est une montagne au sommet aigu, qui doit son nom à sa forme, et qui domine Aix de son cône dépouillé de verdure. La proposition fut acceptée; on se chaussa et l'on s'habilla pour le voyage, et l'on partit.

Je fis comme les autres, quoique je goûte un médiocre plaisir aux ascensions: j'ai le vertige, et toute montée, fût-elle sans danger, m'est plus pénible qu'un danger réel, qui se présente sous toute autre forme.

Qu'on me permette, comme je l'ai fait pour Chambéry, de citer quelques lignes de mes *Impressions de Voyage;* cela dispensera le lecteur d'y recourir.

« Nous commençâmes à gravir à minuit et demi; c'était une chose assez curieuse que de voir cette marche aux flambeaux. A deux heures, nous étions aux trois quarts du chemin; mais celui qui nous restait à faire était si dangereux et si difficile, que nos guides nous firent faire une halte pour attendre les premiers rayons du jour.

» Lorsqu'ils parurent, nous continuâmes notre route, qui devint bientôt si escarpée, que notre poitrine touchait presque le talus sur lequel nous marchions, à la file les uns des autres. Chacun alors déploya son adresse et sa force, se cramponnant des mains aux bruyères et aux petits arbres, et des pieds aux aspérités du rocher et aux inégalités du terrain. Nous entendions les pierres que nous détachions rouler sur la pente de la montagne, rapide comme celle d'un toit; et, lorsque nous les suivions des yeux, nous les voyions descendre jusqu'au lac, dont la nappe bleue s'étendait à un quart de lieue au-dessous de nous. Nos guides eux-mêmes ne pouvaient nous prêter aucun secours, occupés qu'ils étaient à nous découvrir le meilleur chemin; seulement, de temps en temps, ils nous recommandaient de ne point regarder derrière nous, de peur des éblouissements et des vertiges: et ces recommandations, faites d'une voix brève et serrée, nous prouvaient que le danger était bien réel.

..» Tout à coup, celui de nos camarades qui les suivait immédiatement, poussa un cri qui nous fit passer à tous un frisson dans les chairs. Il avait voulu poser le pied sur une pierre, déjà ébranlée par le poids de ceux qui le précédaient, et s'en était servi comme d'un point d'appui.

» La pierre s'était détachée; en même temps, les branches auxquelles il s'accrochait, n'étant point assez fortes pour soutenir seules le poids de son corps, s'étaient brisées entre ses mains.

» — Retenez-le! s'écrièrent les guides.

» Mais c'était chose plus facile à dire qu'à faire : chacun avait déjà grand'peine à se retenir soi-même. Aussi passa-t-il en roulant près de nous tous, sans qu'un seul pût l'arrêter ; nous le croyions perdu, et, la sueur de l'effroi au front, nous le suivions des yeux en haletant, lorsqu'il se trouva assez près de Montaigu, le dernier de nous tous, pour que celui-ci pût, en étendant la main, le saisir aux cheveux. Un moment, il y eut doute si tous deux ne tomberaient pas ; ce moment fut court, mais il fut terrible, et je réponds qu'aucun de ceux qui étaient là n'oubliera de longtemps la seconde où il vit ces deux hommes, oscillant sur un précipice de deux mille pieds de profondeur, ne sachant pas s'ils allaient être précipités, ou s'ils parviendraient à se rattacher à la terre.

» Nous gagnâmes enfin une petite forêt de sapins qui, sans nous rendre le chemin moins rapide, le rendait plus commode, par la facilité que ces arbres nous offraient de nous accrocher à leurs branches ou de nous appuyer à leur tronc. La lisière opposée de cette petite forêt touchait presque la base du rocher nu, dont la forme a fait donner à la montagne le nom qu'elle porte ; des trous creusés irrégulièrement dans la pierre offrent une espèce d'escalier qui conduit au sommet.

» Deux d'entre nous seulement tentèrent cette dernière escalade, non que le trajet fût plus difficile que celui que nous venions d'accomplir, mais il ne nous promettait pas une vue plus étendue, et celle que nous avions devant les yeux était loin de nous dédommager de nos fatigues et de nos meurtrissures. Nous les laissâmes donc grimper à leur clocher, et nous nous assîmes pour procéder à l'extraction des pierres et des épines. Pendant ce temps, les grimpeurs étaient arrivés au sommet de la montagne, et, comme preuve de prise de possession, ils y avaient allumé un feu et y fumaient leurs cigares.

» Au bout d'un quart d'heure, ils descendirent, se gardant bien d'éteindre le feu qu'ils avaient allumé, curieux qu'ils étaient de savoir si, d'en bas, on n'apercevait pas la fumée.

» Nous mangeâmes un morceau; après quoi, nos guides nous demandèrent si nous voulions revenir par la même route, ou bien en prendre une autre beaucoup plus longue, mais aussi plus facile. Nous choisîmes unanimement cette dernière. A trois heures, nous étions à Aix, et, du milieu de la place, ces messieurs eurent l'orgueilleux plaisir d'apercevoir encore la fumée de leur fanal.

» Je leur demandai s'il m'était permis, maintenant que je m'étais bien amusé, d'aller me mettre au lit. Comme chacun éprouvait probablement le besoin d'en faire autant, on me répondit qu'on n'y voyait pas d'inconvénient.

» Je crois que j'eusse dormi trente-six heures de suite, si je n'eusse été réveillé par une grande rumeur. J'ouvris les yeux : il faisait nuit; j'allai à la fenêtre, et je vis toute la ville d'Aix en rumeur. La population, y compris les enfants et les vieillards, était descendue sur la place publique, comme autrefois dans les émeutes de Rome; tout le monde parlait à la fois, on s'arrachait les lorgnettes, chacun regardait en l'air à se démonter la colonne vertébrale; je crus qu'il y avait une éclipse de lune.

» Je me rhabillai vivement pour voir ma part du phénomène, et je descendis armé de ma longue-vue. Toute l'atmosphère était colorée d'un reflet rougeâtre, le ciel paraissait enflammé: la dent du Chat était en feu!

» Le feu dura ainsi trois jours.

» Le quatrième jour, on apporta à nos deux fumeurs une note de trente-sept mille cinq cents et quelques francs.

» Ils trouvèrent la somme un peu bien forte pour une douzaine d'arpents de bois, dont le gisement rendait l'exploitation impossible. En conséquence, ils écrivirent à notre ambassadeur à Turin de tâcher de faire rogner quelque chose sur le mémoire. Celui-ci s'escrima si bien, que la carte à payer leur revint, au bout de huit jours, réduite à sept cent quatre-vingts francs.

» Grâce à mon chapeau gris, qui avait éveillé la susceptibilité des carabiniers de Chambéry, et à la part que j'avais prise à l'excursion et à l'incendie de la dent du Chat, les États du roi Charles-Albert me furent fermés pendant six ans. »

Je dirai en son lieu et place comment je fus, en 1835, honteusement chassé de Gênes, et comment j'y rentrai triomphalement en 1838.

Qu'on me permette ici une petite digression sur les princes et les capitaines de vaisseau.

J'ai remarqué qu'en général ni les uns ni les autres n'aimaient les gens d'esprit.

En effet, si un homme d'esprit se trouve à la table d'un prince, au bout de dix minutes, à moins d'un mutisme complet de sa part, ce sera l'homme d'esprit qui sera le véritable prince, c'est à l'homme d'esprit qu'on adressera la parole, c'est l'homme d'esprit que l'on fera parler, c'est l'homme d'esprit, enfin, qu'on écoutera. Quant au prince, il est complétement annihilé, il n'y a plus de prince, et il ne se distingue des autres convives qu'en deux points : c'est que les autres convives parlent et qu'il se tait, que les autres convives rient et qu'il boude.

Vous me direz, dans ce cas, que, si l'homme d'esprit a véritablement de l'esprit, il se taira, afin de permettre que le prince reste prince.

Mais alors l'homme d'esprit n'est plus un homme d'esprit : c'est un courtisan.

Nombre de gens d'esprit ont été disgraciés pour leur esprit. Citez-moi un sot disgracié pour sa sottise.

Il en est des capitaines de vaisseau comme des princes.

Toutes les fois qu'il y a un homme d'esprit à bord d'un bâtiment, et qu'il fait beau temps, il n'y a plus de capitaine. On fait cercle autour de l'homme d'esprit, tandis que le capitaine se promène tout seul sur la dunette.

Il est vrai que, s'il y a tempête, le capitaine redevient capitaine, mais pour le temps que dure la tempête seulement.

X. 4.

Vous me direz qu'il y a des princes qui ont de l'esprit.

Parbleu! j'en ai connu, et j'en connais encore; seulement, par état, ils sont obligés de le cacher.

Il était impossible d'avoir un esprit plus charmant, plus fin, plus élégant, que ne l'avait M. le duc d'Orléans; et cependant personne moins que lui ne laissait voir cet esprit.

Un jour qu'il m'avait fait une de ces réponses adorables dont sa conversation fourmillait, quand il avait affaire aux artistes :

— Mon Dieu, monseigneur, lui demandai-je, comment se fait-il donc qu'étant un des hommes les plus spirituels que je connaisse, vous ayez si peu la réputation d'un homme d'esprit?

Il se mit à rire.

— Vous êtes charmant! dit-il; est-ce que vous croyez que je me permets d'avoir de l'esprit avec tout le monde?

— Mais, monseigneur, vous en avez bien avec moi, et du meilleur même.

— Parbleu! parce que je sais que cela vous est égal, à vous : vous en aurez toujours autant que moi, sinon davantage; mais, avec les imbéciles, mon cher monsieur Dumas!... j'ai assez de peine à me faire pardonner par ceux-là d'être prince, sans avoir encore à me faire pardonner par eux d'être un homme d'esprit.... Ainsi, c'est convenu : quand vous voudrez, non pas me faire plaisir, mais me rendre service, vous direz que je suis un imbécile!

Pauvre cher prince!

CCXLVII

Le 22 juillet 1832.

Le lendemain de ce magnifique incendie, un de nos baigneurs qui revenait de Chambéry entra dans la salle de réunion en disant :

— Messieurs, savez-vous la nouvelle?
— Non.

— Le duc de Reichstadt est mort.

Le duc de Reichstadt était mort, en effet, le 22 juillet, à cinq heures huit minutes du matin, le jour anniversaire de celui où une patente de l'empereur l'avait nommé duc de Reichstadt, et où il avait appris la mort de son père l'empereur Napoléon.

Ses dernières paroles avaient été :

— *Ich gehe unter!... Mutter! mutter!...* (Je succombe!... Ma mère! ma mère!...)

Ainsi, c'était dans une langue étrangère que l'enfant de 1811 avait dit adieu au monde!

Les recherches que nous avons faites sur ce jeune prince, pâle figure historique qui va s'effaçant de jour en jour, tandis que de jour en jour grandit le fantôme de son père, nous permettent de donner quelques détails, inconnus peut-être, sur cette courte vie, sur cette douloureuse mort.

Victor Hugo, l'homme auquel il faut toujours revenir quand il s'agit de mesurer le géant Napoléon, a fait l'histoire poétique du jeune prince en quelques strophes.

Qu'on nous permette de les citer. — Dire que nous aimons le poëte exilé soulage notre cœur ; dire que nous l'admirons adoucit nos regrets. La tombe est sourde, mais peut-être l'exil est-il plus sourd encore. Notre voix est de celles que nos amis entendent dans la tombe, entendent dans l'exil. Hier, le duc d'Orléans ; aujourd'hui, Hugo.

> Mil huit cent onze! — ô temps où des peuples sans nombre
> Attendaient, prosternés sous un nuage sombre,
>   Que le ciel eût dit oui!
> Sentaient trembler sous eux les États centenaires,
> Et regardaient le Louvre, entouré de tonnerres
>   Comme un mont Sinaï!
>
> Courbés comme un cheval qui sent venir son maître,
> Ils se disaient entre eux : « Quelqu'un de grand va naître ;
> L'immense empire attend un héritier demain.
> Qu'est-ce que le Seigneur va donner à cet homme
> Qui, plus grand que César, plus grand même que Rome,
> Absorbe dans son sort le sort du genre humain? »

Comme ils parlaient, la nue éclatante et profonde
S'entr'ouvrit, et l'on vit se dresser sur le monde
    L'homme prédestiné!
Et les peuples béants ne purent que se taire;
Car ses deux bras levés présentaient à la terre
    Un enfant nouveau-né!

Cet enfant était le roi de Rome, — celui qui venait de mourir.

A l'époque où son père le présente au balcon des Tuileries, comme Louis XIII présenta Louis XIV au balcon de Saint-Germain, il était l'héritier de la plus puissante couronne; à cette époque, l'empereur entraînait dans son orbite la moitié de la population de la chrétienté; ses ordres étaient entendus et obéis dans un espace qui comprend dix-neuf degrés de latitude; et quatre-vingt millions d'hommes criaient : « Vive Napoléon! » dans huit langues différentes.

Revenons au poëte :

O revers, ô leçon! Quand l'enfant de cet homme
Eut reçu pour hochet la couronne de Rome;
Lorsqu'on l'eut revêtu d'un nom qui retentit;
Lorsqu'on eut bien montré son front royal qui tremble
Au peuple, émerveillé qu'on puisse tout ensemble
    Être si grand et si petit!

Quand son père eut, pour lui, gagné bien des batailles;
Lorsqu'il eut épaissi de vivantes murailles
Autour du nouveau-né, riant sur son chevet;
Quand ce grand ouvrier, qui savait comme on fonde,
Eut, à coups de cognée, à peu près fait le monde
    Selon le songe qu'il rêvait;

Quand tout fut préparé par les mains paternelles,
Pour doter l'humble enfant de splendeurs éternelles,
Lorsqu'on eut de sa vie assuré les relais;
Quand, pour loger un jour ce maître héréditaire,
On eut enraciné, bien avant dans la terre,
    Le pied de marbre des palais;

> Lorsqu'on eut, pour sa soif, posé devant la France
> Un vase tout rempli du vin de l'espérance...
> Avant qu'il eût goûté de ce poison doré,
> Avant que de sa lèvre il eût touché la coupe,
> Un Cosaque survint, qui prit l'enfant en croupe,
> Et l'emporta tout effaré !

L'histoire du pauvre enfant ne peut être faite que d'oppositions. Empruntons à M. de Montbel une lettre qui annonce l'impatience avec laquelle était attendue, dans la ville impériale de Vienne, l'annonce de sa naissance :

« Vienne, 26 mars.

» Il serait difficile d'exprimer l'impatience avec laquelle on attendait, ici, la nouvelle de la délivrance de Sa Majesté l'impératrice des Français. Dimanche 24, à dix heures du matin, l'incertitude a cessé : la dépêche télégraphique qui annonçait cette heureuse nouvelle a été remise à M. l'ambassadeur de France, quatre jours et une heure après cet événement, par M. le chef d'escadron Robelleau, premier aide de camp de M. le général Desbureaux, commandant la cinquième division militaire. Le bruit en fut bientôt répandu, et causa une joie générale.

» M. de Tettenborn, aide de camp du prince de Schwartzenberg, parti de Paris dans la journée, et arrivé quatorze heures après le chevalier Robelleau, confirma cette heureuse nouvelle. Enfin, un courrier de cabinet français arriva dans la matinée du 25, porteur de la lettre officielle par laquelle l'empereur Napoléon en faisait part à son auguste beau-père.

» Le contentement de Sa Majesté fut extrême, et partagé par toute la cour. M. l'ambassadeur de France étant indisposé et retenu chez lui, le premier secrétaire d'ambassade se rendit au palais, où il fut introduit dans le cabinet de l'empereur, et eut l'honneur de remettre lui-même à Sa Majesté la lettre de l'empereur son maître.

» Le dimanche même, le chambellan du jour avait été envoyé, par l'empereur, à l'ambassadeur de France, pour le complimenter. *L'ambassadeur a reçu également les félicitations de M. le comte de Metternich*, et de tout le corps diplomatique.

» Demain, il y aura grand cercle à la cour, à l'occasion de la naissance du roi de Rome. Tout annonce que cette réunion sera très-brillante. »

Peut-être sera-t-il intéressant de rapprocher ces félicitations de M. le comte de Metternich à l'ambassadeur de France, — félicitations en date du 25 mars 1811, — des instructions données, le 31 octobre 1815, par ce même comte de Metternich, à M. le baron de Sturmer, commissaire de Sa Majesté Impériale et Apostolique à l'île Sainte-Hélène :

« Les puissances alliées étant convenues de prendre les mesures les plus propres à rendre impossible toute entreprise de la part de Napoléon Bonaparte, il a été arrêté et décidé entre elles qu'il serait conduit à l'île Sainte-Hélène, qu'il y serait confié à la garde du gouvernement britannique; que les cours d'Autriche, de Russie et de Prusse y enverraient des commissaires destinés à résider, pour s'assurer de sa présence, mais sans être chargés de la responsabilité de sa garde; et que Sa Majesté Très-Chrétienne serait invitée à envoyer également un commissaire français au lieu de la détention de Napoléon Bonaparte.

» En suite de cette décision, sanctionnée par une transaction particulière entre les cours d'Autriche et de Russie, de la Grande-Bretagne et de Prusse, en date de Paris, le 2 août 1815, Sa Majesté l'empereur, notre auguste maître, a daigné vous destiner à résider à Sainte-Hélène, en qualité de son commissaire.

» La garde de Napoléon Bonaparte étant spécialement confiée au gouvernement britannique, vous n'êtes, sous ce rapport, chargé d'aucune responsabilité; mais vous vous assurerez de sa présence par les moyens et de la manière dont vous conviendrez avec le gouverneur. Vous aurez soin de vous convaincre par vos propres yeux de son existence, et vous en dresserez un procès-verbal qui devra être signé par vous et vos collègues, et contre-signé par le gouverneur ; chacun de MM. les commissaires sera tenu de soumettre, tous les mois, à sa cour, un exemplaire de ce procès-verbal, muni de leurs signatures et d'un contre-seing du gouverneur.

» Vous éviterez, avec le plus grand soin, toute espèce de communication avec Napoléon Bonaparte et les individus de sa suite. Vous vous refuserez positivement à celles qu'ils pourraient chercher à établir avec vous ; et, dans le cas où ils se permettraient, sous ce rapport, des démarches directes, vous en rendriez compte sur-le-champ à M. le gouverneur.

» Quoique vous ne soyez nullement responsable de la garde de Bonaparte, ni de celle des individus qui composent sa suite, s'il parvenait à votre connaissance qu'ils s'occupent des moyens de s'évader ou d'entretenir des rapports au dehors, vous en préviendriez sans délai M. le gouverneur.

» Vos fonctions se bornent à celles qui vous sont indiquées par les présentes instructions. Vous vous abstiendrez, avec la plus scrupuleuse exactitude, de toute démarche isolée, notre intention positive étant que vous vous concertiez surtout avec messieurs vos collègues, que vous agissiez toujours de concert avec eux, et d'accord avec M. le gouverneur.

» Vous profiterez, enfin, de toutes les occasions qui se présenteront pour nous faire parvenir directement vos rapports.

» METTERNICH.

» Paris, 31 octobre 1815. »

Voilà de la politique.
Maintenant, voici de la poésie :

> Oui, l'aigle, un soir, planait aux voûtes éternelles,
> Lorqu'un grand coup de vent lui cassa les deux ailes ;
> Sa chute fit dans l'air un foudroyant sillon ;
> Tous alors sur son nid fondirent pleins de joie ;
> Chacun selon ses dents se partagea la proie :
> L'Angleterre prit l'aigle, et l'Autriche l'aiglon.

Vous savez ce qu'on fit du géant historique.
Pendant six ans, on vit, loin derrière l'Afrique,
 Sous les verrous des rois prudents;
— Oh! n'exilons personne! oh! l'exil est impie! —
Cette grande figure en sa cage accroupie,
 Ployée et les genoux aux dents.

Encor, si ce banni n'eût rien aimé sur terre!
Mais les cœurs de lion sont les vrais cœurs de père;
 Il aimait son fils, ce vainqueur!
Deux choses lui restaient dans sa cage inféconde :
Le portrait d'un enfant et la carte du monde,
 Tout son génie et tout son cœur!

Le soir, quand son regard se perdait dans l'alcôve,
Ce qui se remuait dans cette tête chauve,
Ce que son œil cherchait dans le passé profond,
— Tandis que ses geôliers, sentinelles placées
Pour guetter nuit et jour le vol de ses pensées,
En regardaient passer les ombres sur son front, —

Ce n'était pas toujours, sire, cette épopée
Que vous aviez naguère écrite avec l'épée,
 Arcole, Austerlitz, Montmirail;
Ni l'apparition des vieilles pyramides,
Ni le pacha du Caire et ses chevaux numides
 Qui mordaient le vôtre au poitrail;

Ce n'était pas le bruit de bombe et de mitraille
Que vingt ans sous ses pieds avait fait la bataille
 Déchaînée en noirs tourbillons,
Quand son souffle poussait sur cette mer troublée
Les drapeaux frissonnants penchés dans la mêlée,
 Comme les mâts des bataillons;

Ce n'était pas Madrid, le Kremlin et le Phare,
La diane au matin fredonnant sa fanfare,
Les bivacs sommeillant dans les feux étoilés,
Les dragons chevelus, les grenadiers épiques,
Et les rouges lanciers fourmillant dans les piques,
Comme des fleurs de pourpre en l'épaisseur des blés;

Non, ce qui l'occupait, c'est l'ombre blonde et r
D'un bel enfant qui dort la bouche demi-close,
    Gracieux comme l'Orient ;
Tandis qu'avec amour sa nourrice enchantée,
D'une goutte de lait au bout du sein restée,
    Agace sa lèvre en riant!

Le père, alors, posait les coudes sur sa chaise ;
Son cœur plein de sanglots se dégonflait à l'aise ;
    Il pleurait d'amour éperdu...
Sois béni, pauvre enfant, tête aujourd'hui glacée,
Seul être qui pouvait distraire sa pensée
    Du trône du monde perdu!

———

Tous deux sont morts! Seigneur, votre droite est terrible!
Vous avez commencé par le maître invincible,
    Par l'homme triomphant ;
Puis vous avez enfin complété l'ossuaire.
Dix ans vous ont suffi pour filer le suaire
    Du père et de l'enfant!

Gloire, jeunesse, orgueil, biens que la tombe emporte!
L'homme voudrait laisser quelque chose à la porte ;
    Mais la mort lui dit : « Non! »
Chaque élément retourne où tout doit redescendre!
L'air reprend la fumée et la terre la cendre ;
    L'oubli reprend le nom.

Décidément, je préfère la poésie à la politique. Êtes-vous de mon avis, cher lecteur?

Maintenant, comment a vécu, comment est mort le pauvre enfant exilé, le pauvre aiglon tombé hors du nid? C'est ce que nous dirons dans les chapitres suivants.

CCXLVIII

Rescrit qui débaptise le roi de Rome. — Anecdotes sur l'enfance du duc de Reichstadt. — Lettre de sir Hudson Low annonçant la mort de Napoléon.

C'est à Schœnbrünn, dans ce même palais habité par l'empereur en 1805, après Austerlitz, et en 1809, après Wagram, que Marie-Louise et son fils furent reçus par la famille impériale d'Autriche.

De même que le premier soin de l'Angleterre avait été de dépouiller Napoléon de son titre d'empereur, le premier soin de François II fut d'enlever à son petit-fils le nom de Napoléon.

Le 22 juillet 1818, l'empereur d'Autriche publia le rescrit suivant :

« Nous, François II, par la grâce de Dieu, empereur d'Autriche; roi de Jérusalem, de Hongrie, de Bohême, de Lombardie et de Venise, de Dalmatie, de Croatie, d'Esclavonie, de Gallicie, de Lodomérie et d'Illyrie ; archiduc d'Autriche ; duc de Lorraine, de Saltzbourg, de Styrie, de Carinthie, de Carniole, de la haute et basse Silésie ; grand prince de Transylvanie ; margrave de Moravie ; comte princier de Habsbourg et du Tyrol, etc., etc. ; savoir faisons que :

» Comme nous nous trouvons, par suite de l'acte du congrès de Vienne, et des négociations qui, depuis, ont eu lieu à Paris avec nos hauts alliés, pour son exécution, dans le cas de déterminer le titre, les armes, le rang et les rapports personnels du prince François-Joseph-Charles, fils de notre bien-aimée fille Marie-Louise, archiduchesse d'Autriche, duchesse de Parme, de Plaisance et de Guastalla, nous avons résolu, à cet égard, ce qui suit :

» 1º Nous donnons au prince François-Joseph-Charles, fils de notre bien-aimée fille l'archiduchesse Marie-Louise, le titre de duc de Reichstadt, et nous ordonnons, en même temps, qu'à l'avenir toutes nos autorités, et chacun en particulier, lui donnent, en lui adressant la parole, soit de vive voix, soit par écrit, au commencement du discours et au haut de la lettre, le titre de *duc sérénissime*, et, dans le texte, celui d'*altesse sérénissime*.

» 2º Nous lui permettons d'avoir et de se servir d'armoiries particulières, savoir : de gueules à la fasce d'or, à deux lions passant dos tournés à droite, l'un en chef et l'autre en pointe, l'un ovale et posé sur un manteau ducal et timbré d'une couronne de duc; pour support, deux griffons de sable armés, becquetés et couronnés d'or, tenant des bannières sur lesquelles seront répétées les armes ducales.

» 3º Le prince François-Joseph-Charles, duc de Reichstadt, prendra rang, tant dans la cour que dans toute l'étendue de notre empire, immédiatement après les princes de notre famille, et les archiducs d'Autriche.

» Il a été expédié deux exemplaires parfaitement semblables, et signés par nous, de la présente déclaration et ordonnance, qui doit servir d'information à chacun, afin qu'il ait à s'y conformer. L'un des exemplaires a été déposé dans nos archives privées de famille, de cour et d'État.

» Donné dans notre capitale et résidence de Vienne, le 22 juillet de l'an 1818, de notre règne le vingt-septième.

» FRANÇOIS. »

Il était impossible, comme on le voit, de mieux déguiser ce pauvre intrus dont on avait honte dans la famille.

De son titre de Français, de son nom de Napoléon, il n'en est pas plus question que s'il n'y avait point de France, et que s'il n'y avait jamais eu d'Empire. Il n'aura plus de nom de famille : il aura un nom de duché; il ne sera ni *majesté* ni *sire* : il sera *altesse sérénissime*.

De l'aigle française, de cette aigle qui, en 1804, volait des Pyramides à Vienne ; qui, en 1814, volait, de clocher en clocher, jusque sur les tours de Notre-Dame, il n'en est pas plus question que du nom et de la nationalité : le duc de Reichstadt aura *deux lions d'or passant sur gueules,* comme un comte du saint-empire. — Pas même l'étoile des Bonaparte ; pas même les abeilles de l'île d'Elbe.

Il prendra rang à la cour *à la suite des princes de la famille impériale :* ainsi, lui, fils de la fille de l'empereur, il n'est pas seulement, par sa mère, prince de la famille impériale ! — Quant à son père, silence ! il n'a pas de père, il n'en a jamais eu ; d'ailleurs, celui qu'il pourrait avoir ne s'appelle-t-il pas tout simplement, ou n'est-il pas tout simplement appelé par sir Hudson Lowe *le général Bonaparte.*

Il est vrai qu'il lui reste un avenir, au pauvre déshérité, dans l'amour de son grand-père, qui l'adore : il sera, s'il se conduit bien, colonel d'un régiment autrichien ou hongrois ! — Il y a aussi l'avenir de Marcellus, et c'est celui que la Providence lui garde dans les profondeurs de sa miséricorde !

Et, cependant, il se souvenait, le pauvre enfant ; et c'était là son martyre. Un jour, — il avait six ans à peine, — il s'approcha de l'empereur, s'appuya sur ses genoux, et lui dit :

— Bon papa, n'est-il pas vrai que, quand j'étais à Paris, j'avais des pages ?

— Oui, répondit l'empereur, je crois que vous en aviez.

— N'est-il pas vrai aussi qu'on m'appelait le roi de Rome ?

— Oui, on vous appelait le roi de Rome.

— Eh bien, grand-papa, qu'est-ce donc qu'être roi de Rome ?

— Il est inutile de vous expliquer cela, puisque vous ne l'êtes plus.

— Mais pourquoi ne le suis-je plus ?

— Mon enfant, répondit l'empereur, quand vous serez devenu homme, il me sera facile de vous édifier à cet égard. Pour le moment, je me contenterai de vous dire qu'à mon titre d'empereur d'Autriche, je joins celui de roi de Jérusalem, sans avoir aucune sorte de pouvoir sur cette ville. Eh bien, vous êtes roi de Rome comme je suis roi de Jérusalem.

Une autre fois, le jeune prince jouait avec des soldats de

plomb, parmi lesquels se trouvaient bon nombre de Cosaques irréguliers. Un peintre qui faisait son portrait, M. Hummel s'approcha de lui.

— Avez-vous jamais vu des Cosaques, monseigneur? demanda-t-il.

— Oui, certainement, j'en ai vu, répondit l'enfant : ce sont les Cosaques qui nous ont escortés quand nous sommes sortis de France.

Le portrait du prince achevé, le peintre demanda à M. Dietrichstein son précepteur :

— De quel ordre dois-je décorer Son Altesse, monsieur le comte ?

— De l'ordre de Saint-Étienne, que Sa Majesté l'empereur d'Autriche lui a envoyé au berceau.

— Mais, monsieur le comte, dit l'enfant, outre celui-là, j'en avais encore beaucoup d'autres !

— Oui, monseigneur; mais vous ne les portez plus.

— Pourquoi ?

— Parce qu'ils ont été abolis.

Pauvre enfant ! ce n'étaient point les ordres qui étaient abolis : c'était sa fortune qui était tombée.

A cet âge, le duc de Reichstadt était parfaitement beau, avec ses grands yeux d'azur, avec son teint qui semblait fait de feuilles de rose, avec ses longs cheveux blonds bouclés, tombant sur ses épaules. Chacun de ses mouvements était plein de grâce et de gentillesse ; il parlait le français avec l'accent particulier aux Parisiens.

Il fallut lui apprendre l'allemand ; ce fut une grande affaire, une lutte de tous les jours, un combat de tous les moments.

— Si je parle allemand, disait-il, je ne serai plus du tout Français !

Cependant, le duc de Reichstadt dut se résigner à apprendre la langue de M. de Metternich ; et ce fut, lorsqu'il la sut, celle qu'il parla constamment avec les princes de la famille impériale.

Un jour, un courrier de M. de Rothschild arriva à Vienne;

il apportait une grande nouvelle, une de ces nouvelles qu'annonçaient autrefois les comètes et les tremblements de terre : Napoléon était mort le 5 mai 1821 !

La nouvelle arrivait à Vienne le 22 juillet ; — le jour où, trois ans auparavant, le duc de Reichstadt avait perdu son nom ; le jour où, onze ans plus tard, il devait perdre la vie.

Le comte de Dietrichstein était absent ; l'empereur chargea M. Foresti d'apprendre la fatale nouvelle au jeune duc, qui venait d'achever sa dixième année.

M. Foresti adorait le prince : il était près de lui depuis 1815. Il lui annonça cette nouvelle avec toute sorte de ménagements ; mais, au premier mot qu'il prononça :

— Mon père est mort, n'est-ce pas ? dit le prince.
— Monseigneur...
— Il est mort ?
— Eh bien, oui !
— Comment voulait-on qu'il vécût... là-bas ! s'écria l'enfant.

Et il fondit en larmes.

Le jeune duc, contre les habitudes de l'étiquette impériale, porta le deuil un an ; il insista lorsqu'on voulut le lui faire quitter. On en référa à l'empereur, qui répondit :

— Laissez faire au cœur de l'enfant.

Veut-on savoir de quelle façon la nouvelle fut officiellement annoncée à la cour de Vienne ? Voici la lettre originale de sir Hudson Lowe à M. le baron de Sturmer :

« Sainte-Hélène, 27 mai 1821.

» Monsieur le baron,

» Il n'existe plus ! Une maladie héréditaire, suivant l'opinion de sa famille, l'a conduit au tombeau, le 5 de ce mois : un squirre et cancer à l'estomac près du pylore. En ouvrant le corps, avec le consentement des personnes qui l'entouraient, on a découvert, près du pylore, un ulcère qui causait des adhésions au foie ; et, en ouvrant l'estomac, on a pu tracer les progrès de la maladie. L'intérieur de l'estomac, presque entier, était *a mass of cancerous disease, or of scirrous portions advancing the cancer.*

» Son père est mort de cette maladie à l'âge de trente-six ans ; elle l'aurait frappé sur le trône de France, à l'heure fixée par le destin, *pour suivre sa propre façon de penser à ce sujet*

» Ce n'est que depuis le 17 mars qu'il a été confiné dans sa chambre ; mais on a remarqué un changement en lui depuis le mois de novembre passé : une pâleur plus qu'ordinaire et une manière de marcher. Il prenait, cependant, de l'exercice deux fois par jour, généralement dans une petite calèche ; mais sa pâleur et sa faiblesse paraissaient toujours rester.

» On a offert le conseil des médecins anglais ; mais il n'a voulu recevoir d'eux aucune visite jusqu'au 1er avril, le mois avant sa mort. C'est le professeur Antomarchi qui l'a soigné avant cette époque, et qui a continué même après, jusqu'à son décès ; c'est ce professeur aussi qui a procédé à l'ouverture du corps, en présence de presque tous les médecins de l'île. Le docteur Arnott, du 20e régiment, homme très-sage et d'expérience, est celui qui a été appelé à le voir, au 1er avril, et qui lui a continué ses soins jusqu'au dernier moment. Il lui a marqué sa reconnaissance en lui léguant une tabatière d'or, la dernière dont il ait fait usage lui-même, et sur laquelle il a gravé de sa propre main la lettre N. Il lui a laissé aussi une somme d'argent (cinq cents livres).

» Le comte Montholon est devenu le principal dépositaire de ses dernières volontés ; le comte Bertrand ne vient qu'en second.

» Il avait très-fortement recommandé au comte Bertrand de faire tout son possible pour se concilier avec moi, sauf toujours son point d'honneur : on ne m'en a pas même averti. Il a fait des avances ; comme je n'ai pas de rancune dans ma disposition (autant qu'une personne peut juger d'elle-même), je ne l'ai pas repoussé.

» Ce sont toujours, cependant, les prétentions du grand maréchal, et son amour-propre blessé, plutôt que celles de l'empereur, qui ont gâté les affaires originairement ici ; et les recommandations que l'on a reçues sont une preuve que l'autre a commencé à voir clair à la fin.

» Il y avait un codicille de testament par lequel tous les effets, ici, ont été laissés aux comtes Bertrand et Montholon, et à Marchand. C'est Montholon qui est le principal exécuteur. On ne connaît rien, ou on dit ne rien connaître du testament.

» Le temps que vous avez passé ici me fait croire que ce peu de détails aura quelque intérêt pour vous, et je ne fais pas des excuses, à cet égard, pour mon intrusion. Faites agréer mes compliments et ceux de milady Lowe à madame la baronne de Sturmer, et croyez-moi toujours

» Votre très-fidèle et obéisssant serviteur,

» H. Lowe, M. P.

» *P.-S.* — Bonaparte avait deviné lui-même la cause de sa maladie. Quelque temps avant sa mort, il a désiré que son corps fût ouvert, afin, comme il a été dit par Bertrand et Montholon, de découvrir s'il y a quelque moyen de garantir son fils de la maladie.

» Excusez mon griffonnage.

» H. L. »

Remarquez-vous que nulle part, dans la lettre, le nom du mort n'est prononcé ? C'est seulement au *post-scriptum* qu'il sort de la plume de ce héraut de la mort.

Ne serait-ce pas que le geôlier aurait eu honte de prononcer le nom du captif ; le bourreau, remords de prononcer le nom du patient ?

Napoléon mort, les regards du monde, qui se partageaient entre Schœnbrünn et Sainte-Hélène, se tournèrent uniquement vers Schœnbrünn.

CCXLIX

Le prince de Metternich est chargé d'apprendre au duc de Reichstadt l'histoire de Napoléon. — Plan de conduite politique du duc. — Le poëte Barthélemy à Vienne. — Ses entrevues avec le comte Dietrichstein. — Opinion du duc de Reichstadt sur le poëme de *Napoléon en Égypte*.

« Le prince de Metternich, dit M. de Montbel, fut expressément chargé d'apprendre au duc de Reichstadt une histoire *exacte et complète* de Napoléon. »

Quelle ironie! c'est l'homme qui a signé les instructions de M. de Sturmer, le représentant de l'Autriche à Sainte-Hélène, que l'on charge d'apprendre au fils l'histoire *exacte et complète* du père, dont ce fils ne porte plus le nom, ne porte plus le titre, ne porte plus les armes!

Pauvre prisonnier! si l'on eût ajouté cette torture à ton agonie, de te dire : « Ton fils te connaîtra sur l'appréciation et d'après le récit de M. de Metternich! »

— Je désire, dit l'empereur François au premier ministre, que le duc respecte la mémoire de son père, prenne exemple de ses grandes qualités, et qu'il apprenne à connaître ses défauts, afin de les éviter et de se prémunir contre leur fatale influence. Parlez au prince, sur le compte de son père, comme vous voudriez que l'on parlât de vous à votre propre fils. Ne lui cachez, à cet égard, aucune vérité; mais enseignez-lui, je le répète, à honorer sa mémoire.

« Dès lors, — dit M. de Montbel avec une bonhomie qui peut être aussi bien de la raillerie que de la naïveté, — dès lors, M. de Metternich dirigea le duc de Reichstadt dans les hautes études historiques. En mettant sous ses yeux des documents irrécusables, il l'accoutumait à connaître *la bonne foi des factions* et *la justice de l'esprit de parti;* il s'attachait à former son esprit aux habitudes d'une saine critique, à éclairer sa raison en lui enseignant à apprécier les actions et les événements dans leurs causes, aussi bien qu'à les juger dans leurs résultats.

» Le duc de Reichstadt recevait ces hautes instructions avec un grand empressement; la justice et la pénétration de son esprit lui en faisaient apprécier toute l'importance. A proportion qu'il lisait les ouvrages relatifs à l'histoire de nos jours, *il consultait le prince de Metternich dans tous ses doutes;* il aimait à recevoir de lui *des indications précises,* à interroger son expérience et son habileté reconnues, sur tant de grands événements auxquels il avait pris une part si active.

» Dès ce moment, le jeune duc montra un habituel empressement à se rapprocher de M. de Metternich. »

Toute la vie du pauvre enfant va être désormais renfermée dans ces quelques lignes que nous venons de citer.

Un jour aussi, rencontrant ensemble l'empereur et le prince, il s'approcha d'eux, et leur dit :

— L'objet essentiel de ma vie doit être de ne pas rester indigne de la gloire de mon père; je croirai atteindre ce noble but si, autant qu'il sera en mon pouvoir, je parviens, un jour, à m'approprier une de ses hautes qualités, en m'efforçant d'éviter les écueils qu'elles lui ont fait rencontrer. Je manquerais aux devoirs que sa mémoire m'impose si je devenais le jouet des factions et l'instrument des intrigues. Jamais le fils de Napoléon ne peut descendre au rôle méprisable d'un aventurier!

Du moment où le duc de Reichstadt se montre si raisonnable, M. de Metternich et l'empereur d'Autriche n'ont désormais plus rien à craindre.

C'est sur ces entrefaites, et lorsque l'éducation politique du jeune prince était achevée par M. de Metternich, que Méry et Barthélemy publiaient, le 10 novembre 1828, leur poëme de *Napoléon en Égypte.* — On connaît le succès gigantesque de ce poëme. — Dès lors, il leur naît dans le cœur plutôt que dans l'esprit une idée pieuse : l'un d'eux ira à Vienne, et offrira au jeune duc l'épopée dont son père est le héros.

Barthélemy part.

Laissons-lui raconter son pèlerinage ; nous dirons ensuite l'effet que sa présence produisit à Vienne.

« Le but de mon voyage étant d'être présenté au duc de Reichstadt, de lui offrir notre poëme, on doit penser que je ne négligeai aucun moyen possible d'y parvenir. Dans le nombre des personnes qui me témoignaient quelque intérêt, les unes étaient tout à fait sans pouvoir, les autres craignaient, avec quelque raison, de s'immiscer dans une affaire de cette nature. Aussi, je me vis presque réduit à moi seul pour conseiller et pour protecteur. Je pensai qu'au lieu d'employer des détours qui auraient pu attirer des soupçons sérieux sur mes intentions pacifiques, il valait mieux aborder le motif de mon séjour à Vienne.

» D'après cette idée, je me présentai chez M. le comte de Czernin, qui est *oberhofmeister* de l'empereur, charge qui répond, je crois, à celle de grand chambellan. Ce vénérable vieillard me reçut avec une bonté et une obligeance dont je fus vraiment pénétré ; et, quand je lui eus énoncé le but de ma visite, il n'en parut nullement surpris : seulement, il m'engagea à m'adresser à M. le comte Dietrichstein, chargé spécialement de l'éducation du jeune prince, et même il voulut bien m'autoriser à m'y présenter sous ses auspices.

» Je ne perdis pas un moment, et, en quittant M. le comte de Czernin, je me rendis sur-le-champ chez M. Dietrichstein. J'eus un véritable plaisir de me trouver avec un des seigneurs les plus aimables et les plus instruits de la cour de Vienne. Aux fonctions de grand maître du duc de Reichstadt, il joignait la charge de directeur de la bibliothèque, et, devant ce dernier titre, je pouvais invoquer hardiment ma qualité d'homme de lettres. Il voulut bien me dire que notre nom et nos ouvrages ne lui étaient pas inconnus ; que même il avait pris le soin de se faire envoyer de France toutes les brochures que nous avions publiées jusqu'à ce jour, et qu'en ce moment il attendait avec impatience notre dernier poëme.

» Comme, à tout événement, je m'étais muni d'un exemplaire, je me hâtai de le lui offrir, et même de lui en faire une dédicace signée ; ce qui parut lui être agréable. Encouragé par cet accueil, je crus le moment propice pour en venir à une ouverture décisive.

» — Monsieur le comte, lui dis-je, puisque vous voulez bien me témoigner tant de bienveillance, j'oserai vous supplier de me servir dans l'affaire qui m'attire à Vienne. Je suis venu dans le but unique de présenter ce livre au duc de Reichstadt; personne mieux que son grand maître ne peut me seconder dans mon dessein. J'espère que vous voudrez bien accéder à ma demande.

» Aux premiers mots de cette humble requête verbale, le visage du comte prit une expression, je ne dirai pas de mécontentement, mais de malaise, de contrainte; il paraissait comme fâché d'avoir été assez aimable pour m'enhardir à cette demande; et sans doute qu'il aurait préféré n'être pas dans la nécessité de me répondre. Après quelques secondes de silence, il me dit :

» — Est-il bien vrai que vous soyez venu à Vienne pour voir le jeune prince?... Qui a pu vous engager à une pareille démarche? Est-il possible que vous ayez compté sur le succès de votre voyage?... On se fait donc, en France, des idées bien fausses, bien ridicules, sur ce qui se passe ici? Ne savez-vous pas que la politique de la France et celle de l'Autriche s'opposent également à ce qu'aucun étranger, surtout un Français, soit présenté au prince? Ce que vous me demandez est donc tout à fait impossible. Je suis vraiment fâché que vous ayez fait un si long et si pénible voyage, sans aucune chance de succès, etc., etc.

» Je lui répondis que je n'avais mission de personne en venant en Autriche; que c'était de mon propre mouvement et sans impulsion étrangère que je m'étais décidé à ce voyage; qu'en France, on pense généralement qu'il n'est pas difficile d'être présenté au duc de Reichstadt, et que même on assure qu'il reçoit les Français avec une bienveillance plus particulière; que, d'ailleurs, les mesures de prudence qui repoussent les étrangers me semblaient ne pas devoir m'atteindre, moi qui ne suis qu'un homme de lettres, qu'un citoyen inaperçu, et qui n'ai jamais rempli de rôle ou de fonction politique.

» — Je conçois, ajoutai-je, que mon zèle peut vous paraître exagéré ; cependant, considérez que nous venons de publier un poëme sur Napoléon. Est-il donc étrange que nous désirions le présenter à son fils? Croyez-vous que cet hommage littéraire ait un but caché? Il ne tient qu'à vous de vous convaincre du contraire. Je ne demande pas à entretenir le prince sans témoins : ce sera devant vous, devant dix personnes, s'il le faut ; et s'il m'échappe un seul mot qui puisse alarmer la politique la plus ombrageuse, je consens à finir ma vie dans une prison d'Autriche.

» Le grand maître répliqua que tous ces bruits répandus en France au sujet de personnes présentées au duc de Reichstadt étaient de toute fausseté; qu'il était persuadé que le but de mon voyage était purement littéraire et détaché de toute pensée politique ; mais que, néanmoins, il lui était impossible d'outre-passer ses ordres ; que les plus strictes défenses interdisaient ces sortes d'entrevues; que cette mesure n'était pas l'effet d'un caprice momentané, mais bien la suite d'un système constant adopté par les deux cours; qu'elle n'était pas applicable à moi seul, mais à tous ceux qui tenteraient d'approcher du prince, et que j'aurais tort de m'en trouver lésé spécialement.

» — Enfin, ajouta-t-il, ce qui doit excuser ces rigueurs, c'est la crainte d'un attentat sur sa personne.

— Mais, lui dis-je, un attentat de cette nature est toujours à craindre ; car le duc de Reichstadt n'est pas entouré de gardes. Un homme résolu pourrait toujours l'aborder, et une seconde suffirait pour consommer un crime ! Votre surveillance est donc en défaut de ce côté. Maintenant, vous craignez peut-être qu'une conversation trop libre avec des étrangers ne lui révèle des secrets ou ne lui inspire des espérances dangereuses; mais, avec tout votre pouvoir, monsieur le comte, est-il possible à vous d'empêcher qu'on ne lui transmette, ouvertement ou clandestinement, une lettre, une pétition, un avis, soit à la promenade, soit au théâtre ou dans tout autre lieu? Moi, par exemple, si, au lieu de m'adresser franchement à vous, je m'étais posté sur son passage ; si je m'étais hardiment avancé vers lui, et qu'en votre présence même, je lui eusse remis un exemplaire de *Napoléon en Égypte*... Vous voyez bien que j'aurais trompé toutes vos précautions, et j'aurais rempli mon but, d'une manière violente, j'en conviens ; mais, enfin, il n'en est pas moins vrai que le prince aurait reçu mon exemplaire, et qu'il l'aurait lu, ou, du moins, qu'il en aurait connu le titre.

» M. Dietrichstein me fit une réponse qui me glaça d'étonnement.

» — Écoutez, monsieur : soyez bien persuadé que le prince n'entend, ne voit et ne lit que ce que nous voulons qu'il lise, qu'il voie et qu'il entende. S'il recevait une lettre, un pli, un livre qui eût trompé notre surveillance, et fût tombé jusqu'à lui sans passer par nos mains, croyez que son premier soin serait de nous le remettre avant de l'ouvrir ; il ne se déciderait à y porter les yeux qu'autant que nous lui aurions déclaré qu'il peut le faire sans danger.

» — Il paraît, d'après cela, monsieur le comte, que le fils de Napoléon est bien loin d'être aussi libre que nous le supposons en France!

» Réponse :

» — Le prince n'est pas prisonnier... Mais il se trouve dans une position toute particulière. Veuillez bien ne plus me presser de vos questions : je ne pourrais vous satisfaire entièrement ; renoncez également au projet qui vous a conduit ici : je vous répète qu'il y a impossibilité absolue.

» — Eh bien, vous m'enlevez tout espoir ! Je ne puis, certainement, recourir à personne après votre arrêt, et je sens qu'il est inutile de renouveler mes instances ; mais, du moins, vous ne pouvez pas me refuser de lui remettre cet exemplaire au nom des auteurs. Il a sans doute une bibliothèque, et ce livre n'est pas assez dangereux pour être mis à l'index.

» M. Dietrichstein secoua la tête comme un homme irrésolu. Je compris qu'il lui était pénible de m'accabler de deux refus dans le même jour ; aussi, ne voulant pas le forcer à s'expliquer trop nettement, je pris congé de lui en le priant de lire le poëme, de se convaincre qu'il ne contenait rien de séditieux, et de me faire espérer que, d'après cette conviction, il consentirait à favoriser ma seconde demande.

» Environ quinze jours après, je retournai chez le grand maître ; j'en revins encore à mes premières obsessions. Il était étonné lui-même de ma ténacité.

» — Je ne vous conçois vraiment pas ! me disait-il. Vous mettez trop d'importance à voir le prince. Contentez-vous de savoir qu'il est heureux, qu'il est sans ambition. Sa carrière est toute tracée : il n'approchera jamais de la France ; *il n'en aura pas même la pensée*. Répétez tout ceci à vos compatriotes ; désabusez-les, s'il est possible. Je ne vous demande pas le secret de tout ce que j'ai pu vous dire ; bien au contraire : je vous prie, à votre retour en France, de le publier et même de l'écrire, si bon vous semble. Quant à la remise de votre exemplaire, n'y comptez pas. Votre livre est fort beau comme poésie ; mais il est dangereux pour le fils de Napoléon : votre style plein d'images, cette vivacité de description, ces couleurs que vous donnez à l'histoire, tout cela, dans sa jeune tête, peut exciter un enthousiasme et des germes d'ambition qui, sans aucun résultat, ne serviraient qu'à le dégoûter de sa position actuelle. L'histoire, il en connaît tout ce qu'il doit savoir, c'est-à-dire les dates et les noms. Vous voyez, d'après cela, que votre livre ne peut lui convenir.

» J'insistai encore quelque temps ; mais je vis bientôt que le grand maître ne m'écoutait que par civilité. Je ne voulus pas m'épuiser en prières inutiles ; et, dès lors, désabusé de mon innocente chimère, je regardai cette visite comme une audience de congé, et je ne pensai plus qu'à retourner en France.

» Jusqu'au moment de mon départ, je continuai à visiter les personnes qui m'avaient jusqu'alors témoigné tant d'intérêt. Dans une de ces paisibles réunions, on m'a répété un propos du duc de Reichstadt qui m'a singulièrement frappé ; je le tiens de bonne source, et, si je ne craignais de nuire à la fortune de cette personne, je la nommerais ici ; qu'on se contente de savoir qu'elle voit familièrement le prince presque tous les jours. — Dernièrement, cet étrange jeune homme paraissait absorbé par une idée fixe; il était entièrement distrait de sa leçon. Tout à coup, il se frappe le front avec un signe d'impatience, et laisse échapper ces mots :

» — Mais que veulent-ils donc faire de moi? pensent-ils que j'ai la tête de mon père?...

» On doit conclure de cela que le rempart vivant qui l'entoure avait été franchi; qu'une lettre ou un pli indiscret avait été lancé jusqu'à lui, et que, pour cette fois, il avait enfreint les ordres qui lui prescrivent de ne rien lire sans l'aveu de ses précepteurs. »

Ne pouvant voir le duc de Reichstadt en particulier, le poëte, du moins, ne voulut pas quitter Vienne sans l'avoir vu en public. Il apprit, un jour, que le prince devait aller le soir au théâtre : il loua une stalle, et se plaça en face de la loge de la cour.

Ses vers diront mieux que ma prose quel effet lui produisit cette apparition.

> Bientôt, dans une loge où nul flambeau ne brille,
> Arrivent gravement César et sa famille,
> De princes, d'archiducs, inépuisable cour,
> Comme l'aire d'un aigle ou le nid d'un vautour.
> On lisait sur leurs fronts, dans leur morne attitude,
> Les ennuis d'un plaisir usé par l'habitude.
> Un lustre aux feux mourants, descendu du plafond,
> Mêlait sa lueur triste au silence profond;
> Seulement, par secousse, à l'angle de la salle,
> Résonnait quelquefois la toux impériale.
> Alors, un léger bruit réveilla mon esprit;
> Dans la loge voisine, une porte s'ouvrit,
> Et, dans la profondeur de cette enceinte obscure,
> Apparut tout à coup une pâle figure...
> Éteinte dans ce cadre au milieu d'un fond noir,
> Elle était immobile, et l'on aurait cru voir
> Un tableau de Rembrandt chargé de teintes sombres,
> Où la blancheur des chairs se détache des ombres.
> Je sentis dans mes os un étrange frisson;
> Dans ma tête siffla le tintement d'un son;
> L'œil fixe, le cou roide et la bouche entr'ouverte,

Je ne vis plus qu'un point dans la salle déserte :
Acteurs, peuple, empereur, tout semblait avoir fui;
Et, croyant être seul, je m'écriai : « C'est lui! »
C'était lui! Tout à coup, la figure isolée
D'un coup d'œil vif et prompt parcourut l'assemblée.
Telle, en éclairs de feu, jette un reflet pareil
Une lame d'acier qu'on agite au soleil.
Puis, comme réprimant un geste involontaire,
Il rendit à ses traits leur habitude austère,
Et s'assit. Cependant, mes regards curieux
Dessinaient à loisir l'être mystérieux :
Voyant cet œil rapide où brille la pensée,
Ce teint blanc de Louise et sa taille élancée,
Ces vifs tressaillements, ces mouvements nerveux,
Ce front saillant et large, orné de blonds cheveux;
Oui, ce corps, cette tête où la tristesse est peinte,
Du sang qui les forma portent la double empreinte!
Je ne sais toutefois... je ne puis sans douleur
Contempler ce visage éclatant de pâleur;
On dirait que la vie à la mort s'y mélange!
Voyez-vous comme moi cette couleur étrange?
Quel germe destructeur, sous l'écorce agissant,
A sitôt défloré ce fruit adolescent?
Assailli, malgré moi, d'un effroi salutaire,
Je n'ose pour moi-même éclaircir ce mystère.
Le noir conseil des cours, au peuple défendu,
Est un profond abîme où nul n'est descendu :
Invisible dépôt, il est, dans chaque empire,
Une énigme, un secret qui jamais ne transpire;
C'est ce secret d'État que, sur le crucifix,
Les rois, en expirant, révèlent à leurs fils!
Faut-il vous répéter un effroyable doute?
Écoutez... ou plutôt que personne n'écoute!
S'il est vrai qu'à ta cour, malheureux nourrisson,
La moderne Locuste ait transmis sa leçon,
Cette horrible pâleur, sinistre caractère,
Annonce de ton sang le mal héréditaire;
Et peut-être aujourd'hui, méthodique assassin,
Le cancer politique est déjà dans ton sein!
Mais non! mon âme, en vain de terreurs obsédée,
Repousse en frissonnant, une infernale idée;

> J'aime mieux accuser l'étude aux longues nuits,
> Des souvenirs amers ou de vagues ennuis.
> Comme une jeune plante à la tige légère,
> Que poussa l'ouragan sur la terre étrangère,
> Loin du sol paternel languit et ne produit
> Que des fleurs sans parfum et des boutons sans fruit,
> Sans doute, l'orphelin que la grande tempête
> Emporta vers le Nord dans son berceau de fête,
> Aujourd'hui, comprimant de cuisantes douleurs,
> Tourne vers l'Occident des yeux chargés de pleurs!...

Le poëte avait recueilli tout ce qu'il pouvait recueillir de son voyage : il avait vu, de loin, au fond d'une loge, le pauvre enfant impérial! il partit, lui prédisant, comme on voit, une mort précoce et prochaine.

S'il faut en croire M. de Montbel, après le départ de Barthélemy, *Napoléon en Égypte* fut lu dans la famille impériale, en présence du duc de Reichstadt, qui écouta cette lecture avec la plus profonde indifférence : il se contenta de dire qu'on avait eu raison de ne pas laisser arriver jusqu'à lui l'auteur d'un pareil ouvrage.

Était-il si indifférent? était-il si dissimulé? était-il si ingrat?

CCL

Voyage du duc de Reichstadt. — M. le chevalier de Prokesch. — Questions sur les souvenirs laissés par le *Napoléon en Égypte*. — L'ambition du duc de Reichstadt. — La comtesse Camerata. — Le prince est nommé lieutenant-colonel. — Il s'enroue en passant une revue. — Il tombe malade. — Rapport du docteur Malfatti sur sa santé.

Au mois de juin 1830, l'empereur d'Autriche, comme il avait l'habitude de le faire chaque année, quitta Vienne pour aller visiter quelques-unes de ses provinces ; cette année-là, c'était au tour de la Styrie d'être honorée du passage de l'empereur. Sa Majesté prit avec elle Marie-Louise et son fils, et on arriva à Gratz.

Là se trouvait le lieutenant-colonel Prokesch d'Osten, qui venait de visiter successivement la Grèce, l'Asie Mineure, la terre sainte, l'Égypte et la Nubie. C'était un homme de distinction à la fois native et personnelle; il avait publié plusieurs écrits militaires; entre autres, un sur la campagne de 1812, et un sur la campagne de 1815.

L'empereur l'invita à dîner. A table, il fut placé près du duc de Reichstadt.

Le prince lui adressa le premier la parole.

— Je vous connais depuis longtemps, lui dit-il, et je me suis beaucoup occupé de vous.

— Comment ai-je pu mériter un pareil intérêt de votre part, monseigneur? demanda le chevalier de Prokesch.

— J'ai lu, j'ai étudié votre ouvrage sur la bataille de Waterloo, et j'en ai été tellement satisfait, que je l'ai traduit en français et en italien.

Après le dîner, le prince adressa au voyageur de nombreuses questions sur l'Orient, sur son état actuel, sur le caractère de ses habitants.

— Quel souvenir a-t-on conservé de mon père en Égypte? demanda-t-il.

— On s'en souvient comme d'un météore qui a passé sur ce pays en l'éblouissant.

— Vous me parlez là, monsieur, repartit le duc, des hommes à idées supérieures, de Méhémet-Ali, d'Ibrahim-Pacha; mais, moi, je vous parle du peuple, des Turcs, des Arabes, des fellahs, et je vous demande ce que tous ces gens-là pensent du général Bonaparte. Ayant eu à supporter les malheurs de la guerre, n'en ont-ils pas conservé un profond ressentiment?

— Oui, sans doute... D'abord, il y a eu inimitié; mais, plus tard, cette inimitié a fait place à d'autres sentiments, et il n'est resté pour le souvenir de votre illustre père qu'une grande admiration. La haine qui existe entre les Turcs et les Arabes est telle, qu'aujourd'hui le mal présent a totalement effacé la mémoire du mal qu'on a eu à subir à une autre époque.

— Je connais cette explication, dit le duc; mais, en général, la multitude considère un grand homme à la manière dont elle regarde un beau tableau, sans pouvoir se rendre compte de ce qui en constitue le mérite : aussi les traces qu'il laisse dans sa mémoire doivent-elles être éphémères ; il n'y a que les esprits supérieurs qui puissent apprécier les grands hommes, et conserver leur souvenir.

— Cette fois, vous vous trompez, monseigneur : c'est le peuple qui est fidèle à sa religion. Les grands hommes sont des dieux qui n'admettent pas d'autres divinités, ou qui les discutent avant de les admettre. Le peuple juge par sentiment, non par appréciation, et vote d'enthousiasme les immortalités.

Souvent aussi le duc de Reichstadt parlait des capitaines antiques ; parmi ceux-ci, il préférait César à Alexandre, Annibal à César.

Voici l'appréciation que, d'après lui, le chevalier de Prokesch nous a donnée du vainqueur de la Trébia, de Trasimène et de Cannes.

— C'est le plus beau génie militaire de l'antiquité ; c'est l'homme le plus habile dans la stratégie de son époque. On lui reproche — qui cela, d'ailleurs ? des pédants de collège, des stratégistes de bibliothèque ! — de n'avoir pas su profiter des succès qu'il avait obtenus ; mais conçoit-on la différence qui eût existé entre Annibal chef d'un empire, disposant librement de ses ressources, et le simple général d'une république jalouse, d'un sénat composé de ses envieux, et d'esprits étroits, qui, par de honteux calculs, lui refusaient les moyens d'assurer le triomphe de ses armes ? Annibal a le mérite d'avoir formé Scipion à la victoire ; et l'un des plus grands phénomènes de l'antiquité, c'est de voir ce général faire triompher si longtemps, par son génie, une nation de marchands, d'un peuple de soldats.

Nous ne reprocherons à ces idées que d'être un peu alignées à la manière classique. Parlait-il ainsi, le fils de l'homme dont le style incohérent, marchant par enjambées de géant ou par bondissements de lion, éclatait surtout en images ?

— Oui, répondront M. de Montbel et M. le chevalier de Prokesch.

Alors, le style des lignes qu'on vient de lire nous explique ce qui suit :

— Vous avez un noble but devant vous, monseigneur, disait M. de Prokesch au jeune duc. L'Autriche est devenue votre patrie adoptive... (Pauvre enfant! qui se rappelait les Cosaques parce qu'ils l'avaient conduit hors de France)! L'Autriche est devenue votre patrie adoptive, et vous pouvez, par vos talents, vous préparer à lui rendre dans l'avenir d'immenses services !

— Je le sens comme vous, monsieur, répondit le duc de Reichstadt. Mes idées ne doivent pas se porter à troubler la France ; je ne veux pas être un aventurier, je ne veux pas surtout servir d'instrument et de jouet au libéralisme. *Ce serait déjà pour moi le but d'une assez noble ambition, que de m'efforcer de marcher, un jour, sur les traces du prince Eugène de Savoie. Mais comment me préparer à un si grand rôle ? comment atteindre à une semblable hauteur ?* Je désire trouver autour de moi des hommes dont les talents et l'expérience me facilitent les moyens de fournir, s'il est possible, cette honorable carrière.

N'est-ce pas que ce n'est point là le style que vous eussiez supposé au fils de l'homme des proclamations de Marengo, des Pyramides et d'Austerlitz ! Il est vrai que, lorsque nous empruntons du Reichstadt à M. de Montbel, c'est traduit du carlisme, et que, quand nous en empruntons à M. de Prokesch, c'est traduit de l'autrichien.

La révolution de juillet arriva : elle eut son retentissement dans le monde entier.

Cette fois, les yeux de tout un parti se tournèrent vers Napoléon II ; et, chose étrange ! ce fut M. de Talleyrand qui se chargea d'être, à Vienne, l'organe de ce parti.

Il va sans dire que toutes les propositions furent repoussées.

C'est alors qu'une femme au cœur viril, Napoléon de famille, d'âme et de visage, essaya de réveiller dans l'esprit du jeune prince quelque chose de ce qu'Ulysse allait redemander à Achille, perdu parmi les filles de Déidamie.

Cette femme, c'était la comtesse Camerata, fille d'Élisa Bacciochi.

Elle arriva un jour à Vienne, et se logea à l'hôtel du *Cygne*, dans la rue de Carinthie. — C'était vers le commencement de novembre 1830.

Un soir, en rentrant chez M. d'Obenaus, son gouverneur, le duc de Reichstadt trouva sur le palier de l'escalier une jeune femme qui l'attendait, enveloppée d'un manteau écossais. Dès qu'elle aperçut le duc, cette jeune femme s'avança vivement vers lui, lui prit la main, la serra, puis la porta à ses lèvres avec l'expression de la plus vive tendresse.

Le prince s'arrêta tout étourdi.

— Madame, demanda M. d'Obenaus, qui accompagnait le duc de Reichstadt, que faites-vous, et quelle est votre intention?

— Qui me refusera, s'écria l'inconnue, de baiser la main du fils de mon souverain?

Et elle disparut.

Quelques jours après, le duc trouva sur sa table une lettre d'une écriture inconnue; il l'ouvrit.

Elle était datée du 17 novembre, et contenait les lignes suivantes :

« Prince,

» Je vous écris pour la troisième fois; dites-moi si vous avez reçu mes lettres, et si vous voulez agir en archiduc autrichien ou en prince français. Dans le premier cas, livrez mes lettres : en me perdant, vous acquerrez une position plus élevée, et cet acte de dévouement vous sera attribué à gloire. Mais, si, au contraire, vous voulez profiter de mes avis, si vous agissez en homme, vous verrez combien les obstacles cèdent devant une volonté calme et forte. Vous trouverez mille moyens de me parler, que, seule, je ne puis embrasser. Vous ne pouvez avoir d'espoir qu'en vous : que l'idée de vous confier à quelqu'un ne se présente même pas à votre pensée! Sachez que, si je demandais à vous voir même devant cent témoins, ma demande serait refusée ; sachez que vous êtes mort pour tout ce qui est Français, pour votre famille. Au nom des horribles tourments auxquels les rois de l'Europe ont condamné votre père ; en pensant à cette agonie de banni par laquelle ils lui ont fait expier le crime d'avoir été trop généreux envers eux, songez que vous êtes son fils, que ses regards mourants se sont arrêtés sur votre image ; pénétrez-vous de tant d'horreurs, et ne leur imposez d'autre supplice que de vous voir assis sur le trône de France ! Profitez de ce moment, prince !... J'ai peut-être trop dit : mon sort est entre vos mains, et je puis vous dire que, si vous vous servez de mes lettres pour me perdre, l'idée de votre lâcheté me fera plus souffrir que tout ce que l'on pourra me faire endurer !

» L'homme qui vous remettra cette lettre se chargera aussi de votre réponse. Si vous avez de l'honneur, vous ne m'en refuserez pas une.

« NAPOLEONE CAMERATA. »

Cette lettre effraya fort le jeune prince : c'était une mise en demeure claire, nette, positive. « Êtes-vous archiduc autrichien ou prince français ? » Là était la question.

Le duc s'ouvrit de cet événement et de l'inquiétude qu'il lui causait au chevalier de Prokesch.

— Vous comprenez bien, lui dit-il, que je ne prendrai pas pour guide de ma conduite et pour garant de mon avenir des personnes d'un caractère aussi exalté ; mais je me trouve dans un embarras véritable. Il est dans mes sentiments envers l'empereur (quand le duc de Reichstadt parle de *l'empereur*, c'est toujours de l'empereur François II qu'il parle), il est dans mes sentiments envers l'empereur, comme dans la dignité de ma situation, de ne lui cacher ni mes peines, ni mes démarches ; lui taire cette circonstance me semblerait un tort vis-à-vis de lui. D'un autre côté, je ne voudrais pas nuire à la comtesse ; elle manque de prudence, mais elle a droit à mes égards... D'ailleurs, c'est une femme. Cependant, mon premier devoir est envers l'empereur... — Ne pourriez-vous pas aller, de ma part, trouver le comte de Dietrichstein, lui confier ce qui se passe, en lui demandant de tout arranger, de manière que la comtesse Camerata n'éprouve aucune persécution, aucun désagrément, et qu'on ne la force pas à s'éloigner de Vienne?

Après avoir attentivement examiné cette affaire, le chevalier de Prokesch approuva la résolution du prince, et se chargea volontiers de la mission que lui avait confiée Son Altesse.

Le lendemain, il reçut un billet qui contenait les lignes suivantes :

« Depuis que je vous ai vu, j'ai reçu une nouvelle lettre de la comtesse Camerata. C'est le valet de chambre d'Obenaus qui avait mis sur la table la première, que je vous ai confiée; renvoyez-la-moi : il est convenable et nécessaire que j'en parle à Obenaus. J'arrangerai les choses, de manière à éviter toute tracasserie et tout scandale; mais je ne veux pas répondre. Qu'il ne soit plus question de cela.

» J'espère vous revoir à six heures pour reprendre nos lectures.

» FRANÇOIS DE REICHSTADT. »

La comtesse Camerata, quoiqu'elle n'eût point reçu de réponse, ne se tint pas pour battue. Au risque de ce qui pouvait lui arriver, elle resta encore trois semaines à Vienne, se trouvant partout sur le chemin du prince, au théâtre, au Prater, à Schœnbrünn.

Jamais le duc de Reichstadt ne fit mine de la connaître! Lassée de ce mutisme, elle partit enfin pour Prague.

La conduite du prince eut sa récompense : dans le même mois, l'empereur — l'empereur François II, toujours, — le nomma lieutenant-colonel; mais, comme si le destin eût voulu lui faire comprendre qu'il devait être César ou rien. *aut Cæsar, aut nihil*, dès les premiers commandements qu'il essaya de formuler, sa voix s'enroua, et il lui fallut discontinuer son service. Une toux fréquente succéda à son enrouement. Le prince était malade de la maladie dont il devait mourir.

Écoutons ce qu'en dit le médecin lui-même, le docteur Malfatti :

« Je fus appelé par le duc de Reichstadt, avec le titre de son médecin ordinaire, dans le mois de mai 1830. Je succédais à trois hommes d'une haute réputation : le célèbre Franck, les docteurs Goëlis et Standenheimer. M. de Herbeck avait rempli près du prince les fonctions de chirurgien ordinaire. Ces médecins n'avaient pas laissé de journal de la santé du jeune duc. M. le comte de Dietrichstein eut la bonté d'y suppléer en m'instruisant de beaucoup de détails qu'il était indispensable de connaître.

» Le prince mangeait très-peu et sans appétit; son estomac semblait trop faible pour supporter la nourriture qu'aurait exigée sa croissance, singulièrement rapide et même effrayante : à l'âge de dix-sept ans, il avait atteint la taille de cinq pieds trois pouces! De légers maux de gorge le faisaient souffrir de temps en temps; il était sujet à une sorte de toux habituelle et à une journalière excrétion de mucosités. Le docteur Standenheimer avait déjà manifesté de vives inquiétudes sur la prédisposition du prince à la phthisie de la trachée-artère. Je pris connaissance des prescriptions qui avaient été décidées contre ces symptômes inquiétants.

» La connaissance personnelle que j'avais d'une disposition morbifique héréditaire dans la famille de Napoléon dirigea mes premières recherches, et je m'assurai de l'existence d'une affection cutanée (*herpes farinaceum*). Je ne pus approuver l'usage des bains froids et de la natation, que le chirurgien, M. de Herbeck, avait aussi combattus, peut-être par suite seulement de la connaissance qu'il avait acquise de la faible organisation de la poitrine du prince. Dans le but de réagir sur le système cutané, j'employai avec succès les bains muriatiques et les eaux de Seltz coupées avec du lait. Le prince devait passer à l'état militaire dans l'automne suivant; c'est là que tendaient ses vœux, que se concentraient tous ses désirs; il avait déjà obtenu l'autorisation tant sollicitée. Je ne me recommandai pas à ses bonnes grâces, comme vous pouvez l'imaginer, lorsque je m'opposai formellement à ce changement de vie. J'en développai les raisons à ses augustes parents dans un mémoire que je leur adressai le 15 juillet 1830. J'établissais que, dans l'état de croissance excessive en disproportion avec le peu de développement des organes, dans la disposition générale de faiblesse, particulièrement de la poitrine, toute maladie accessoire pourrait devenir extrêmement dangereuse, soit dans le présent, soit dans l'avenir, et que, par suite, il était indispensable de mettre le prince à l'abri de toutes les influences atmosphériques, de tous les efforts de voix auxquels il serait continuellement exposé dans le service militaire.

» Mon mémoire fut accueilli par l'empereur : l'entrée au service militaire fut ajournée pour six mois. A la suite de soins assidus et de révulsions artificielles, les symptômes inquiétants se mitigèrent d'une manière visible. L'hiver se passa heureusement ; mais la croissance continuait encore.

» Au printemps de l'année 1831, le prince fit son entrée dans la carrière des armes. Dès ce moment, il rejeta tous mes conseils ; je ne fus plus que spectateur d'un zèle sans mesure, d'un emportement hors des limites pour ses nouveaux exercices. Il crut ne devoir écouter désormais que sa passion, qui entraînait son faible corps à des privations et à des fatigues absolument au-dessus de ses forces. Il eût regardé comme une honte, comme une lâcheté de se plaindre sous les armes. D'ailleurs, j'avais toujours à ses yeux le tort grave d'avoir retardé sa carrière militaire ; il paraissait redouter que mes observations ne vinssent encore l'interrompre. Aussi, quoiqu'il me traitât avec une extrême bienveillance dans les relations sociales, comme médecin, il ne me dit plus un seul mot de vérité. Il me fut impossible de le déterminer à reprendre l'usage des bains muriatiques et des eaux minérales, qui lui avaient été si utiles l'année précédente. Le temps lui manquait, me disait-il. Plusieurs fois, je le surpris, à la caserne, dans un état d'extrême fatigue. Un jour, entre autres, je le trouvai couché sur un canapé, épuisé de forces, exténué.

Ne pouvant me nier alors l'état pénible où je le voyais réduit :

» — J'en veux, me dit-il, à ce misérable corps, qui ne peut pas suivre la volonté de mon âme !

» — Il est fâcheux, en effet, lui répondis-je, que Votre Altesse n'ait pas la faculté de changer de corps comme elle change de chevaux, lorsqu'elle les a fatigués. Mais, je vous en conjure, monseigneur, faites attention que vous avez une âme de fer dans un corps de cristal, et que l'abus de la volonté ne peut que vous devenir funeste.

» Sa vie était alors comme un véritable procédé de combustion. Il dormait à peine pendant quatre heures, quoique naturellement il eût besoin d'un long sommeil ; il ne mangeait presque pas ; son existence était entièrement concentrée dans les mouvements du manége et de tous les exercices militaires. Il ne connaissait plus le repos ; sa croissance en longueur ne s'arrêtait pas ; il maigrissait graduellement, et son teint prenait une couleur livide. A toutes mes questions, il répondait toujours :

» — Je me porte parfaitement bien !

» Dans le mois d'août, il fut atteint d'une forte fièvre catarrhale ; tout ce que je pus obtenir, ce fut de lui faire garder le lit et la chambre pendant un jour. Nous conférâmes avec le général comte Hartmann de la nécessité de mettre un terme à un régime aussi dangereux pour cette frêle existence. Vous vous rappelez l'époque funeste de l'invasion du choléra à Vienne, les malheurs qui signalèrent la première irruption de ce fléau, la généreuse conduite des habitants de Vienne, les sages précautions des administrateurs, les secours, les exemples que donnèrent l'empereur et les membres de la famille impériale, inaccessibles à la crainte qu'inspira cette maladie à son apparition. Le duc de Reichstadt ne voulait pas se séparer des soldats et s'éloigner de leur caserne ; l'empereur ne pouvait qu'apprécier ce sentiment, conforme à ses idées sur les devoirs d'un prince ; mais, pour nous, il y avait un devoir sacré et pressant : c'était de sauver ce jeune homme d'une position qui tendait évidemment à le détruire.

Je fis, à cet égard, un exposé de tous les dangers imminents qu'il fallait conjurer par un prompt changement de régime et par un repos absolu; dans une situation aussi critique, la moindre attaque du mal régnant devait être mortelle. Le comte Hartmann se chargea de présenter ce rapport à l'empereur, qui me fit transmettre l'ordre de venir le lui répéter textuellement, en présence du duc de Reichstadt, à l'issue de la revue militaire qu'il devait passer le lendemain sur le Schmolz, près de Vienne. Je me rendis exactement, à l'heure indiquée, sur ce champ de manœuvres, où l'empereur, se mêlant aux troupes et au peuple, voulait ainsi rassurer, par son exemple, contre les terreurs de la contagion. Quand la revue fut terminée, je m'approchai de Sa Majesté, et je lui répétai mon rapport.

» L'empereur, s'adressant alors au jeune prince, lui dit :

» — Vous venez d'entendre le docteur Malfatti... Vous vous rendrez immédiatement à Schœnbrünn.

» Le duc s'inclina respectueusement en signe d'obéissance; mais, en se relevant, il me lança un regard d'indignation.

» — C'est donc vous qui me mettez aux arrêts? me dit-il avec un accent de colère.

» Et il s'éloigna rapidement. »

Mais il n'en fut pas moins forcé d'obéir aux ordres de l'empereur, et c'est ce que voulait le docteur Malfatti.

CCLI

Le duc de Reichstadt à Schœnbrünn. — Progrès de sa maladie. — L'archiduchesse Sophie. — Derniers moments du prince — Sa mort. — Effet que la nouvelle produit à Paris. — Article du *Constitutionnel* sur cet événement.

Le séjour du duc de Reichstadt à Schœnbrünn fut favorable à sa santé.

Tous les jours, le jeune prince montait à cheval, et assistait aux grandes manœuvres, mais avec le commandement général: c'était un biais trouvé par l'empereur pour dispenser son petit-fils de donner de la voix, et, par conséquent, de fatiguer sa poitrine.

Une seule fois, l'empereur assistant à la revue, le duc lui demanda avec instance, et obtint de lui de prendre le commandement de son bataillon.

La saison des chasses arriva; l'empereur eût désiré que son fils ne s'exposât point à la fatigue de longues courses, et aux intempéries des froides journées d'automne; mais le duc de Reichtadt insista et suivit les chasses.

A la seconde, il fut obligé de revenir sans assister à l'hallali, et les anciens symptômes se déclarèrent de nouveau. Ces symptômes étaient une toux d'irritation qui avait principalement son siége dans la trachée-artère et dans les bronches; une faiblesse qui amenait une continuelle envie de dormir, et une dyscrasie de tout le système cutané.

Dès lors, le docteur Malfatti recommanda au prince d'éviter avec le plus grand soin les efforts de toute nature, et principalement ceux de l'organe de la voix. Cette recommandation, c'était une rupture absolue avec toutes les habitudes militaires du prince; aussi dissimulait-il, autant que possible, sa souffrance, et avait-il la ferme volonté, sinon de ne pas être malade, du moins de ne le point paraître.

Plusieurs fois, le duc pressait l'empereur de lui laisser reprendre son service militaire; mais l'empereur s'y opposa toujours.

Trois hommes considérables moururent à Vienne, vers la fin de l'année: le comte de Giulay, le baron de Frémont et le baron de Siegenthal. Le jeune prince, qui, depuis quelques jours, prétendait aller beaucoup mieux, sollicita de l'empereur la permission de suivre, avec la troupe, le convoi du baron de Frémont. — L'empereur céda, et une nouvelle indisposition fut la suite de cette condescendance.

Enfin, une dernière fois, — il s'agissait du service funèbre du général de Siegenthal, — le prince parut, avec les troupes, sur la place Joseph. La température était très-froide; au milieu des commandements qu'il adressait à son bataillon, il perdit la voix. En rentrant, il se sentit assez mal pour permettre qu'on appelât le médecin, et avouer qu'il était sorti, le matin, avec une forte fièvre.

Cette fièvre, que l'on reconnut pour une fièvre rhumatique, bilieuse et catarrhale, prit bientôt un caractère aigu; le septième jour, elle arriva à sa crise principale; après quoi, elle passa du caractère de fièvre subcontinue, à celui de fièvre intermittente quotidienne.

Le docteur Malfatti avait décidé que, aussitôt que la saison le permettrait, le prince partirait pour les eaux d'Ischl.

Enfin, encore une fois, on parvint à couper la fièvre; — mais de nouvelles imprudences ravivèrent la maladie.

— Il semble, disait le médecin avec désespoir, qu'il y ait dans ce malheureux jeune homme un principe fatal qui le pousse au suicide!

Le printemps fut encore plus funeste au malade que ne l'avait été l'hiver; il était impossible de l'empêcher de sortir; surpris deux ou trois fois par la pluie, il fut atteint de refroidissements qui amenèrent la fièvre et des engorgements au foie.

Au mois d'avril, le pouls s'accéléra; des frissonnements se déclarèrent; l'amaigrissement devint de plus en plus visible. Les docteurs Raiman et Vichrer, appelés pour suppléer le docteur Malfatti, malade d'un accès de goutte, en furent effrayés; de concert avec le médecin ordinaire du prince, ils prescrivirent des bains de bouillon: le dépérissement par la suspension des forces digestives les forçait à ce moyen, qui consistait à nourrir le malade par absorption.

Une nouvelle amélioration se manifesta.

Au bout de quelque temps, le duc se trouva assez bien pour que l'empereur, sur l'autorisation des médecins, lui permît de prendre l'air, à cheval et en voiture; mais on avait mis à ses promenades la condition de l'exercice le plus modéré. Il se soumit à l'ordonnance pendant quelques jours; puis, s'étant obstiné à sortir par un temps froid et humide, il fut saisi par l'action de l'air, et, au lieu de rentrer, il se contenta de mettre son cheval au galop; le soir, quand il aurait dû se coucher et se tenir chaudement, il alla se promener au Prater en voiture découverte. Le Prater, situé dans une île du Danube, est excessivement humide; ce qui n'empêcha point le prince d'y rester jusqu'après le coucher du soleil. Cette imprudence amena chez lui une telle faiblesse, qu'au retour, une roue de sa voiture s'étant brisée, il s'élança sur la route, mais n'eut point la force de se soutenir, et tomba sur un genou.

Le lendemain, une fluxion de poitrine se déclara, et le prince devint sourd de l'oreille gauche. La situation était tellement grave, que le docteur Malfatti demanda que les docteurs Vivenot, Vichrer et Turcken fussent appelés en consultation. Il était chargé, de la part de l'empereur, de leur dire qu'ils pouvaient, sans s'inquiéter des considérations politiques qui avaient, jusque-là, restreint le séjour du duc de Reichtadt à l'Autriche, lui ordonner un voyage dans tout pays qu'ils jugeraient convenable à son rétablissement, — la France exceptée.

On prescrivit le voyage d'Italie et le séjour de Naples.

Le malade ne pouvait croire qu'une pareille faveur lui fût accordée, et il envoya le docteur Malfatti chez M. de Metternich, afin qu'il se fît bien assurer de la bouche même du ministre qu'aucun empêchement ne serait mis à son voyage.

— Dites au prince, répondit M. de Metternich, qu'excepté la France, dont il ne dépend pas de moi de lui ouvrir les portes, il peut se rendre dans quelque pays qui lui conviendra, l'empereur faisant passer avant toute considération le rétablissement de son petit-fils.

Le malade avait raison de craindre: bientôt il se trouva si faible, qu'il ne pouvait même plus, raisonnablement, être question pour lui de voyager.

On prévint l'archiduchesse Marie-Louise de l'état de son fils, et l'on prévint celui-ci que le moment était venu de recevoir le viatique. — L'étiquette de la cour de Vienne veut que les princes de la famille impériale accomplissent, en présence de toute la cour, cette sombre cérémonie. Personne n'osait en parler au duc, pas même l'aumônier du palais, Michel agner, qui avait dirigé sa jeunesse religieuse, si rigide à la cour de Vienne.

Ce fut une femme qui se chargea non-seulement de prévenir le malade, mais encore de donner à cet avis une forme qui devait voiler, aux yeux du prince, une partie de l'horrible vérité.

Cette femme, c'était l'archiduchesse Sophie.

Elle annonça au prince que, devant communier bientôt, elle désirait communier au pied de son lit, dans l'espérance que les prières qu'elle adressait au ciel pour sa guérison seraient plus efficaces dans l'acte mystérieux de l'Eucharistie; et elle pria le malade de communier en même temps qu'elle, afin que leurs prières montassent ensemble au ciel.

Le duc de Reichstadt accepta.

On juge combien fut profond le recueillement, et triste la cérémonie. — Le prince priait pour la délivrance de l'archiduchesse Sophie, près d'accoucher; l'archiduchesse Sophie priait pour la guérison du duc de Reichstadt, près de mourir!

Le malade, qui était alors à Vienne, désira être transporté à Schœnbrünn, et, le retour du printemps ayant réchauffé l'atmosphère, le docteur appuya ce désir du prince, dont le transport eut lieu sans accident grave, et chez lequel même se manifesta un peu d'amélioration.

Par malheur, un jour, malgré toutes les instances qu'on fit pour l'en détourner, il voulut s'aller promener à Laxembourg, c'est-à-dire à deux lieues de Schœnbrünn, et, cela, en voiture découverte. Il resta une heure dehors, reçut les hommages des officiers, parla beaucoup, et essuya, au retour, un violent orage.

Pendant la nuit qui suivit cette journée d'imprudences, il fut saisi d'un accès de fièvre accompagnée d'une soif ardente; une toux opiniâtre amena un crachement, presque un vomissement de sang, et, pour la première fois, le prince se plaignit d'une douleur aiguë au côté.

Une nouvelle consultation eut lieu: les médecins regardèrent l'état du malade comme désespéré.

L'archiduchesse Marie-Louise arriva. Elle avait passé par Trieste pour voir l'empereur, qui s'y trouvait en ce moment; elle y était tombée malade elle-même, et avait été obligée de rester là quinze longs jours. Encore souffrante, son inquiétude l'avait cependant emporté sur sa faiblesse: elle s'était remise en route, et était arrivée le soir du 24 juin.

Le prince avait désiré aller au-devant de sa mère ; mais, au premier essai de locomotion, il avait reconnu ses forces insuffisantes. Néanmoins, la joie de la revoir produisit sur lui un heureux effet; il y eut, pendant trois semaines, un mieux sensible dans l'état du malade, du moins arrêt dans la marche de la maladie; la fièvre s'était affaiblie ; les nuits s'écoulaient sans de trop fortes transpirations, et le prince pouvait, sans douleur, se coucher sur l'un et l'autre côté.

Mais on connaît l'allure tortueuse et décevante des maladies de poitrine, se prenant ordinairement à de jeunes et vigoureuses organisations qui ne veulent pas mourir ; elles semblent de temps en temps, comme le malade lui-même, avoir besoin de repos, et s'arrêter fatiguées ; mais, presque toujours, ce moment d'arrêt est employé par le sombre mineur à creuser une nouvelle sape, et le travail souterrain se dévoile tout à coup par de nouveaux symptômes qui indiquent que, durant cette halte feinte, la maladie a fait de cruels progrès.

La chaleur était devenue très-grande, la fièvre eut un fort redoublement; la toux reprit, plus opiniâtre que jamais; une seconde vomique se rompit, et le prince rendit le sang à pleine bouche.

La population de Vienne prenait un très-vif intérêt au sort de ce malheureux enfant ; on arrêtait dans les rues tous ceux que l'on reconnaissait pour appartenir à sa maison ; de toutes parts arrivaient des lettres indiquant des remèdes qui prouvaient, sinon la science, du moins la sollicitude de ces innocents empiriques.

Dans la nuit du 27 au 28 juin, un orage terrible éclata; un de ces orages que l'orgueil des rois croit échappé, à cause d'eux, de la main du Seigneur; la foudre tomba, et brisa un des aigles du palais de Schœnbrünn.

Dès lors, le peuple se rangea de l'avis des médecins, et cessa d'espérer. Puisque la foudre avait frappé un aigle, le fils de Napoléon allait mourir.

Le prince ne sortait plus; seulement, lorsque ses étouffements, presque continus, lui faisaient croire qu'il trouverait quelque soulagement dans l'air extérieur, on le portait sur le balcon.

Bientôt il fut impossible de lui faire quitter le lit: au moindre mouvement imprimé à son corps, il s'évanouissait.

Alors, il commença à parler de sa mort prochaine, et à manifester le dégoût qu'il avait toujours eu d'une existence qui s'était ouverte avec un si vaste horizon, et que le destin avait forcée de végéter dans un cercle si étroit. Était-ce mépris réel de la vie? était-ce désir de consoler ceux qui l'entouraient?

Le 21 juillet seulement, il avoua qu'il souffrait horriblement, et murmura à plusieurs reprises ces mots:

— Oh! mon Dieu! mon Dieu! quand mourrai-je donc?

Au moment où l'un de ces cris lui échappait, sa mère entra. Il réprima aussitôt l'expression de douleur répandue sur son visage, et la reçut avec un sourire, répondit, à ses demandes sur sa santé, qu'il se trouvait bien, et fit avec elle des projets de voyage dans le nord de l'Italie.

Le soir, le docteur Malfatti annonça qu'il craignait une crise mortelle pour la nuit; le baron de Moll veilla dans la chambre voisine, à l'insu du prince, qui n'avait jamais souffert que personne veillât près de lui.

Vers une heure du matin, il parut s'assoupir; mais, à trois heures et demie, il se leva tout à coup sur son séant, et, après de violents et inutiles efforts pour respirer, il s'écria:

— *Mutter! mutter! ich gehe unter!* (Mère! mère! je succombe!)

A ce cri, M. le baron de Moll et le valet de chambre entrèrent, le saisirent dans leurs bras, cherchant à le calmer; mais il était aux prises avec la mort.

— *Mutter! mutter!* répéta-t-il.

Et il retomba.

Il n'était point encore expiré, mais il était dans cet état crépusculaire qui sépare la vie de la mort.

On se hâta d'avertir l'archiduchesse Marie-Louise et l'archiduc François, dans les bras duquel le duc de Reichstadt avait manifesté le désir de mourir.

Tous les princes accoururent. Marie-Louise n'eut point la force de rester debout, ni même d'arriver jusqu'à lui : elle tomba à genoux, et fit, en se traînant, les deux ou trois pas qui la séparaient encore de son fils.

Le malade ne pouvait plus parler; mais ses yeux, presque éteints, purent encore se fixer sur sa mère, et lui indiquer, par un regard, qu'il la reconnaissait.

Cinq heures du matin sonnèrent; il parut entendre les vibrations de la pendule, et compter les coups. C'était l'éternité qui venait de tinter pour lui sur le bronze ! Il fit bientôt un signe d'adieu ; le prêtre qui l'assistait lui montra le ciel, et, à cinq heures huit minutes, sans convulsion, sans effort, sans douleur même, il rendit le dernier soupir.

Il avait vécu vingt et un ans, quatre mois et deux jours.

Sa vie avait été obscure; sa mort fit, en France, une sensation moins vive que celle à laquelle il eût dû s'attendre. Pour les Français, et aux yeux des Français, c'était un prince autrichien.

Notre nation est une nation orgueilleuse : elle ne veut point, lorsqu'on a perdu le trône que l'empereur Maximilien, s'il eût été Dieu le père, eut donné à son fils aîné, elle ne veut point qu'on n'ait pas l'air de le regretter, et elle préfère l'homme qui, pour le reconquérir, fait des tentatives presque insensées, à celui qui s'endort dans sa résignation aux décrets de la Providence.

Par un singulier jeu du hasard, le duc de Reichstadt, comme nous l'avons dit déjà, était mort dans ce même lit où Napoléon, vainqueur, avait deux fois couché: la première, après Austerlitz, la seconde, après Wagram ! Le père et le fils s'étaient endormis du dernier sommeil à onze ans de distance l'un de l'autre, et dormaient maintenant couchés sur le sein de la mère commune; — seulement, l'Océan roulait entre les deux cadavres.

Peut-être nos lecteurs seront-ils curieux de savoir, après vingt-deux ans écoulés, comment fut apprécié par la presse française cet événement, qui portait à la fois en lui quelque chose de fatal et de providentiel, et qui arrivait au moment où un roi nouveau essayait d'implanter une dynastie nouvelle sur ce sol de France, si rebelle aux dynasties.

Ce fut le 1er août seulement que la nouvelle fut connue à Paris.

Nous ouvrons un journal que nous avions envoyé chercher dans un autre but, et nous y lisons l'article que nous allons mettre sous les yeux de nos lecteurs. — Ce journal, c'est *le Constitutionnel;* nous ignorons de qui est l'article; il nous semble bon, voilà tout :

« Paris, 1er août.

» Le fils de Napoléon est mort. Cette nouvelle, depuis longtemps prévue, a produit dans Paris un sensation douloureuse mais calme.

» Cette fin obscure d'une vie à laquelle de si belles destinées avaient été promises, ce pâle et dernier rayon d'une gloire immense qui achève de s'éteindre, quel triste sujet de méditation ! Le deuil du peuple sera profond et sérieux, car c'est dans le peuple surtout que les souvenirs de la gloire impériale ont laissé des traces durables.

» Nous manquons encore de détails sur les derniers moments du fils de Napoléon; sa mort a été entourée de mystère, comme l'avait été sa vie. On assure pourtant qu'il en a vu les approches avec une fermeté d'âme digne de son père. Quand il a compris que l'heure fatale était venue, il a disposé du peu qui lui restait de bien, conformément aux volontés exprimées jadis par l'empereur des Français, en faveur du jeune Louis-Napoléon, fils de l'ex-roi de Hollande, qui a combattu dans les rangs des derniers défenseurs de la liberté italienne. On assure qu'une lettre écrite par l'illustre mourant, pour annoncer à son cousin cette disposition, contient le témoignage des peines qui ont empoisonné et, sans doute, abrégé son existence.

» Cette existence a dû être bien amère! Arraché, dès le berceau, à sa patrie, à sa famille, pour être relégué dans une prison somptueuse; privé de guide à l'âge où sa raison avait tant besoin d'être dirigée; soumis à une étiquette tyrannique; étranger au milieu d'une cour qui l'assiégeait d'hommages suspects, à qui pouvait-il se confier, si ce n'est à des surveillants chargés de le tromper, peut-être de le pervertir? auprès de qui s'informer de ce qu'il lui importait le plus de connaître: de son sort, de son avenir, de ses devoirs? Ses précepteurs lui ont, à ce qu'on assure, laissé ignorer longtemps jusqu'à l'histoire de son père! S'il faut en croire le peu d'amis auxquels il a été permis de l'approcher, le jeune Napoléon avait reçu de la nature un esprit droit et un cœur généreux; présents stériles, qui n'ont servi qu'à lui rendre sa solitude plus pesante, et à lui faire accueillir la mort comme un bienfait! Sa vie s'est terminée à propos pour la gloire du nom qu'il portait: il n'aura pas traîné ce grand nom dans un long désœuvrement; il ne l'aura pas déshonoré au service de la politique des cours ou des factions; il n'aura pas joué le rôle ridicule et odieux d'un prétendant; et l'histoire n'aura pas à lui reprocher d'avoir été le fléau de son pays.

» Le jeune Napoléon a été, aux mains de l'Autriche, à la fois un objet de terreur pour elle-même et un épouvantail pour la France de la Restauration. Son nom seul, prononcé par M. de Metternich, eût fait trembler Louis XVIII et Charles X, et eût suffi pour repousser toute tentative contraire à la politique autrichienne; et, cependant, la prudence n'eût point permis de réaliser la menace qu'un tel nom exprimait. Cette menace n'aurait peut-être pas été sans effet, même après la révolution de 1830, sur les hommes d'État qui ont présidé à notre politique, bien qu'elle n'eût pas été plus sérieuse aujourd'hui qu'à une autre époque.

» Voilà donc l'Autriche à la fois délivrée de l'effroi qu'elle éprouvait, et désarmée de l'instrument de trouble dont elle disposait contre nous.

» Napoléon II avait en France, sinon un parti, du moins de nombreux partisans. C'est un héritage que les factions vont se disputer entre elles, et disputer au gouvernement, et qui restera à celui qui saura rallier les masses populaires aux véritables intérêts de la patrie. »

Le reste du journal contenait une manifestation de la presse anglaise, des dépêches télégraphiques sur l'expédition de dom Pedro, et une analyse de *Mademoiselle de Liron*, roman de M. E.-J. Delécluze.

CCLII

Lucerne. — Le lion du 10 août. — Les poules de M. de Chateaubriand. — Reichenau. — Un tableau de Couder. — Lettre à M. le duc d'Orléans. — Promenade dans le parc d'Arenenberg.

J'ai déjà dit que mon intention n'était point de recommencer le récit de mes pérégrinations en Suisse. Cependant, je demanderai au lecteur la permission de remettre sous ses yeux trois fragments de mes *Impressions de Voyage*, qui sont indispensables à la suite de ces Mémoires.

Ces trois fragments, publiés en 1834, ont rapport à M. de Chateaubriand, à monseigneur le duc d'Orléans, et à Sa Majesté la reine Hortense ; on y retrouvera mes opinions indépendantes ; on y verra quelles étranges lueurs de l'avenir illuminaient parfois le poëte. Si un homme d'État eût écrit ce que je vais citer, cet homme d'État eût passé pour un prophète.

Suivons l'ordre de mes visites à Lucerne, à Reichenau et à Arenenberg, et commençons par M. de Chateaubriand. A tout seigneur, tout honneur.

LES POULES DE M. DE CHATEAUBRIAND.

« La première nouvelle que j'appris en arrivant à l'hôtel du *Cheval blanc*, c'est que M. de Chateaubriand habitait Lucerne.

On se rappelle qu'après la révolution de juillet, notre grand poëte, qui avait voué sa plume à la défense de la dynastie déchue, s'exila volontairement, et ne revint à Paris que lorsqu'il y fut rappelé par l'arrestation de la duchesse de Berry. — Il demeurait à l'hôtel de l'*Aigle*.

» Je m'habillai aussitôt, dans l'intention d'aller lui faire une visite.

» Je ne le connaissais pas personnellement : à Paris, je n'eusse point osé me présenter à lui ; mais, hors de France, à Lucerne, isolé comme il l'était, je pensai qu'il y aurait peut-être quelque plaisir pour lui à voir un compatriote. J'allai donc hardiment me présenter à l'hôtel de l'*Aigle*. Je demandai M. de Chateaubriand au garçon de l'hôtel. Celui-ci me répondit qu'il venait de sortir pour donner à manger à ses poules. Je le fis répéter, croyant avoir mal entendu ; mais il me fit une seconde fois la même réponse.

» Je laissai mon nom, en réclamant en même temps la faveur d'être reçu le lendemain.

» Le lendemain matin, on me remit une lettre de M. de Chateaubriand, envoyée de la veille : c'était une invitation à déjeuner pour dix heures ; il en était neuf, je n'avais pas de temps à perdre. Je sautai à bas de mon lit et je m'habillai. Il y avait bien longtemps que je désirais voir M. de Chateaubriand ; mon admiration pour lui était une religion d'enfance ; c'était l'homme dont le génie s'était écarté le premier du chemin battu, pour frayer à notre jeune littérature la route qu'elle a suivie depuis ; il avait suscité, à lui seul, plus de haines que tous les cénacles ensemble ; c'était le roc que les vagues de l'envie, encore émues contre nous, avaient en vain battu depuis cinquante ans ; c'était la lime sur laquelle s'étaient usées les dents dont les racines avaient essayé de nous mordre.

» Aussi, lorsque je mis le pied sur la première marche de l'escalier, le cœur faillit me manquer. Tout à fait inconnu, il me semblait que j'eusse été moins écrasé de cette immense supériorité ; car, alors, le point de comparaison eût manqué pour mesurer nos deux hauteurs, et je n'avais pas la ressource de dire, comme le Stromboli au mont Rosa : « Je ne » suis qu'une colline, et je renferme un volcan ! » Arrivé sur le palier, je m'arrêtai... J'eusse moins hésité, je crois, à frapper à la porte d'un conclave. Peut-être, en ce moment, M. de Chateaubriand croyait-il que je le faisais attendre par impolitesse, tandis que je n'osais entrer par vénération. Enfin, j'entendis le garçon qui montait l'escalier ; je ne pouvais rester plus longtemps à cette porte ; je frappai. Ce fut M. de Chateaubriand lui-même qui me vint ouvrir ; certes, il dut se former une singulière opinion de mes manières, s'il n'attribua pas mon embarras à sa véritable cause. Je balbutiais comme un provincial ; je ne savais si je devais passer devant ou derrière lui. Je crois que, comme M Parseval avec Napoléon, s'il m'eût demandé mon nom, je n'aurais su que lui répondre. Il fit mieux : il me tendit la main.

» Pendant tout le déjeuner, nous causâmes. Il envisagea, les unes après les autres, toutes les questions politiques qui se débattaient à cette époque, depuis la tribune jusqu'au club, et, cela, avec la lucidité de l'homme de génie qui pénètre au fond des choses, et de l'homme qui estime à leur valeur les convictions et les intérêts, et qui ne s'illusionne sur rien. Je demeurai convaincu que M. de Chateaubriand regardait, dès lors, le parti auquel il appartenait comme perdu, croyait tout l'avenir dans le républicanisme social, et demeurait attaché à sa cause plus encore parce qu'il la voyait malheureuse que parce qu'il la croyait bonne. Il en est ainsi de toutes les grandes âmes : il faut qu'elles se dévouent à quelque chose ; quand ce n'est pas aux femmes, c'est aux rois ; quand ce n'est pas aux rois, c'est à Dieu. Je ne pus m'empêcher de faire observer à M. de Chateaubriand que ses théories, royalistes par la forme, étaient républicaines par le fond.

» — Cela vous étonne? me dit-il en souriant. Mais cela m'étonne encore bien davantage ! J'ai marché sans le vouloir, comme un rocher que le torrent roule ; et, maintenant, voilà que je me trouve plus près de vous que vous de moi !... Avez-vous vu le lion de Lucerne ?

» — Pas encore.

» — Eh bien, allons lui faire une visite.... C'est le monument le plus important de la ville. Vous savez à quelle occasion il a été érigé?

» — En mémoire du 10 août.

» — C'est cela.

» — Est-ce une belle chose?

» — C'est mieux que cela : c'est un beau souvenir!

» — Il n'y a qu'un malheur : c'est que le sang répandu pour la monarchie était acheté à une république, et que la mort de la garde suisse n'a été que le payement exact d'une lettre de change.

» — Cela n'en est pas moins remarquable, dans une époque où il y avait tant de gens qui laissaient protester leurs billets.

» Comme on voit, ici nous différions dans nos idées; c'est le malheur des opinions qui partent de deux principes opposés; toutes les fois que le besoin les rapproche, elles s'entendent sur les théories, mais elles se séparent sur les faits. Nous arrivâmes en face du monument; situé à quelque distance de la ville, dans le jardin du général Pfyffer. C'est un rocher taillé à pic, dont le pied est baigné par un bassin circulaire; une grotte, de quarante-quatre pieds de longueur sur quarante-huit pieds d'élévation, a été creusée dans ce rocher, et, dans cette grotte, un jeune sculpteur de Constance, nommé Ahrorth, a, sur un modèle en plâtre de Thorwaldsen, taillé un lion colossal percé d'une lance dont le tronçon est resté dans la plaie, et qui expire en couvrant de son corps le bouclier fleurdelisé, qu'il ne peut plus défendre. Au-dessus de la grotte, on lit ces mots : *Helvetiorum fidei ac virtuti*, et, au-dessous de cette inscription, les noms des officiers et des soldats qui périrent le 10 août. Les officiers sont au nombre de vingt-six, et les soldats de sept cent soixante. Ce monument prenait, au reste, un intérêt plus grand de la nouvelle révolution qui venait de s'accomplir, et de la nouvelle fidélité qu'avaient déployée les Suisses. Cependant, chose bizarre! l'invalide qui garde le lion nous parla beaucoup du 10 août, mais ne nous dit pas un mot du 29 juillet. La plus récente des deux catastrophes était celle qu'on avait déjà oubliée. C'est tout simple:

1830 n'avait chassé que le roi, et 1792 avait chassé la royauté. Je montrai à M. de Chateaubriand les noms de ces hommes qui avaient si bien fait honneur à leur signature, et je lui demandai, si l'on élevait un pareil monument en France, quels seraient les noms qu'on pourrait inscrire, sur la pierre funéraire de la royauté, pour faire pendant à ces noms populaires.

» — Pas un! me répondit-il.

» — Comprenez-vous cela?

» — Parfaitement : les morts ne se font pas tuer.

» L'histoire de la révolution de juillet était tout entière dans ces mots : la noblesse est le véritable bouclier de la royauté; tant qu'elle l'a porté au bras, elle a repoussé la guerre étrangère, et étouffé la guerre civile; mais, du jour où, dans sa colère, elle l'a imprudemment brisé, elle s'est trouvée sans défense. Louis XI avait tué les grands vassaux ; Louis XIII, les grands seigneurs, et Louis XIV, les aristocrates; de sorte que, lorsque Charles X a appelé à son secours les d'Armagnac, les Montmorency et les Lauzun, sa voix n'a évoqué que des ombres et des fantômes.

» — Maintenant, me dit M. de Chateaubriand, si vous avez vu tout ce que vous vouliez voir, allons donner à manger à mes poules.

» — Au fait, vous me rappelez une chose : c'est que, quand je me suis présenté hier à votre hôtel, le garçon m'a dit que vous étiez sorti pour vous livrer à cette champêtre occupation. Votre projet de retraite irait-il jusqu'à vous faire fermier?

» — Pourquoi pas?... Un homme dont la vie aurait été, comme la mienne, poussée par le caprice, la poésie, les révolutions et l'exil sur les quatre parties du monde, serait bien heureux, ce me semble, non pas de posséder un chalet dans ces montagnes, — je n'aime pas les Alpes, — mais un herbage en Normandie, ou une métairie en Bretagne. Je crois, décidément, que c'est la vocation de mes vieux jours.

» — Permettez-moi d'en douter... Vous vous souviendrez de Charles-Quint à Saint-Just ; vous n'êtes pas de ces empereurs qui abdiquent, ou de ces rois qu'on détrône : vous êtes de ces princes qui meurent sous un dais, et qu'on enterre, comme Charlemagne, les pieds sur leur bouclier, l'épée au flanc, la couronne en tête, le sceptre à la main.

» — Prenez garde ! il y a longtemps qu'on ne m'a flatté, et je serais capable de m'y laisser reprendre. Allons donner à manger à mes poules.

» Sur mon honneur, j'aurais voulu tomber à genoux devant cet homme, tant je le trouvais à la fois simple et grand.

» Nous nous engageâmes sur le pont de la Cour, qui traverse un bras du lac : c'est le pont couvert le plus long de la Suisse, après celui de Rapperswell... Nous nous arrêtâmes aux deux tiers à peu près de son étendue, à quelque distance d'un endroit couvert de roseaux. M. de Chateaubriand tira de sa poche un morceau de pain qu'il y avait mis après le déjeuner, et commença de l'émietter dans le lac. Aussitôt, une douzaine de poules d'eau sortirent de l'espèce d'île que formaient les roseaux, et vinrent en hâte se disputer le repas que leur préparait à cette heure la main qui avait écrit le *Génie du Christianisme*, *les Martyrs* et *le Dernier des Abencerrages*. Je regardai longtemps, sans rien dire, le singulier spectacle de cet homme penché sur le pont, les lèvres contractées par un sourire, mais les yeux tristes et graves. Peu à peu, son occupation devint machinale ; sa figure prit une expression de mélancolie profonde ; ses pensées passèrent sur son large front comme des nuages au ciel : il y avait parmi elles des souvenirs de patrie, de famille, d'amitiés tendres, plus sombres que les autres. Je devinai que ce moment était celui qu'il s'était réservé pour penser à la France, je respectai cette méditation tout le temps qu'elle dura. A la fin, il fit un mouvement, et poussa un soupir. Je m'approchai de lui ; il se souvint que j'étais là, et me tendit la main.

» — Mais, si vous regrettez tant Paris, lui dis-je, pourquoi n'y pas revenir ? Rien ne vous en exile, et tout vous y rappelle.

» — Que voulez-vous que j'y fasse ? me répondit-il. J'étais à Cauterets lorsque arriva la révolution de juillet. Je revins à Paris : je vis un trône dans le sang, et l'autre dans la boue, des avocats faisant une charte, un roi donnant des poignées de main à des chiffonniers... C'est triste à en mourir, surtout quand on est plein, comme moi, des grandes traditions de la monarchie. Je m'en allai.

» — D'après quelques mots qui vous sont échappés ce matin, j'avais cru que vous reconnaissiez la souveraineté populaire?

» — Oui, sans doute, il est bon que, de temps en temps, la royauté se retrempe à sa source, qui est l'élection ; mais, cette fois, on a sauté une branche de l'arbre, un anneau de la chaîne : c'était Henri V qu'il fallait élire, et non Louis-Philippe.

» — Vous faites peut-être un triste souhait pour ce pauvre enfant, répliquai-je. Les rois du nom de Henri sont malheureux en France : Henri Ier a été empoisonné ; Henri II, tué dans un tournoi ; Henri III et Henri IV ont été assassinés.

» — Eh bien, mieux vaut, à tout prendre, mourir du poignard que de l'exil : c'est plus tôt fait, et l'on souffre moins !

» — Mais, vous, ne retournerez-vous pas en France ?

» — Si la duchesse de Berry, après avoir fait la folie de revenir dans la Vendée, fait la sottise de s'y laisser prendre, je retournerai à Paris pour la défendre devant ses juges, puisque mes conseils n'auront pu l'empêcher d'y paraître.

» — Sinon?...

» — Sinon, poursuivit M. de Chateaubriand en émiettant un second morceau de pain, je continuerai à donner à manger à mes poules. »

Deux heures après cette conversation, je m'éloignais de Lucerne sur un bateau conduit par deux rameurs...

A quelque temps de là, je me trouvais dans les Grisons, non loin de la petite ville de Reichenau, dont le nom éveillait dans ma mémoire un singulier souvenir.

J'avais été, pendant mon séjour dans les bureaux du duc d'Orléans, longtemps chargé de donner des billets aux personnes qui désiraient visiter les appartements du Palais-Royal, ou se promener au parc de Monceaux. — On visitait les appartements le samedi, et l'on se promenait dans le parc les jeudis et les dimanches.

Le jour où l'on visitait les appartements, le duc, la duchesse, madame Adélaïde et le reste de la famille princière se confinaient dans une ou deux chambres où ils demeuraient séquestrés de dix heures du matin à quatre heures du soir; et encore arrivait-il bien souvent que quelque visiteur indiscret, tandis que le valet de pied était occupé d'un autre côté, tournait une clef, entre-bâillait la porte, allongeait la tête, et plongeait dans le *retiro* ducal.

La première chose que l'on visitait, celle que l'on visitait surtout, c'était la galerie de tableaux ; — non pas que tous les tableaux fussent bons, il s'en fallait, Dieu merci! mais il y en avait quelques-uns qui, à cette époque, faisaient scandale : c'étaient les tableaux de bataille d'Horace Vernet, quatre chefs-d'œuvre, quatre merveilles dont j'ai déjà parlé, — les batailles de *Montmirail*, de *Hanau*, de *Jemmapes* et de *Valmy*. Il y avait particulièrement dans la *Bataille de Montmirail* un point qui attirait les yeux : c'était, au lointain, dans une allée d'arbres, perdu dans la brume, un cavalier courant sur un cheval blanc. Cheval et cavalier avaient bien, à eux deux, quatre centimètres de long sur deux centimètres de haut ; et pourtant cette petite tache blanche et grise avait suffi pour que le tableau fût exclu du salon de 1821. C'est que — comme nous l'avons dit quand nous nous sommes spécialement occupé d'Horace Vernet — le cavalier microscopique n'était autre que l'empereur Napoléon.

Quand on avait bien regardé ces quatre tableaux de bataille, pour lesquels on venait surtout au Palais-Royal, le valet de pied disait:

— Messieurs et mesdames, voulez-vous venir par ici, s'il vous plaît?

Et l'on suivait le valet de pied, lequel conduisait les curieux devant un petit tableau de genre représentant un beau jeune homme en habit bleu, en culotte de peau, les yeux levés au ciel, montrant à une douzaine d'enfants dont il est entouré le mot *France*, écrit sur un globe terrestre.

Ce beau jeune homme, c'était le duc d'Orléans exilé, et donnant, au collége de Reichenau, des leçons de géographie et de mathématiques.

Je voyais encore ce petit tableau de Couder; je n'étais, comme je l'ai dit, qu'à quelques lieues de Reichenau : je résolus de visiter cette salle où le roi de France actuel avait passé, en gagnant cinq francs par jour, une des plus honorables années de sa vie. J'avais souvent entendu dire que, malgré ses seize millions de liste civile et son château des Tuileries, peut-être même à cause de son château des Tuileries et de ses seize millions de rente, il murmurait quelquefois:

— O Reichenau! Reichenau!...

Je fis donc mes quelques lieues, — dont deux ou trois en côtoyant le Rhin, couleur d'ardoise à cet endroit-là, lui si bleu en Allemagne, — et j'arrivai à Reichenau.

Le même jour, j'écrivis au duc d'Orléans la lettre suivante, qui se trouve entièrement reproduite dans mes *Impressions de Voyage*:

« Monseigneur,

» La date de cette lettre, le lieu d'où elle est datée, vous expliqueront facilement le sentiment auquel je cède en l'adressant à Votre Altesse.

» Je viens parler, non pas au prince royal héritier de la couronne de France, de Sa Majesté le roi Louis-Philippe, actuellement régnant, mais au duc de Chartres, élève à Henri IV, du duc d'Orléans, professeur à Reichenau.

« J'écris à Votre Altesse de cette même salle où votre père exilé a enseigné les mathématiques et la géographie; ou plutôt de cette même salle, pressé par l'heure de la poste, j'envoie à Votre Altesse la page que je viens de déchirer de mon album. »

REICHENAU.

« Ce petit village des Grisons n'a rien de remarquable, que l'anecdote étrange à laquelle son nom se rattache.

» Vers la fin du dernier siècle, le bourgmestre Tscharner,

de Coire, avait établi une école à Reichenau. On était en quête, dans le canton, d'un professeur de français, lorsque se présenta à M. Boul, directeur de l'établissement, un jeune homme porteur d'une lettre de recommandation signée par le bailli Aloys Toost, de Zizers. Le jeune homme était Français, parlait sa langue maternelle, l'anglais et l'allemand, et pouvait, outre ces trois langues, professer les mathématiques, la physique et la géographie. La trouvaille était trop merveilleuse et trop rare pour que le directeur du collége la laissât échapper; d'ailleurs, le jeune homme était modeste dans ses prétentions. M. Boul fit prix avec lui à quatorze cents francs par an, et le nouveau professeur, immédiatement installé, entra en fonctions.

» Ce jeune professeur était Louis-Philippe d'Orléans, duc de Chartres, aujourd'hui roi de France.

» Ce fut, je l'avoue, avec une émotion mêlée de fierté que, sur les lieux mêmes, dans cette chambre située au milieu du corridor, avec sa porte d'entrée à deux battants, ses portes latérales à fleurs peintes, ses cheminées placées aux angles, ses tableaux Louis XV entourés d'arabesques d'or, et son plafond ornementé; ce fut, dis-je, avec une vive émotion que, dans cette chambre où avait professé le duc de Chartres, je recueillis des renseignements sur cette singulière vicissitude d'une fortune royale qui, ne voulant pas mendier le pain de l'exil, l'avait dignement acheté de son travail.

» Un seul professeur, collègue du duc d'Orléans, et un seul écolier, son élève, existaient encore en 1832, époque à laquelle je visitai Reichenau. Le professeur est le romancier Zschokke, et l'écolier, le bourgmestre Tscharner, fils de celui-là même qui avait fondé l'école. Quant au digne bailli Aloys Toost, il est mort en 1827, et il a été enterré à Zizers, sa ville natale. Aujourd'hui, il ne reste plus rien du collége où professa un futur roi de France, si ce n'est la chambre d'étude que nous avons décrite, et la chapelle, attenante au corridor, avec sa tribune et son autel surmonté d'un crucifix peint à fresque. Quant au reste des bâtiments, ils sont devenus une espèce de villa appartenant au colonel Pastalluzzi, et ce souvenir, si honorable pour tout Français, qu'il mérite d'être rangé parmi nos souvenirs nationaux, menacerait de disparaître avec la génération de vieillards qui s'éteint, si nous ne connaissions un homme au cœur artiste, noble et grand, qui ne laissera rien oublier, nous l'espérons, de ce qui est honorable pour lui et pour la France.

» Cet homme, c'est vous, monseigneur Ferdinand d'Orléans, vous qui, après avoir été notre camarade de collége, serez aussi notre roi; vous qui, du trône où vous monterez un jour, toucherez, d'une main, à la vieille monarchie, de l'autre, à la jeune république; vous qui hériterez des galeries où sont renfermées les batailles de *Taillebourg* et de *Fleurus*, de *Bouvines* et d'*Aboukir*, d'*Azincourt* et de *Marengo*; vous qui n'ignorez pas que les fleurs de lis de Louis XIV sont les fers de lance de Clovis; vous qui savez si bien que toutes les gloires d'un pays sont des gloires, quel que soit le temps qui les a vues naître, et le soleil qui les a fait fleurir; vous, enfin, qui, de votre bandeau royal, pourrez lier deux mille ans de souvenirs, et en faire le faisceau consulaire des licteurs qui marcheront devant vous!

» Alors, il sera beau à vous, monseigneur, de vous rappeler ce petit port isolé où, passager battu par la mer de l'exil, matelot poussé par le vent de la proscription, votre père a trouvé un si noble abri contre la tempête; il sera grand à vous, monseigneur, d'ordonner que le toit hospitalier se relève pour l'hospitalité, et, sur la place même où croule l'ancien édifice, d'en élever un nouveau destiné à recevoir tout fils de proscrit qui viendrait, le bâton de l'exil à la main, frapper à ses portes comme votre père y est venu, et, cela, quelles que soient son opinion et sa patrie; qu'il soit menacé par la colère des peuples, ou poursuivi par la haine des rois; — car, monseigneur, l'avenir, serein et azuré pour la France, qui a accompli son œuvre révolutionnaire, est gros de tempêtes pour le monde! nous avons tant semé de liberté dans nos courses à travers l'Europe, que la voilà qui, de tous côtés, sort de terre, comme les épis au mois de mai; si bien qu'il ne faut qu'un rayon de notre soleil pour mûrir les plus lointaines moissons... Jetez les yeux sur le passé, monseigneur, et ramenez-les sur le présent. Avez-vous jamais senti plus de tremblements de trônes, et rencontré par les grands chemins autant de voyageurs découronnés ? Vous voyez bien qu'il faudra fonder, un jour, un asile, ne fût-ce que pour les fils de rois dont les pères ne pourront pas, comme le vôtre, être professeurs à Reichenau ! »

Je voulais revenir de Reichenau par Arenenberg. Ces sortes d'oppositions d'un professeur de mathématiques roi de France avec une reine de Hollande exilée plaisent aux imaginations des poëtes. D'ailleurs, si, tout enfant, j'avais entendu dire grand mal de Napoléon, j'avais entendu dire tant de bien de Joséphine ! Or, qu'était-ce pour moi que la reine Hortense ? Joséphine ressuscitée. Je tenais donc à voir la reine Hortense, et un détour, si long qu'il fût, n'était rien, comparé à ce désir.

Au reste, comme je ne veux pas qu'on prenne ces lignes pour une flatterie tard venue, et que je tiens à ce que l'on me sache incapable de flatter autre chose que les exilés ou les morts, j'écrirai ici sur la reine Hortense ce que j'écrivais en 1832.

Je copie les lignes suivantes dans mes *Impressions de Voyage:*

« Comme le château d'Arenenberg est situé à une lieue seulement de Constance, il me prit un grand désir de mettre mes hommages aux pieds de cette Majesté déchue, et de voir ce qui restait d'une reine dans une femme lorsque le destin lui a arraché la couronne du front, le sceptre de la main, le manteau des épaules ; et de cette reine surtout, de cette gracieuse fille de Joséphine Beauharnais, de cette sœur d'Eugène, de ce diamant de la couronne de Napoléon.

» J'en avais tant entendu parler dans ma jeunesse comme d'une belle et bonne fée, bien gracieuse et bien secourable, et, cela, par les filles auxquelles elle avait donné une dot, par les mères dont elle avait racheté les enfants, par les condamnés dont elle avait obtenu la grâce, que j'avais une sorte de culte pour elle. Joignez à cela les souvenirs des romances que ma sœur chantait, qu'on disait de cette reine, et qui s'étaient tellement répandues de ma mémoire dans mon cœur, qu'aujourd'hui encore, quoiqu'il y ait vingt ans que j'ai entendu ces vers et cette musique, je répéterais les uns sans en oublier un mot, et noterais l'autre sans transposer une note. C'est que des romances de reine, c'est qu'une reine qui chante, cela ne se voit que dans les *Mille et une Nuits*, et cela était resté dans mon esprit comme un étonnement doré (1). »

Je n'avais pour la comtesse de Saint-Leu aucune lettre de recommandation ; mais j'espérais que mon nom ne lui était pas tout à fait inconnu : j'avais déjà donné, à cette époque, *Henri III, Christine, Antony, Richard Darlington, Charles VII* et *la Tour de Nesle.*

Lorsque j'arrivai à Arenenberg, il était de trop grand matin pour me présenter à la reine. Je laissai ma carte chez madame Parquin, lectrice de la comtesse de Saint-Leu, et sœur du célèbre avocat de ce nom, et je profitai d'une jolie tempête qui venait de s'élever pour aller faire une promenade sur le lac.

A mon retour, je trouvai une invitation à dîner qui m'attendait à l'hôtel ; puis une lettre de France était venue me chercher là avec une intelligence qui faisait le plus grand honneur à la poste suisse : cette lettre contenait l'ode manuscrite de Victor Hugo sur la mort du roi de Rome.

Je me rendis à pied chez la reine, et je lus la lettre en m'y rendant.

On peut voir, dans mes *Impressions de Voyage*, tous les détails de cette gracieuse hospitalité que la reine me força de prolonger pendant trois jours. Je ne veux reproduire ici qu'une conversation où l'on trouvera une étrange profession de foi dans le présent, — si l'on veut bien se rappeler que le *présent* de cette époque correspondait à septembre 1832, — et une singulière prévision de l'avenir

---

(1) Que l'on n'oublie pas que ces lignes étaient écrites sous **Louis-Philippe,** au temps de la proscription des Bonaparte.

UNE PROMENADE DANS LE PARC D'ARENENBERG.

« Nous fîmes à peu près cent pas en silence, la reine et moi. Le premier, j'interrompis ce silence.

» — Je crois que vous avez quelque chose à me dire, madame la comtesse? demandai-je.

» — C'est vrai, dit-elle en me regardant ; je voulais vous parler de Paris. Qu'y avait-il de nouveau quand vous l'avez quitté?

» — Beaucoup de sang dans les rues, beaucoup de blessés dans les hôpitaux, pas assez de prisons et trop de prisonniers.

» — Vous avez vu les 5 et 6 juin?

» — Oui, madame.

» — Pardon, je vais être indiscrète peut-être : mais, d'après quelques mots que vous avez dits hier, je crois que vous êtes républicain.

» Je souris.

» — Vous ne vous êtes pas trompée, madame ; et, cependant, grâce au sens et à la couleur que les journaux qui représentent le parti auquel j'appartiens, et dont je partage toutes les sympathies, mais non tous les systèmes, ont fait prendre à ce mot, avant d'accepter la qualification que vous me donnez, je vous demanderai la permission de vous faire un exposé de principes. A toute autre femme, une pareille profession de foi serait ridicule ; mais, à vous, madame la comtesse, à vous qui, comme reine, avez dû entendre autant de paroles austères que vous avez dû écouter de mots frivoles comme femme, je n'hésiterai pas à dire par quel point je touche au républicanisme social, et par quelle dissidence je m'éloigne du républicanisme révolutionnaire.

» — Vous n'êtes donc point d'accord entre vous?

» — Notre espoir est le même, madame ; mais les moyens par lesquels chacun veut procéder sont différents. Il y en a qui parlent de couper les têtes et de partager les propriétés : ceux-là, ce sont les ignorants et les fous... Il vous paraît étonnant que je ne me serve pas, pour les désigner, d'un nom plus énergique ; c'est inutile : ils ne sont ni craints ni à craindre ; ils se croient fort en avant, et sont tout à fait en arrière ; ils datent de 1793, et nous sommes en 1832. Le gouvernement de Louis-Philippe fait semblant de les redouter beaucoup, et serait bien fâché qu'ils n'existassent point ; car leurs théories sont le carquois où il prend ses armes. Ceux-là, ce ne sont point les républicains, ce sont les *républiqueurs.* — Il y en a d'autres qui oublient que la France est la sœur aînée des nations, qui ne se souviennent plus que son passé est riche de tous les souvenirs, et qui vont chercher, parmi les constitutions de la Suisse, de l'Angleterre, de l'Amérique, celle qui serait la plus applicable à notre pays : ceux-là, ce sont les rêveurs et les utopistes ; tout entiers à leurs théories de cabinet, ils ne s'aperçoivent pas, dans leurs applications imaginaires, que la constitution d'un peuple ne peut-être durable qu'autant qu'elle est née de sa situation géographique, qu'elle ressort de sa nationalité, et qu'elle s'harmonise avec ses mœurs. Il en résulte que, comme il n'y a pas sous le ciel deux peuples dont la situation géographique, dont la nationalité et dont les mœurs soient identiques, plus une constitution est parfaite, plus elle est individuelle, et moins, par conséquent, elle est applicable à une autre localité que celle qui lui a donné naissance. Ceux-là, ce ne sont point non plus les républicains, ce sont les *républiquistes.* — Il y en a d'autres qui croient qu'une opinion, c'est un habit bleu barbeau, un gilet à grands revers, une cravate flottante et un chapeau pointu : ceux-là ce sont les parodistes et les aboyeurs. Ils excitent les émeutes, mais se gardent bien d'y prendre part ; ils élèvent des barricades, et laissent les autres se faire tuer derrière ; ils compromettent leurs amis, et vont partout se cachant, comme s'ils étaient compromis eux-mêmes. Ceux-là, ce ne sont point encore les républicains, ce sont les *républiquets.* — Mais il y en a d'autres, madame, pour qui l'honneur de la France est chose sainte, et à laquelle ils ne veulent pas que l'on touche ; pour qui la parole donnée est un engagement sacré, qu'ils ne peuvent souffrir de voir rompre, même de roi à peuple ; dont la noble et vaste fraternité s'étend à tout pays qui souffre, à toute nation qui se réveille ; ils ont été verser leur sang en Belgique, en Italie, en Pologne, et sont revenus se faire tuer ou prendre au cloître Saint-Merri : ceux-là, madame, ce sont les puritains et les martyrs. Un jour viendra où non-seulement on rappellera ceux qui sont exilés, où non-seulement on ouvrira les prisons de ceux qui sont captifs, mais encore où l'on cherchera les cadavres de ceux qui sont morts, afin de leur élever des tombes. Tout le tort que l'on peut leur reprocher, c'est d'avoir devancé leur époque, et d'être nés trente ans trop tôt. Ceux-là, madame, ce sont les vrais républicains.

» — Je n'ai pas besoin de vous demander, me dit la reine, si c'est à ceux-là que vous appartenez.

» — Hélas ! madame, lui répondis-je, je ne puis pas me vanter tout à fait de cet honneur... Oui, certes, à eux toutes mes sympathies ; mais, au lieu de me laisser emporter à mon sentiment, j'en ai appelé à ma raison ; j'ai voulu faire pour la politique ce que Faust a fait pour la science : descendre et toucher le fond. Je suis resté un an plongé dans les abîmes du passé ; j'y étais entré avec une opinion instinctive, j'en suis sorti avec une conviction raisonnée. Je vis que la révolution de 1830 nous avait fait faire un pas, il est vrai, mais que ce pas nous avait conduits tout simplement, de la monarchie aristocratique, à la monarchie bourgeoise, et que cette monarchie bourgeoise était une ère qu'il fallait épuiser avant d'arriver à la magistrature populaire. Dès lors, madame, sans rien faire pour me rapprocher du gouvernement, dont je m'étais éloigné, j'ai cessé d'en être l'ennemi ; je le regarde tranquillement poursuivre sa période, dont je verrai probablement la fin ; j'applaudis à ce qu'il fait de bon ; je proteste contre ce qu'il fait de mauvais ; mais, tout cela, sans enthousiasme et sans haine. Je ne l'accepte ni ne le récuse : je le subis ; je ne le regarde pas comme un bonheur, mais je le crois une nécessité.

» — Mais, à vous entendre, il n'y aurait pas de chance pour qu'il changeât.

» — Non, madame... pendant longues années du moins.

» — Si, cependant, le duc de Reichstadt n'était point mort, et qu'il eût fait une tentative ?

» — Il eût échoué, je le crois.

» — C'est vrai, j'oubliais qu'avec vos opinions républicaines, Napoléon doit n'être pour vous qu'un tyran.

» — Je vous demande pardon, madame, je l'envisage sous un autre point de vue. A mon avis, Napoléon est un de ces hommes élus dès le commencement des temps, et qui ont reçu de Dieu une mission providentielle. Ces hommes, on les juge, non point selon la volonté qui les a fait agir, mais selon la sagesse divine qui les a inspirés; non pas selon l'œuvre qu'ils ont faite, mais selon le résultat qu'elle a produit. Quand leur mission est accomplie, Dieu les rappelle ; ils croient mourir : ils vont rendre compte.

» — Et, selon vous, qu'elle était la mission de l'empereur ?

» — Une mission de liberté.

» — Savez-vous que toute autre que moi vous en demanderait la preuve ?

» — Et je la donnerai, même à vous.

» — Voyons ! vous n'avez pas idée à quel degré cela m'intéresse !

» — Lorsque Napoléon, ou plutôt Bonaparte, apparut à nos pères, madame, la France sortait, non pas d'une république, mais d'une révolution. Dans un de ses accès de fièvre politique, elle s'était jetée si fort en avant des autres nations, qu'elle avait rompu l'équilibre du monde. Il fallait un Alexandre à ce Bucéphale, un Androclès à ce lion ! le 13 vendémiaire les mit face à face : la Révolution fut vaincue. Les rois, qui auraient dû reconnaître un frère au canon de la rue Saint-Honoré, crurent avoir un ennemi dans le dictateur du 18 brumaire ; ils prirent pour le consul d'une république celui qui était déjà le chef d'une monarchie, et, insensés qu'ils étaient, au lieu de l'emprisonner dans une paix générale, ils lui firent une guerre européenne. Alors, Napoléon appela à lui tout ce qu'il y avait de jeune, de brave et d'intelligent en France, et le répandit sur le monde. Homme de réaction pour nous, il se trouva être en progrès sur les autres ; partout où il passa, il jeta au vent le blé des révolutions : l'Italie, la Prusse, l'Espagne, le Portugal, la Pologne, la Belgique, la Russie elle-même ont tour à tour appelé leurs fils à la moisson sacrée ; et lui, comme un laboureur fatigué de sa journée, il a croisé ses bras, et les a regardés faire du haut de son roc de Saint-Hélène. C'est alors qu'il eut une révélation de sa mission divine, et qu'il laissa tomber de ses lèvres la prophétie d'une Europe républicaine.

» — Et croyez-vous que, si le duc de Reichstadt ne fût pas mort, il eût continué l'œuvre de son père ?

» — A mon avis, madame, les hommes comme Napoléon n'ont pas de père, et n'ont pas de fils : ils naissent tels que des météores dans le crépuscule du matin, traversent d'un horizon à l'autre le ciel qu'ils illuminent, et vont se perdre dans le crépuscule du soir.

» — Savez-vous que ce que vous dites là est peu consolant pour ceux de sa famille qui conserveraient quelque espérance ?

» — Cela est ainsi, madame ; car nous ne lui avons donné une place dans notre ciel qu'à la condition qu'il ne laisserait pas d'héritier sur la terre.

» — Et, cependant, il a légué son épée à son fils.

» — Le don lui a été fatal, madame, et Dieu a cassé le testament.

» — Mais vous m'effrayez, car son fils, à son tour, l'a léguée au mien.

» — Et elle sera lourde à porter à un simple officier de la confédération suisse !

» — Oui, vous avez raison, car, cette épée, c'est un sceptre.

» — Prenez garde de vous égarer, madame ! J'ai bien peur que vous ne viviez dans cette atmosphère trompeuse et enivrante qu'emportent avec eux les exilés ; le temps, qui continue de marcher pour le reste du monde, semble s'arrêter pour les proscrits : ils voient toujours les hommes et les choses comme ils les ont quittés. Et, cependant, les hommes changent de face, et les choses d'aspect ; la génération qui a vu passer Napoléon revenant de l'île d'Elbe s'éteint tous les jours, madame, et cette marche miraculeuse n'est déjà plus un souvenir : c'est un fait historique.

» — Ainsi vous croyez qu'il n'y a plus d'espoir, pour la famille de Napoléon, de rentrer en France ?

» — Si j'étais le roi, je la rappellerais demain.

» — Ce n'est point cela que je veux dire...

» — Autrement, il y a peu de chances.

» — Quel conseil donneriez-vous à un membre de cette famille qui rêverait la résurrection de la gloire et de la puissance napoléoniennes ?

» — Je lui donnerais le conseil de se réveiller.

» — Et s'il persistait, malgré ce premier conseil, — qui, à mon avis aussi, est le meilleur, — et qu'il vous en demandât un second ?

» — Alors, madame, je lui dirais d'obtenir la radiation de son exil, d'acheter une terre en France, de se servir de l'immense popularité de son nom pour se faire élire député, de tâcher, par son talent, de disposer de la majorité de la Chambre, et de s'en servir pour déposer Louis-Philippe, et se faire élire roi à sa place.

» — Et vous pensez, dit la comtesse de Saint-Leu en souriant avec mélancolie, que tout autre moyen échouerait ?

» — J'en suis convaincu.

» La comtesse soupira.

» En ce moment, la cloche sonna le déjeuner ; nous nous acheminâmes vers le château, pensifs et silencieux. Pendant tout le retour, la comtesse ne m'adressa point une seule parole ; mais, en arrivant au seuil de la porte, elle s'arrêta, et, me regardant avec une expression indéfinissable d'angoisse :

» — Ah ! me dit-elle, j'aurais bien voulu que mon fils fût ici, et qu'il entendît ce que vous venez de me dire ! »

CCLIII

Nouvelles de France. — Première représentation du *Fils de l'Émigré*. — Ce qu'en pense *le Constitutionnel*. — Effet produit par cette pièce sur la population parisienne en général, et sur M. Véron en particulier. — Mort de Walter Scott. — *Perrinet Leclerc*. — *Sic vos non vo bis*.

Je restai, comme je l'ai dit, trois jours à Arenenberg.

J'avais trouvé là les journaux français, qui me manquaient depuis mon départ d'Aix, et je m'étais mis au courant des nouvelles de France.

M. Jay avait remplacé à l'Académie M. de Montesquiou. L'Académie, fidèle à ses traditions, ayant à choisir entre M. Jay publiciste médiocre, et M. Thiers, historien éminent, avait choisi M. Jay. — L'Institut en avait, de son côté, fait autant, à peu près : le bon et cher ami de mon père, M. Lethière, auteur de *Brutus condamnant ses fils*, étant mort, MM. Paul Delaroche, Schnetz et Blondel s'étaient mis sur les rangs pour lui succéder. Vous eussiez parié, n'est-ce pas, chers lecteurs, pour Schnetz ou pour Delaroche ? Eh bien, vous eussiez perdu : MM. Schnetz et Delaroche avaient eu chacun trois voix, et M. Blondel en avait réuni dix-huit.

Mademoiselle Falcon avait débuté dans le rôle d'Alice de *Robert le Diable*. Élève de Nourrit, elle avait eu un succès splendide. Pauvre Cornélie ! son succès devait être aussi court qu'il avait été grand : deux ans après les débuts de mademoiselle Falcon, un accident lui avait enlevé la voix !

Puis les procès politiques se succédaient : la cour d'assises de la Seine avait porté deux condamnations à mort, l'une contre un nommé Cuny, l'autre contre un nommé Lepage. Ces deux condamnations avaient profondément ému le public parisien ; depuis la mort de Louis XVIII, on était déshabitué des condamnations capitales en matière politique.

Puis était venue la condamnation moins grave des saints-simoniens ; puis l'affaire de l'homme au drapeau rouge. — J'ai essayé de peindre l'effet qu'avait produit l'apparition de cet homme au convoi du général Lamarque. Il fut condamné à *un mois de prison!* M. l'avocat général Delapalme, qui avait à peu près abandonné l'accusation, au grand étonnement de tout le monde, ne s'en tira qu'en arguant de la folie de l'accusé. Les républicains interprétèrent la chose autrement : l'homme au drapeau rouge n'était pour eux qu'un agent provocateur ; de là l'indulgence du ministère public.

Enfin, dernière nouvelle, peu intéressante pour les autres, mais qui répondait, chez moi, à une espèce de remords : on annonçait comme prochaine, à la Porte-Saint-Martin, la représentation du *Fils de l'Émigré.*

Je ne manquais donc pas, à chaque auberge où je m'arrêtais, de demander :

— Avez-vous un journal français ?

En arrivant à Kœnigsfelden, c'est-à-dire à l'endroit où l'empereur Albert fut assassiné par Jean de Souabe, son neveu, je renouvelai la question.

— Oui, monsieur, me répondit mon hôte : j'ai *le Constitutionnel.*

Le Constitutionnel, on se le rappelle, était mon vieil ennemi. Il m'avait déclaré la guerre à propos d'*Henri III*, et j'avais répondu à sa canonnade par *Antony ;* c'était moi qui avais inventé la fameuse annonce du désabonnement ; de sorte que je ne pouvais pas recevoir par une plus méchante bouche des nouvelles de mon fils naturel ; seulement, comme je l'avais laissé aux mains d'Anicet sans le reconnaître le moins du monde, que je ne devais pas être nommé, que c'était une condition *sine quâ non*, je pensais que les nouvelles seraient indirectes.

J'ouvris donc *le Constitutionnel* d'une main assez ferme.

Mon étonnement fut grand quand, en tête du feuilleton, je lus ces mots :

« THÉATRE DE LA PORTE- SAINT-MARTIN. — *Le Fils de l'Emigré,* drame de MM. Anicet Bourgeois *et Alexandre Dumas...* »

Je compris que, du moment où j'étais nommé, c'est que la pièce était tombée.

Je ne me trompais pas.

Veut-on voir, du reste, comment *le Constitutionnel* rendait compte de la représentation? Qu'on lise les lignes suivantes; elles donneront une idée de l'urbanité avec laquelle la critique était faite dans le journal de MM. Jay et Étienne. Il est vrai que l'article n'était pas signé. — D'ailleurs, comme j'enregistre mes succès avec une naïveté que l'on taxe parfois d'orgueil, je ne suis pas fâché d'enregistrer une belle et bonne chute. J'en ai eu deux comme celle-là dans ma vie : *le Fils de l'Émigré* à la Porte-Saint-Martin ; *le Laird de Dumbicky*, à l'Odéon ; mais, comme j'assistais à cette dernière, c'est moi-même qui, lorsque le moment sera venu, me chargerai d'en rendre compte. Je serai plus poli pour moi que ne l'a été le critique anonyme du *Constitutionnel* ; mais je ne me ménagerai pas davantage ; que mes lecteurs soient, sur ce point, parfaitement tranquilles.

J'appelai donc à mon aide toute ma philosophie, et je lus :

» Théâtre de la Porte-Saint-Martin. — *Le Fils de l'Émigré*, drame de MM. Anicet Bourgeois et Alexandre Dumas.

» Le comte Édouard de Bray, émigré français, s'est réfugié en Suisse ; là, il a pris du service dans les armées autrichiennes, qui tentent de ce côté l'envahissement de la France. M. le comte a mal choisi ses alliés : battu avec eux, comme nos braves armées battaient leurs ennemis, c'est-à-dire à plate couture, M. le comte se sauve à toutes jambes, et cherche un asile dans la boutique d'un armurier de Brientz. L'armurier Grégoire Humbert, homme plein d'honneur et d'humanité, accueille le fugitif, qu'il veut dérober à la poursuite des républicains Humbert y met d'autant plus de chaleur et de dévouement qu'il connaît le comte Édouard : il y a quelques mois, le comte était à Brientz, et même, dans une orgie, il avait laissé sous la table Grégoire Humbert, dont la vertu et la sobriété s'étaient un peu fourvoyées ce jour-là. L'honnête armurier n'a point oublié ce mémorable exploit d'ivrogne ; aussi fait-il évader par une fenêtre le comte Édouard, tandis que la crosse des soldats français heurte à sa porte.

» M. le comte Édouard de Bray sauvé, vous vous imaginez qu'il emporte la plus vive reconnaissance pour le brave homme à qui il doit de n'être point fusillé ou pendu ? Oh ! que non pas ! notre drame actuel, notre grand drame, comme on dit, n'est pas si enfant que de nous habituer à des sentiments si naturels et si bourgeois ; il lui faut bien autre chose, vraiment ! — de l'odieux, de l'ignoble et de l'absurde avant tout.

» Voici donc ce qu'a fait M. le comte de Bray pour se conformer à cette triple obligation du grand drame. A peine hors de danger, il écrit à Grégoire Humbert : « Tu te crois heureux » père et heureux mari ; tu te trompes, Humbert. Dans cette » nuit d'orgie que j'ai passée chez toi, ta femme t'attendait » dans son lit : je m'y suis glissé à ta place ; le fils qu'elle va » te donner n'est pas le tien. »

» Si vous demandez maintenant l'explication de cette infamie du comte de Bray, apprenez qu'il a voué une haine implacable au peuple, et qu'il commence à la mettre en œuvre sur son bienfaiteur. C'est avec de telles choses qu'on a la prétention de faire maintenant du drame, et du drame qui émeuve et intéresse !

» La lettre du comte jette Humbert dans le désespoir ; il prend un poignard, et veut tuer sa femme... A ce moment, le fond du théâtre s'ouvre : c'est une scène d'accouchement qui succède à une scène de stylet. « J'ai l'honneur de vous faire » part de la naissance du fils de l'émigré. » Le prêtre bénit le nouveau-né ; la mère et l'enfant se portent bien. Ce spectacle désarme Humbert, qui rengaîne son poignard ; mais il faut qu'il tue quelqu'un : à défaut de madame Humbert et de son fruit équivoque, c'est Édouard qu'il tuera. Malheureusement, il est trop tard : Édouard est bien loin. L'armurier ne renonce pas pour cela à la vengeance : il fera un second fils à sa femme, un fils qui sera le sien, pour tuer le père du premier fils, dont il est forcé d'endosser la responsabilité .. *Is pater est quem nuptiæ demonstrant.*

» Assurément, Humbert entend mieux la vengeance que qui que ce soit au monde ; faire un enfant à madame Humbert, uniquement pour se venger, c'est de la plus haute habileté.

« Toutes les belles choses que je viens de vous exposer forment ce qu'on appelle maintenant un *prologue*, et ce que, autrefois, on appelait simplement le premier acte.

» Vingt ans se sont passés. Humbert est mort ruiné, et à la poursuite d'Édouard, qu'il n'a jamais pu rencontrer ; pendant vingt ans, c'est avoir du malheur dans ses recherches ! Du reste, son projet de vengeance a parfaitement réussi d'autre part : le second fils est venu, il a grandi, et, à défaut de défunt Humbert, Pietro, son fidèle serviteur, l'exerce au maniement de l'épée, en attendant le moment où on rencontrera enfin le comte Édouard, et où on pourra le tuer définitivement.

» Voilà une famille d'armuriers qui rendrait des points, en fait de vengeance, aux vieilles familles grecques dont nos auteurs tragiques nous ont conté si longtemps les fureurs !

» Humbert et son fidèle Pietro n'ont point trouvé Édouard : je le trouve, moi qui n'ai point affaire à lui. Édouard est à Paris, où il exerce en grand le noble métier de mouchard : c'est un comte espion de la haute police. Le drame nous conserve et nous maintient toujours dans ce qu'il y a d'intéressant et d'élevé. Outre ses plaisirs d'espion, Édouard continue l'exploitation de sa haine contre le peuple : il a débauché une jeune fille avec laquelle il vit depuis deux ans ; *item*, il a enlevé à ses travaux d'artisan un jeune homme appelé Georges Burns, pour en faire son secrétaire ; son but est de faire de Georges un mauvais sujet, comme il a fait de Thérèse une débauchée, toujours par haine pour le peuple. On ne croirait pas à de semblables folies si on ne les avait vues et entendues. Nous ne sommes pas au bout, et voici déjà une autre histoire.

» Ce Georges Burns n'est pas autre chose que le fils d'Édouard et de madame Humbert. Georges a changé de nom, depuis que son père putatif est mort en état de faillite. Georges est fier, et ne veut reprendre le nom de son soi-disant père qu'après avoir payé toutes ses dettes. Édouard, qui ne sait pas le premier mot de cette énigme, ne voit que Georges Burns dans ce jeune homme.

» A partir de ce moment, nous entrons dans un incroyable chaos d'ignominies et d'absurdités ; on est tenté de rire d'abord de cet amalgame informe qu'au style, à l'incohérence des scènes, au pêle-mêle des personnages, on peut prendre pour une parodie. Franchement, j'ai cru, pour ma part, à la parodie.

« Ce sont deux gens d'esprit, » disais-je, « qui auront voulu
» se moquer des monstruosités dont on déshonore nos théâ-
» tres, et venger le bon sens, le bon goût et la langue, par une
» bonne satire. Comme la caricature et la satire exagèrent
» les ridicules ou les vices de ceux qu'elles veulent frap-
» per, nos moqueurs auront accumulé dans leur parodie
» barbarismes sur barbarismes, montagnes sur montagnes,
» crimes sur crimes, ordures sur ordures, pour mieux faire
» honte à nos dramaturges dévergondés. »

» Mais quelqu'un m'a assuré que *le Fils de l'Émigré* était fait sérieusement et comme un grand drame.

» Alors, ne pouvant plus rire, il ne m'est resté que l'ennui et le dégoût; ennui et dégoût que je ne veux pas faire peser sur mes lecteurs en les traînant pas à pas dans cet antre de galère, de meurtre et de prostitution : autant vaudrait les inviter à passer une journée à Poissy, aux Madelonnettes, à la Conciergerie, à la place de Grève, dans le cabinet particulier de M. Vidocq, avec les valets du bourreau ; car on ne trouve pas autre chose dans cette ignoble pièce. Le comte Édouard de Bray, que vous savez espion, fait des faux par-dessus le marché, et crochette les portes.

» Thérèse, cette jeune fille qu'il a enlevée, se prostitue au premier venu, et va d'homme en homme avec une admirable facilité. Georges Burns, ou plutôt Georges Humbert, vole à sa mère trente mille francs destinés à payer les dettes de son mari, et assassine Thérèse, qu'il avait eue après le comte Édouard.

» Vous avez, pour couronner ces gracieux exploits, une condamnation aux travaux forcés et une condamnation à mort. Édouard est réservé aux galères comme faussaire ; Burns, à l'échafaud comme assassin. C'est dans la prison, entre la marque et la guillotine, que le père et le fils se reconnaissent, et que Georges apprend le secret de sa naissance. Vous croyez que les auteurs vont en rester là, et qu'ils auront quelque pitié de nous. Pauvres gens ! qui pensez qu'on vous respectera plus que le sens commun et tout ce qu'on respectait autrefois en bonne et saine littérature ! Non, vous n'avez pas assez de tout ce hideux spectacle : il faut que vous voyiez le galérien attaché à sa chaîne, le condamné les mains derrière le dos, la tête rasée, marchant... Ici, le public s'est soulevé en masse, et n'a pas voulu en voir et en entendre davantage ; le cœur lui a bondi de dégoût ; les femmes se levaient ou détournaient les yeux, pour se dérober à la vue de cette tête qui allait s'offrir au couteau ; on a sifflé, on a hué ces infamies, et justice a été faite.

» Il n'y a pas de critique possible sur de semblables pièces ; on les quitte le plus vite qu'on peut, comme on repousse du pied un objet rebutant. Où en sommes-nous venus, pour qu'il y ait un nom d'homme de talent attaché à ce drame comme à un poteau ? Il est vrai que cet écrivain a trouvé, cette fois, sa peine dans le délit même : son talent y semble mort tout entier. »

Ainsi, j'étais assassiné par *le Constitutionnel* juste au même endroit où l'empereur Albert avait été assassiné par son neveu. Malheureusement, je doute que cet assassinat vaille à l'avenir une scène aussi belle que celle qu'on peut lire dans le cinquième acte du *Guillaume Tell* de Schiller, et qui se passe entre le meurtrier de Gessler et l'assassin de l'empereur.

Je revins à Paris vers le commencement d'octobre.

Tous les journaux avaient suivi l'exemple du *Constitutionnel* : ils s'en étaient donné sur moi à cœur joie ; la curée avait été complète; il ne me restait plus un lambeau de chair sur les os.

Je rencontrai Véron, qui me fit, à l'endroit de mon immoralité, une mercuriale dont je me souviendrai toujours. Il m'avait demandé quelque chose pour la *Revue de Paris,* qu'il dirigeait; mais, après *le Fils de l'Émigré,* il n'y avait plus moyen de mettre mon nom en compagnie de celui d'honnêtes gens.

Je rencontrai aussi plusieurs directeurs de théâtre qui, en mon absence, étaient devenus myopes, et qui ne me reconnurent pas.

J'ai eu deux ou trois fois de ces baisses-là dans ma vie, — sans compter celles qui m'attendent encore; — je me suis toujours relevé, Dieu merci! et j'espère que, le cas échéant, Dieu me fera encore la même grâce. Ma devise de fantaisie est: *J'ayme qui m'ayme,* et je pourrais parfaitement ajouter: *Je ne hais pas qui me hait*; mais notre devise de famille est: *Deus dedit, Deus dabit.* (Dieu a donné, Dieu donnera.)

Je renonçai donc pour le moment au théâtre.

D'ailleurs, j'avais mon livre de *Gaule et France* qui était commencé, et que je voulais finir.

C'était une chose singulière que l'exécution de ce livre: j'apprenais moi-même pour apprendre aux autres; mais j'avais un grand avantage: c'est qu'en allant au hasard à travers l'histoire, il m'arrivait ce qui arriverait à un homme qui ne connaîtrait pas son chemin, et qui serait perdu dans une forêt; il est perdu, c'est vrai, mais découvre des choses inconnues, des abîmes où personne n'est descendu, des hauteurs où personne n'a gravi.

Gaule et France est un livre d'histoire plein de défauts; mais il se termine par la plus étrange prophétie qui ait jamais été imprimée seize ans à l'avance. Nous le verrons en son lieu et place.

Vers la fin de septembre, on avait appris en France la mort de Walter Scott. Cette mort fit sur moi une certaine impression; non que j'eusse l'honneur de connaître l'auteur d'*Ivanhoe* et de *Waverley*; mais la lecture de sir Walter Scott avait eu, on se le rappelle, une grande influence sur les débuts de ma vie littéraire.

Après avoir commencé par préférer Pigault-Lebrun à Walter Scott, et Voltaire à Shakspeare, — double hérésie dont m'avait fait revenir mon bien cher Lassagne, qui, depuis que je vous ai parlé de lui, est allé où sont allés une partie de mes amis; — après avoir, dis-je, préféré Pigault-Lebrun à Walter Scott, j'en étais venu à des idées plus saines, et non-seulement j'avais lu tous les romans de l'auteur écossais, mais encore j'avais essayé de tirer deux drames de ses œuvres: le premier, on le sait, avec Frédéric Soulié; le second, tout seul. Ni l'un ni l'autre n'avaient été joués, et ni l'un ni l'autre n'étaient jouables.

Les qualités de Walter Scott ne sont point des qualités dramatiques; admirable dans la peinture des mœurs, des costumes et des caractères, Walter Scott est complétement inhabile à peindre les passions. Avec des mœurs et des caractères, on peut faire des comédies; mais il faut des passions pour faire des drames.

Le seul roman passionné de Walter Scott, c'est *le Château de Kenilworth*; aussi est-ce le seul qui ait fourni un drame à grand succès; et encore les trois quarts du succès étaient-ils dus au dénoûment qui était mis en scène, et qui jetait brutalement aux yeux du public le spectacle terrible de la chute d'Amy Robsart dans le précipice.

Mais mon travail sur Walter Scott ne m'avait pas été inutile, tout infructueux qu'il était resté; on ne connaît la structure de l'homme qu'en ouvrant des cadavres; on ne connaît le génie d'un auteur qu'en l'analysant. L'analyse de Walter Scott m'avait fait comprendre le roman sous un autre point de vue qu'on ne l'envisageait chez nous. Une même fidélité de mœurs, de costumes et de caractères, avec un dialogue plus vif et des passions plus réelles, me paraissait être ce qui nous convenait.

C'était ma conviction: mais j'étais loin de me douter encore que j'essayerais de faire pour la France ce que Walter Scott avait fait pour l'Écosse. Je n'avais encore publié que mes *Scè-*

nes historiques *(Isabel de Bavière)*, et, comme on va voir, la chose m'avait assez mal réussi, ou allait assez mal me réussir. On a de ces veines-là.

J'avais publié mes *Scènes historiques* dans la *Revue des Deux Mondes;* de sorte que personne ne les avait lues. En mon absence, Anicet Bourgeois et Lockroy eurent l'idée de réunir ces scènes, et d'en composer un drame sous le titre de *Perrinet Leclerc.* C'était bien de l'honneur qu'ils faisaient à ces bribes d'histoire éparpillées sans prétention dans une revue.

La pièce eut un grand succès.

Quoique j'en fusse au moins autant que du *Fils de l'Émigré*, on se garda bien de prononcer mon nom. *Le Constitutionnel*, qui, pour le premier ouvrage, avait arraché de ma figure le voile de l'incognito, l'épaissit, cette fois, de tout son pouvoir, et fit un grand éloge du drame.

Il y a plus : M. Lesur, dans son *Annuaire*, avait dit à propos du *Fils de l'Émigré:*

« Ce drame rappelle l'esclave ivre que les Lacédémoniens montraient à leurs enfants pour les dégoûter de l'ivrognerie, et doit ramener le public, si la chose est possible, à des idées plus pures et plus raisonnables en fait de littérature dramatique. Le but des auteurs était de mettre la corruption de la noblesse en opposition avec la vertu du peuple, et, partant de cette donnée, qui n'a plus de sens aujourd'hui, il n'est pas de vices, d'immoralités, d'infamies qu'ils n'aient accumulés dans leur émigré, le marquis de Bray, et dans son digne fils; *c'est un amas de turpitudes, une suite de scènes aussi fausses qu'ignobles, et dont il nous répugnerait d'entreprendre le récit.* On avait passé à M. Dumas *la Tour de Nesle;* mais, cette fois, le public n'a pas été aussi complaisant: il a sifflé, outrageusement sifflé, *cette production monstrueuse, qui, dans toutes les parties de la salle, au parterre, dans les loges, dans les combles, a fait bondir le cœur de dégoût, et détourner les yeux d'horreur.* Il faut espérer que cette leçon sévère et méritée engagera l'auteur d'*Henri III*, de *Christine*, d'*Antony*, et de *Richard Darlington* à ne plus prostituer son talent en mettant la main à de pareilles œuvres. »

L'article n'est pas fardé, on le voit, et il paraît qu'en réalité, — entre nous soit dit, cher lecteur, sans que cela arrive aux oreilles d'Anicet, — il paraît que c'était une exécrable chose ! Mais remarquez bien que c'est à moi qui n'avais pas été nommé, à moi dont le nom n'était pas sur l'affiche, que s'adressait M. Lesur, qui avait bien su me découvrir sous la chute, mais qui n'avait garde de me découvrir derrière le succès.

Et la preuve, la voici :

« THÉÂTRE DE LA PORTE-SAINT-MARTIN (3 septembre 1832). — Première représentation de *Perrinet Leclerc,* drame en cinq actes en prose, de MM. Anicet Bourgeois et Lockroy.

« De belles scènes, du bruit, du mouvement, de magnifiques décorations, et surtout une situation du plus haut intérêt au cinquième acte, ont complétement fait réussir ce drame. *Il atteste des études littéraires et historiques fort rares chez les dramaturges modernes, et a, en général, sur la plupart des pièces de ce théâtre, particulièrement sur* LE FILS DE L'ÉMIGRÉ, *le grand avantage de ne pas révolter sans cesse le spectateur par un entassement de crimes et de tableaux de débauche plus affreux les uns que les autres.* »

Attrape, monsieur Dumas !

Mais voici qui est plus fort.

Quelque temps après, je réunis mes *Scènes historiques* en deux volumes ; un journal en rendit compte, en m'accusant d'avoir copié littéralement les scènes principales de mon prétendu livre historique **dans le beau drame de MM. Anicet Bourgeois et Lockroy !**

CCLIV

La duchesse de Berry revient à Nantes déguisée en paysanne. — Le panier de pommes. — La maison Duguigny. — Madame dans sa retraite. — Simon Deutz. — Ses antécédents. — Ses missions. — Il entre en marché avec MM. Thiers et Montalivet. — Il part pour la Vendée.

Sur ces entrefaites, on apprit à Paris l'arrestation, à Nantes, de madame la duchesse de Berry.

Il ne fallait pas moins que cette nouvelle pour faire diversion à l'indignation publique, soulevée contre moi, à propos de ce malheureux *Fils de l'Émigré*.

Nous avons laissé madame la duchesse de Berry avec M. Berryer dans une mauvaise chaumière vendéenne, où elle séjournait sous le nom de M. Charles; nous l'avons vue, cédant aux instances de l'illustre avocat, prendre l'engagement de quitter la France; elle devait, le même jour, à midi, rejoindre M. Berryer à un endroit convenu, rentrer avec lui à Nantes, traverser la France en poste, — grâce au passe-port qu'il lui apportait, — et rentrer en Italie par la route du mont Cenis.

Depuis une heure, M. Berryer attendait à l'endroit désigné pour le rendez-vous, lorsqu'il reçut une dépêche de Madame, qui lui disait que trop d'intérêts étaient liés aux siens pour qu'elle les abandonnât.

Elle restait donc en Vendée; seulement, la prise d'armes, fixée au 24 mai, était remise au 3 ou 4 juin.

On se doute bien que nous n'allons pas faire l'historique de la guerre civile de 1832. Le but de ces Mémoires est de raconter, non pas les choses officielles, mais les détails que certaines relations de position ou d'amitié nous ont mis à même de connaître.

Or, qui a pris la duchesse de Berry? Ce même général Dermoncourt, mon vieil ami. Qui avait-il pour secrétaire? Ce même Rusconi qui est mon secrétaire, à moi, depuis vingt et un ans, et qui a reçu, des mains de M. de Ménars, ce fameux chapeau historique détourné momentanément de son usage habituel par madame la duchesse de Berry.

Nous reprendrons donc notre narration au moment où Madame, traquée de tous côtés à la suite des affaires de Maisdon, de la Caraterie, du Chêne, de la Pénissière et de Riaillé, prit la résolution de rentrer à Nantes.

Ce projet, qui, au premier abord, paraît téméraire, était cependant celui qui présentait le plus de sécurité. Une fois arrivée à Nantes, madame la duchesse de Berry rencontrerait un asile sûr; il ne s'agissait plus pour elle que de trouver les moyens d'y parvenir sans être découverte.

La duchesse trancha la question elle-même en déclarant qu'elle rentrerait à Nantes à pied, vêtue en paysanne, et suivie seulement de mademoiselle Eulalie de Kersabiec.

Elles avaient à peu près trois lieues à faire.

M. de Ménars et M. de Bourmont partirent après elles, et entrèrent à Nantes sans déguisement, bien qu'ils fussent cependant très-connus; ils passèrent la Loire en bateau, en face de la prairie des Mauves (1).

Au bout d'une heure de marche, les gros souliers et les bas de laine, auxquels la duchesse n'était point habituée, lui blessèrent les pieds; elle essaya, cependant, de marcher encore; mais, jugeant que, si elle gardait sa chaussure, elle ne pourrait continuer sa route, elle s'assit sur le bord d'un fossé, ôta ses souliers et ses bas, les fourra dans ses grandes poches, et se mit à marcher nu-pieds.

Mais bientôt, en voyant passer les paysannes, elle remarqua que la finesse de sa peau et la blancheur aristocratique de ses jambes pourraient la trahir; alors, elle s'approcha d'un des bas côtés de la route, y prit de la terre noirâtre, se brunit les jambes en les frottant avec cette terre, et poursuivit son chemin. Il y avait encore deux bonnes lieues à faire.

C'était, on en conviendra, un admirable thème de pensées

---

(1) Voir, pour plus de détails, *la Vendée et Madame*, relation écrite par moi sur les notes de Dermoncourt.

philosophiques pour ceux qui l'accompagnaient, que le spectacle de cette femme qui, deux ans auparavant, avait aux Tuileries sa place de reine mère, qui possédait Chambord et Bagatelle, qui sortait dans des voitures à six chevaux, avec des escortes de gardes du corps brillants d'or et d'argent; qui se rendait à des spectacles commandés pour elle, précédée de coureurs secouant des flambeaux; qui remplissait la salle avec sa seule personne, et qui, de retour au château, regagnait sa chambre splendide, marchant sur de doubles tapis de Perse et de Turquie, de peur que le parquet ne blessât ses pieds d'enfant. Aujourd'hui, cette même femme, couverte encore de la poudre des combats, entourée de dangers, proscrite, n'ayant pour escorte et pour courtisans qu'une jeune fille, allant chercher un asile qui se fermera peut-être devant elle, vêtue des habits d'une femme du peuple, marchant nu-pieds sur le sable aigu et sur les cailloux tranchants de la route. C'est une chose curieuse que notre époque, où presque chaque pays a ses rois qui courent pieds nus par les chemins!

Cependant, la route se faisait, et, à mesure que l'on approchait de Nantes, les craintes disparaissaient. La duchesse s'était habituée à son costume, et les métayers devant lesquels elle était passée n'avaient point paru s'apercevoir que la petite paysanne qui courait si lestement près d'eux fût autre chose que ce qu'indiquaient ses habits; c'était déjà beaucoup que d'avoir trompé l'instinct pénétrant des gens de la campagne, qui n'ont peut-être pour rivaux, si ce n'est pour maîtres, sur ce point, que les gens de guerre.

Enfin, on arriva en vue de Nantes; Madame reprit ses bas et ses souliers, et se chaussa pour entrer dans la ville. En traversant le pont Pyrmile, elle tomba au milieu d'un détachement commandé par un officier qui sortait de la garde, et qu'elle reconnut parfaitement pour l'avoir vu autrefois faire le service au château.

Elle rappela cette circonstance à MM. de Ménars et de Bourmont, qui arrivèrent quelques heures après elle.

— Je crois que l'officier qui commandait ce détachement sur le pont m'a reconnue : il m'a beaucoup regardée, dit-elle.

S'il en est ainsi, et qu'il m'arrive quelque chose d'heureux, son affaire est bonne; il fera son chemin!

Parvenue en face du Bouffai, la duchesse se sentit frapper sur l'épaule. Elle tressaillit et se retourna. La personne qui venait de se permettre cette familiarité était une bonne vieille femme qui, ayant déposé à terre son panier de pommes, ne pouvait seule le replacer sur sa tête.

— Mes enfants, dit-elle à la duchesse et à mademoiselle de Kersabiec, aidez-moi à recharger mon panier, et je vous donnerai à chacune une pomme.

Madame s'empara aussitôt d'une anse, fit signe à sa compagne de prendre l'autre, et le panier fut replacé en équilibre sur la tête de la bonne femme, qui s'éloignait sans donner la récompense promise; mais la duchesse, l'arrêtant par le bras :

— Dites donc, la mère!... et ma pomme? demanda-t-elle.

La marchande la lui donna; Madame la mangeait avec un appétit aiguisé par trois lieues de marche, lorsque, en levant la tête, ses yeux tombèrent sur une affiche portant en grosses lettres ces trois mots : *État de siége.*

C'était l'arrêté ministériel qui mettait quatre départements de la Vendée hors de la loi commune. La duchesse s'approcha de cette affiche, la lut tranquillement d'un bout à l'autre, malgré les instances de mademoiselle de Kersabiec, qui la pressait de gagner la maison où l'on devait la recevoir; mais Madame lui fit observer que la chose l'intéressait assez pour qu'elle en prît connaissance.

Enfin, elle se remit en route; quelques minutes après, elle arriva dans la maison où elle était attendue, et où elle déposa son costume couvert de boue, que l'on y conserve comme un souvenir de cet événement. Bientôt elle quitta ce premier refuge pour se rendre chez les demoiselles Duguigny, rue Haute-du-Château, n° 3.

L'exposition de la maison Duguigny était agréable : elle donnait sur les jardins du château, et, au delà, sur la Loire et les prairies qui la bordent. C'est là qu'on lui avait préparé une chambre, et, dans cette chambre, une cachette. La chambre n'était autre chose qu'une mansarde au troisième étage; la cachette était un recoin formé par la cheminée, établie dans un angle : on y pénétrait par la plaque, qui s'ouvrait au moyen d'un ressort. Cette cachette avait été pratiquée lors des premières guerres de la Vendée, pour sauver des prêtres et d'autres proscrits.

M. de Ménars vint seul habiter cette maison avec la duchesse.

On aurait pu penser qu'après tant de traverses et de fatigues, trouvant une retraite tranquille et sûre, elle eût pris quelque repos, et fût revenue à ses occupations favorites : la tapisserie et la peinture des fleurs, talents dans lesquels elle excellait; mais, après les projets qu'elle avait médités, et qui en avaient en quelque sorte fait un homme, ces occupations futiles ne pouvaient plus être de son goût, ni suffire à cette âme active.

Elle reprit une correspondance, abandonnée depuis quelque temps, avec les légitimistes de France et de l'extérieur, correspondance dont l'objet principal était de leur faire savoir et de leur affirmer que, dans le cas d'une guerre d'invasion contre la France, qui alors paraissait assez menaçante, jamais son fils ne se mettrait à la suite des étrangers, et de les inviter, le cas échéant, à réunir leurs efforts à ceux de tous les Français pour les repousser. Les papiers trouvés dans la cachette ont dû faire connaître le but et l'énormité du travail auquel elle s'était livrée. Le nombre de ses lettres s'élevait à plus de neuf cents; elles étaient presque toutes de sa main, à l'exception de quelques unes écrites par M. de Ménars. Elle avait vingt-quatre chiffres différents pour correspondre avec les diverses parties de la France; elle écrivait en chiffres avec une facilité remarquable.

Une des distractions qu'elle se procura fut de coller entièrement, aidée de M. Ménars, le papier grisâtre qui fait aujourd'hui la tapisserie de la mansarde.

Pendant le séjour de la duchesse à Nantes, le choléra y exerçait quelques ravages; elle voyait, tous les jours, passer sous ses fenêtres des militaires ou des habitants que l'on conduisait au cimetière. Un soir, elle fut prise de coliques et de vomissements qui donnèrent les plus vives inquiétudes aux personnes de son entourage. Elle-même n'était pas tranquille.

— Comment sont mes pieds et mes mains? disait-elle. Quand ils seront froids, frottez-les, mettez-y des briques brûlantes, et envoyez chercher médecin et prêtre.

On s'était assuré de l'un et de l'autre ; mais elle ne voulut pas qu'on les appelât, avant que des symptômes plus alarmants se fussent manifestés. Les vomissements cessèrent, et la malade se trouva mieux.

Madame descendait au deuxième étage pour prendre ses repas; elle admettait à sa table M. de Ménars et mademoiselle Stylite de Kersabiec, — qui était venue la rejoindre, — les deux demoiselles Duguigny, et, enfin, M. Guibourg, qui, après son évasion de la prison de Nantes, avait aussi cherché un refuge dans la même maison, mais seulement trois semaines avant l'arrestation de la duchesse. Bien souvent, les repas furent interrompus par de fausses alarmes que causait quelque détachement rentrant dans la ville ou en sortant; alors, une sonnette qui, du rez-de-chaussée, communiquait dans la chambre donnait le signal de la retraite.

La duchesse passa ainsi cinq mois. Néanmoins, l'activité avec laquelle on poursuivait les chouans ne leur laissait aucun moyen de se rassembler; d'ailleurs, l'âme et la tête de la guerre n'étaient plus avec eux. Le 56e régiment, qui arriva vers la fin de juin, permit à l'autorité militaire d'organiser encore une chasse plus vigoureuse et une plus étroite surveillance; les cantonnements furent renforcés; des colonnes mobiles sillonnaient le pays en tout sens; enfin, tout espoir s'évanouit bientôt, pour les partisans d'Henri V, de rallumer une guerre sérieuse.

Pendant ce temps, le bruit s'était répandu que la duchesse était cachée à Nantes; ce bruit était une certitude pour le général Dermoncourt, qui avait donné à l'autorité supérieure des preuves presque matérielles de la présence de Madame dans la ville; mais, comme la retraite de la fugitive n'était connue que de peu de personnes, et que ces personnes lui étaient complétement dévouées, quelque créance que l'autorité civile et l'autorité militaire eussent accordée aux avis du général, il y avait peu de chances de la découvrir; d'ailleurs, la duchesse était devenue l'objet d'une extrême surveillance de la part même de ses amis, qui sentaient la nécessité de l'isoler entièrement au milieu de la ville, afin d'empêcher les agents de police de pénétrer jusqu'à elle. Aussi était-elle inaccessible pour tout le monde, excepté pour M. de Bourmont, qui, du reste, usait de ce privilége avec autant de prudence que de réserve.

Vers cette époque, le juif Deutz arriva à Paris.

Hyacinthe-Simon Deutz naquit à Coblence en janvier 1802. A l'âge de dix-huit ans, il entra comme ouvrier imprimeur chez M. Didot. Peu de temps après, son beau-frère, M. Drack, s'étant fait catholique, Deutz, furieux de cette conversion, le menaça si hautement, que Drack en prévint la police. Néanmoins, deux ou trois ans plus tard, son fanatisme judaïque s'adoucit à ce point, qu'il manifesta lui-même l'intention d'embrasser la religion catholique, et fit solliciter, par son beau-frère, une audience de l'archevêque de Paris. Ce prélat, pensant que sa conversion serait plus prompte et plus efficace à Rome, l'engagea à s'y rendre. Deutz fit effectivement ce voyage au commencement de 1828; il était recommandé de la manière la plus pressante par M. de Quélen au cardinal Capellari (depuis, Grégoire XIV), alors préfet de la propagande. Le pape Léon XII chargea le père Orioli, du collége des Cordeliers, de l'instruire dans la religion catholique. Pendant quelque temps, et à plusieurs reprises, Deutz parut changer dans sa résolution. Il écrivait en 1828 : « J'ai éprouvé quelques jours d'orage ; j'étais même sur le point de retourner à Paris sans le baptême : c'était le judaïsme expirant ; mais, grâce à Dieu, mes yeux se sont entièrement dessillés, et, sous peu, j'aurai le bonheur d'être chrétien! »

Jugé digne enfin de recevoir le baptême, il eut pour parrain M. le baron Mortier, premier secrétaire d'ambassade, et pour marraine une princesse italienne. Ainsi, c'est en trahissant Dieu qu'il s'exerçait à trahir les hommes.

Peu après, il fut présenté au saint-père, qui l'accueillit avec la plus grande bienveillance. Une pension de vingt-cinq piastres (cent vingt-cinq francs) par mois lui avait été allouée, dès son arrivée à Rome, sur les fonds de la propagande. Son beau-frère Drack, recommandé par le baron Mortier à la duchesse de Berry, avait été nommé par elle bibliothécaire du duc de Bordeaux. C'est alors que le pape fit entrer, comme pensionnaire au couvent des Saints-Apôtres, Deutz, qui continuait d'affecter en public la même dévotion. Cependant, ceux qui vivaient dans son intimité avaient jugé bien vite dans quel but d'intérêt il avait fait son abjuration. La plupart de ses premiers protecteurs, se voyant joués par lui, l'abandonnèrent peu à peu; il ne lui resta bientôt plus que l'appui du cardinal Capellari, qui, ne le voyant que rarement, conservait pour lui le même intérêt.

En 1830, Deutz, sous prétexte qu'il ne voulait plus vivre d'aumônes, obtint de Pie VIII, le pape alors régnant, trois cents piastres avec lesquelles il partit, pour établir, disait-il, un commerce de librairie à New-York.

Après avoir mangé les fonds de ses livres, il revint en Europe, et arriva à Londres dans l'automne de 1831. Il était recommandé aux jésuites établis en Angleterre, et se présenta chez M. l'abbé Delaporte, aumônier de la chapelle des émigrés et légitimistes français, qui le mit en rapport avec M. le marquis Eugène de Montmorency, alors résidant à Londres. Deutz se faisait remarquer par une assiduité extraordinaire aux offices de la chapelle, priant avec ferveur et communiant fréquemment; il capta ainsi la bienveillance de M. de Montmorency, homme très-religieux, qui l'admit à sa table, et même à une espèce d'intimité.

A cette époque, madame de Bourmont se disposait à aller, avec ses filles, rejoindre son mari en Italie. M. de Bourmont lui recommanda Deutz comme un homme sage, honnête, qui pouvait lui être utile dans son voyage, et dévoué, d'ailleurs, corps et âme à la légitimité et à la religion. Deutz fit donc le voyage avec madame de Bourmont, et se conduisit de telle sorte qu'à son arrivée, cette dame le recommanda à son tour avec chaleur à la duchesse de Berry. Lorsque la princesse passa à Rome, le pape lui parla aussi de Deutz comme d'un homme sur lequel on pouvait compter, et capable de remplir avec intelligence les missions les plus importantes et les plus délicates. Il le lui signalait pour qu'elle pût en disposer avec une entière confiance lorsque l'occasion se présenterait. — Elle ne tarda pas à s'offrir.

Au moment où la duchesse préparait sa descente en France, Deutz arriva à Massa, et se présenta à Madame pour lui offrir ses services ; il venait de Rome, et allait en Portugal remplir diverses missions que lui avait confiées le saint-père, entre autres celle de prendre, à son passage à Gênes, une dizaine de jésuites, et de les conduire à dom Miguel, qui les avait demandés pour fonder un collége. Madame le reçut avec bonté, et, sachant qu'il traversait l'Espagne pour aller en Portugal, elle accepta ses offres avec plaisir et bienveillance, lui disant qu'elle profiterait de sa bonne volonté et de son dévouement, et lui ferait passer ses ordres en temps et lieu.

Elle avait alors une telle idée de la délicatesse de Deutz, et il avait su lui inspirer tant d'intérêt, qu'elle dit, un jour, à l'un des Français qui étaient près d'elle :

— Je crains que ce pauvre Deutz n'ait besoin d'argent ; je n'en ai pas moi-même en ce moment, et il est si délicat, que je n'ose lui donner à vendre ce bijou, qui vaut, je crois, six mille francs. Faites-moi le plaisir de le vendre, et de lui en donner l'argent, sans lui dire surtout ce que je suis obligée de faire pour m'en procurer.

Il partit donc pour sa mission, en passant par la Catalogne et Madrid. C'est dans cette ville que, sur la recommandation d'un ministre plénipotentiaire des États italiens auquel le pape l'avait adressé, il obtint d'être présenté à un des princes de la famille royale d'Espagne, à qui il sut soutirer de l'argent, quoiqu'il en fût abondamment pourvu par les soins du saint-père et de la duchesse de Berry. Cette petite supercherie, dont il se vanta lui-même à son passage à Madrid, en revenant de Portugal, prouve que Deutz trahissait déjà à cette époque, et que tous les moyens lui étaient bons pour satisfaire sa soif de l'or.

Comme il voyageait sous les auspices de la cour de Rome,

il logeait presque toujours dans les couvents, où il était bien accueilli, se faisant remarquer par sa ferveur et par son zèle pour la foi catholique.

A son arrivée en Portugal, bien que muni de lettres du saint-père, il ne put cependant obtenir de dom Miguel une audience qu'avec de grandes difficultés, et après quelques mois de séjour. Ce fut, je crois, à l'occasion d'un emprunt que dom Miguel cherchait à contracter dans ce temps à Paris. Un banquier de cette capitale, qui avait eu connaissance de ce projet, et désirait en tirer parti au profit de la duchesse, écrivit ou fit écrire, dans le courant d'août, à Deutz, alors en Portugal, qu'il se chargerait volontiers de l'emprunt, à condition que dom Miguel laisserait prélever dix pour cent en faveur de la duchesse de Berry, et que, le connaissant pour être attaché à la cause et aux intérêts de la princesse, il lui laissait la négociation de cette affaire, espérant qu'il emploierait tous les moyens que sa sagacité lui suggérerait pour la faire réussir. Mais il paraît que Deutz ne réussit point dans cette entreprise

Vers le mois de septembre 1832, il revint de Portugal à Madrid, et eut plusieurs entretiens avec des légitimistes français dont la confiance dans ce misérable était commandée par celle que lui témoignait la duchesse. Il lui échappa néanmoins des indiscrétions sur sa conduite en Portugal qui auraient dû inspirer quelques doutes ; mais la certitude que Madame avait éprouvé sa fidélité, dissipa toutes les inquiétudes.

A son départ pour la France, on le chargea de dépêches importantes, dont le contenu pouvait compromettre gravement ceux qui les écrivaient et ceux à qui elles étaient adressées. Un des Français légitimistes qui étaient en ce moment à Madrid ayant annoncé l'intention de l'accompagner jusqu'au courrier, Deutz lui dit que le hasard le faisait voyager avec un Français, secrétaire de l'ambassade de Madrid. Cette circonstance n'éveilla d'abord aucun soupçon ; mais une partie des lettres confiées à Deutz, et principalement celles qu'on lui avait recommandé de laisser à Bordeaux, pour être, de là, adressées en toute sécurité à la duchesse et à d'autres personnes, n'étant jamais parvenues à leur destination, on a pensé depuis qu'il les avait livrées, après sa rentrée en France, à la police de Paris, et que le prétendu secrétaire d'ambassade n'était autre qu'un agent qui l'accompagnait, et qui servait, sans doute, quelquefois d'intermédiaire pour transmettre à cette même police les renseignements qu'il tenait de ce fourbe.

Il paraît que, jusqu'à cette époque, on avait mis assez peu d'acharnement à découvrir la retraite de Madame, parce qu'on espérait que l'aventureuse princesse, voyant l'inutilité de ses tentatives et toutes ses ressources épuisées, se déciderait à quitter le sol de la France, et tirerait ainsi le gouvernement d'un grand embarras; mais, quand on vit qu'elle s'obstinait à rester dans un pays encore en fermentation, où sa présence était dangereuse, on avisa sérieusement aux moyens de s'emparer de sa personne, à quelque prix que ce fût.

La police, qui est fertile en ruses, pensa qu'on pourrait se servir de Deutz et de la correspondance dont il était porteur pour faire tomber la duchesse dans un piége, et la livrer aux agents du gouvernement. En conséquence, on fit faire des propositions à ce traître; il avait été présenté dans des cours; il avait vu des renégats devenir des illustrations; il avait la conscience de ses moyens, de sa force et de sa puissance; il savait que c'était toujours dans les salons des ministres que la perfidie et la raison d'État se donnaient rendez-vous; il voulut traiter cette affaire avec le ministre seul. Il obtint donc une audience de M. de Montalivet, et ce fut dans le cabinet de cette Excellence qu'on marchanda le prix d'une infâme trahison.

Ce qui se passa dans cet entretien, quelles promesses furent faites, quelles offres furent acceptées, cela resta un secret entre le ministre et Deutz; quant à Dieu, il ne se mêle pas, je le présume, de ces sortes d'affaires, voilà pourquoi elles réussissent. Néanmoins, lorsque l'instrument fut trouvé, on hésitait à s'en servir; l'embarras était grand au château : la duchesse de Berry, arrêtée, devenait justiciable d'une cour d'assises qui pouvait très-bien la condamner à mort; le roi avait son droit de grâce, il est vrai ; mais il y a des moments où le droit de grâce est aussi difficile à exercer que le droit de mort. D'un autre côté, laisser faire la duchesse n'était pas sans inconvénient : la Chambre, si moutonne qu'elle fût, pouvait se lasser à la fin de la guerre civile comme d'autre chose, et demander qu'on y mît un terme ; bref, M. de Montalivet restait fort embarrassé de son traître, ne sachant que faire, et presque désolé d'avoir été si adroit.

Vers ce temps, un remaniement ministériel s'était opéré : M. de Montalivet passait à la liste civile, et M. Thiers à l'intérieur. Le jeune ministre vit dans ce déplacement un moyen de se débarrasser de son Judas, en l'envoyant demander ses trente deniers à un autre ; mais Deutz fit des difficultés : il avait commencé l'affaire avec M. le comte, et voulait la finir avec lui ; il connaissait M. de Montalivet, et ne connaissait pas M. Thiers. Enfin, après bien des pourparlers, M. de Montalivet le décida à monter dans sa voiture, et le conduisit chez M. Thiers.

M. Thiers avait trop de tact et de finesse pour ne pas saisir l'occasion de rendre sa nomination moins impopulaire, et il était trop habile pour ne pas essayer, par un grand coup, de se la faire pardonner. La prise de la duchesse de Berry lui attirait la Chambre, et la Chambre, c'était la nation, ou à peu près. M. Thiers pouvait donc devenir un homme national.

Deutz partit pour la Vendée, accompagné de l'inspecteur de police Joly ; il y arriva sous le nom d'Hyacinthe de Gonzague.

CCLV

M. Maurice Duval est nommé préfet de la Loire-Inférieure. — Les Nantais lui donnent un charivari. — Instances de Deutz pour voir Madame. — Il obtient une première audience, puis une seconde. — Investissement de la maison Duguigny. — La cachette. — Perquisitions de la police. — Découverte de la duchesse.

Quelques jours après l'arrivée de Deutz à Nantes, et sans doute pour combiner ses mesures avec lui, M. Maurice Duval fut nommé préfet de la Loire-Inférieure. Cette nomination impopulaire, la brutale destitution de M. de Saint-Aignan, la manière même dont celui-ci reçut la nouvelle de son remplacement, exaltèrent les esprits nantais; de plus, M. Maurice Duval arrivait précédé de sa réputation grenobloise; — une seule de ces raisons eût suffi pour lui valoir un charivari ordinaire : toutes ces raisons lui en valurent un que, sous le gouvernement des majorités, on pouvait appeler le roi des charivaris.

Ce fut le 19 octobre que se répandit à Nantes la nouvelle de la destitution de M. de Saint-Aignan, et de la nomination de M. Maurice Duval, qui devait arriver le même jour, mais qui n'arriva que le lendemain 20. Aussitôt, les dispositions les plus hostiles se manifestèrent. Ceux qui avaient des instruments de vacarme tels que poêlons, crécelles, sifflets, porte-voix de mer, qui s'entendent à plus d'une lieue, etc., etc., mirent instinctivement la main dessus; ceux qui n'en avaient pas coururent en emprunter chez leurs amis; ceux, enfin, qui n'avaient ni instruments ni amis employèrent les moyens les plus bizarres pour faire leur partie dans le grand concert populaire qui se préparait; les uns allaient par la ville à la recherche de toutes les clochettes, les détachant même du cou des vaches que le hasard amenait sous leur main; les autres s'emparaient, chez un fondeur, d'une petite cloche, et, à l'aide d'un bâton porté aux deux bouts par deux hommes, ils établissaient un tocsin ambulant. Une levée générale de cornets à bouquin avait été faite, et plus de six cents personnes s'étaient armées de cet instrument, qui, comme chacun sait, ne nécessite aucune étude préparatoire. Un marchand de sifflets qui, sans cette circonstance, ne se serait jamais débarrassé de son fonds de boutique, vint s'établir sur la place, et vendit jusqu'à la dernière pièce de son magasin!

Entre quatre et cinq heures, une partie des musiciens était assemblée; ils prirent la résolution, pour faire plus grand honneur à M. le préfet, d'aller au-devant de lui; en conséquence, ils s'échelonnèrent sur la route par laquelle ce magistrat devait arriver. L'autorité, qui avait vu l'enthousiasme général, et qui avait craint de l'arrêter dans sa première impulsion, se contenta d'envoyer à M. Maurice Duval un officier d'état-major qui le prévint de la réception qu'on lui ménageait. M. Maurice Duval, profitant de l'avis, envoya sa voiture toute seule, et entra en ville incognito. Il donna ainsi momentanément le change à ses incommodes visiteurs.

Néanmoins, le bruit se répandit aussitôt que le préfet était descendu à l'hôtel de *France*, place de la Comédie. Les charivariseurs firent irruption sur cette place; mais elle était trop petite pour les contenir tous : le corps seul des musiciens, comme une de ces grosses araignées-tarentules, s'entassa sur la place, et étendit ses pattes par toutes les rues aboutissantes ; c'était un carillon à faire sauter la cervelle à un sourd ! Des personnes dignes de foi, qui habitaient à deux lieues de la ville, affirmèrent depuis, sur leur honneur, avoir entendu le vacarme ; cela n'est pas étonnant : il y avait peut-être dix mille musiciens, cinq mille de plus que n'en avait Néron, qui, comme on sait, faisait grand cas de la mélodie. Au plus fort du concert, un homme à pied fendit le flot populaire, faisant de vains efforts pour entrer à l'hôtel de *France*, dont les portes étaient fermées; il fut forcé de se mêler aux charivariseurs, et de faire chorus avec eux : cet homme, c'était M Maurice Duval.

Le lendemain, il prit possession de la préfecture. La nouvelle de son installation donna aux musiciens la certitude que, du moins, leurs frais ne seraient pas perdus pour celui qui en était l'objet. En conséquence, vers les cinq heures, l'orchestre s'organisa sur la place de la Préfecture ; il était plus nombreux et plus bruyant encore que la veille ! mais, comme notre caractère français se lasse bientôt de tout, même d'un charivari, le troisième jour, une assez grande quantité de musiciens manquèrent à l'appel.

C'est alors que l'autorité crut pouvoir mettre fin à la sérénade. Entre six et sept heures du soir, des pelotons de gendarmerie et d'infanterie de ligne débouchèrent sur la place, en s'emparant des rues aboutissantes. Les concertants pensèrent avec raison qu'il était temps d'en finir; chacun se retira devant les troupes, tout en continuant de charivariser pendant cette retraite, qui eut tous les honneurs d'une victoire.

Le lendemain, le calme le plus parfait était rétabli, et M. Duval put faire une proclamation dans laquelle il se plaignait d'avoir été mal jugé, et disait, entre autres choses, que ses œuvres feraient foi de son patriotisme. Or, comme l'œuvre sur laquelle il comptait le plus pour opérer la conversion des esprits était la capture de la duchesse, il commença à concerter ses mesures pour que celle-ci ne pût lui échapper.

Cela nous ramène tout naturellement à Deutz.

Nous avons dit quelle surveillance entourait Madame; elle-même avait jugé nécessaire de se rendre invisible à ses amis lorsqu'il n'était pas indispensable de les recevoir : cette circonstance faillit faire échouer la trahison. Deutz savait bien la duchesse à Nantes; mais, en cela, toute la ville était aussi avancée que lui. La maison qu'elle habitait était la chose importante à connaître, et Deutz ne la connaissait pas.

Il parvint à lui faire savoir son arrivée; mais la duchesse, craignant d'abord que ce ne fût un piége de la police, ou qu'un autre que Deutz ne se présentât peut-être sous son nom, refusa de le recevoir, à moins qu'il ne confiât ses dépêches à un tiers. Deutz fit répondre qu'il allait passer quelques jours à Paimbeuf, et qu'à son retour, il aurait l'honneur, avec l'espoir d'être plus heureux, de solliciter de nouveau de Madame l'audience qu'il lui avait demandée.

En effet, il quitta Nantes avec son compagnon M. Joly, attaché à sa personne comme un garde de la connétablie. Tous deux allèrent à Paimbeuf, l'un se donnant pour un capitaliste qui voulait acheter des terres, et l'autre pour un géomètre-arpenteur. Le voyage dura environ huit ou dix jours. A son retour, Deutz renouvela ses instances, mais sans plus de succès; il se détermina alors à envoyer à la duchesse les dépêches importantes dont il était chargé pour elle. En recevant ces papiers, Madame fut bien convaincue de l'identité de Deutz, et n'hésita plus à le recevoir.

En conséquence, le mercredi 28 octobre, à sept heures du soir, Deutz fut amené dans la maison des demoiselles Duguigny, où il fut introduit sans connaître la rue ni le lieu de l'entrevue. Après une heure et demie d'entretien, il prit congé de la duchesse, convaincu qu'elle quittait la maison en même temps que lui, et qu'elle l'avait reçu chez des personnes dévouées, et non pas chez elle. Il ne put donc ni donner des renseignements assez précis sur les localités, ni affirmer assez positivement dans quel lieu on était sûr de trouver la fugitive, pour qu'on risquât une tentative d'arrestation qui pourrait n'avoir d'autre résultat que de mettre la duchesse sur ses gardes.

Deutz demanda une seconde entrevue, prétendant que, dans le trouble que lui inspirait la présence de la princesse, il avait oublié de lui communiquer des choses de la plus haute importance. La duchesse et les personnes qui étaient près d'elle ne pensèrent pas qu'elle dût le recevoir une seconde fois; non pas par méfiance de lui, mais par la crainte qu'étant étranger à Nantes, il ne fût observé et suivi par la police. On répondit donc qu'on lui ferait remettre les dépêches dont on avait l'intention de le charger, mais que la duchesse refusait de le recevoir.

Un refus si positivement exprimé mit en alarme tous les suppôts de la haute et basse police. Ils découvrirent une religieuse qui avait et méritait toute la confiance de Madame; Deutz, sous ses dehors de piété, trompa facilement cette bonne sœur, et lui persuada qu'il avait, en effet, des choses importantes à communiquer à la duchesse, choses que, dans sa première entrevue avec elle, son émotion lui avait fait oublier.

La sœur, convaincue que l'audience demandée était d'un grand intérêt pour Madame, s'empressa d'aller la solliciter. Pendant ce temps, Deutz et ses compagnons s'applaudissaient de l'heureuse idée qu'ils avaient eue de rendre la piété et la confiance complices de leur trahison.

La bonne religieuse revint triomphante, rapportant la promesse d'une audience pour le 6 novembre. Cette démarche, faite avec les meilleures intentions, lui a, dit-on, depuis coûté bien des larmes!

Deutz courut prévenir la police.

Rien n'eût été plus facile à la duchesse que de sortir de Nantes : plus de cent cinquante de ses partisans bien connus, et gravement compromis lors de la prise d'armes, avaient quitté la France, et pas un seul n'avait été arrêté. La duchesse le savait bien. Elle disait souvent :

— Je sortirai quand je voudrai!

Ses amis la pressaient de quitter la France, où sa présence ne pouvait plus être utile à sa cause; pour l'y décider, ils lui représentaient que les chefs de son parti qui s'étaient le plus compromis pour elle, étaient journellement exposés, parce que, attachés à sa fortune par leurs engagements et par un sentiment d'honneur, ils ne voulaient pas abandonner leur pays tant qu'elle-même n'aurait pas quitté la France, et pourrait courir des dangers. Un moyen immanquable avait été proposé par M. Guibourg; un navire avait été trouvé et disposé; enfin, la duchesse consentit à fuir : elle devait emmener avec elle M. de Ménars et Petit-Paul (mademoiselle Eulalie de Kersabiec). Cette décision fut prise le 4 novembre, et le jour du départ fixé au 14.

Le 6 novembre, à quatre heures de l'après-midi, Deutz fut conduit près de la duchesse; mais des agents adroits surveillaient toutes ses démarches, et le suivaient à la piste.

A peine entré dans la maison Duguigny, il reconnnut les localités : il était donc probable que la duchesse demeurait là.

Admis chez la princesse, Deutz lui débita avec beaucoup d'art, et d'un ton pénétré, un roman qu'il avait préparé sur les choses importantes qu'il disait avoir oubliées au sujet de son cher Henri et de sa bonne Louise; il parla avec enthousiasme de sa haute admiration pour le courage de Madame, de son dévonement à sa noble cause.

Il fut interrompu dans l'expression de ses sentiments par l'arrivée d'une lettre que la duchesse donna à M. de Ménars. Cette lettre était écrite à l'encre blanche. M. de Ménars la mouilla avec une eau préparée qui en rendit les caractères lisibles, et la présenta à la duchesse, qui la lut tout haut devant Deutz. On y recommandait à Madame de ne négliger aucune précaution; on disait savoir qu'elle serait trahie par une personne en qui elle avait toute confiance.

Se retournant alors vers Deutz, Madame lui dit :

— Vous avez entendu, Deutz? on m'annonce que je dois être trahie par quelqu'un en qui j'ai une entière confiance. Ce ne sera pas par vous?

— Oh! madame, répondit Deutz avec cet aplomb particulier aux grands traîtres, Votre Altesse royale pourrait-elle supposer de ma part une pareille infamie! moi qui lui ai donné tant de preuves non équivoques de fidélité!... Mais, en effet, on ne saurait prendre trop de précautions.

La duchesse, après un entretien d'une heure, congédia Deutz en le comblant de marques de confiance et de bonté. Il courut aussitôt chez le préfet.

En passant près de la salle à manger, dont la porte était entr'ouverte, il avait jeté un coup d'œil de côté et compté sept couverts; il savait que les demoiselles Duguigny habitaient seules la maison : il était donc évident que la duchesse allait se mettre à table. Deutz rendit compte à M. Maurice Duval de ce qu'il avait vu, l'invitant à se hâter, afin qu'on pût arriver au milieu du dîner, incertain qu'il était que la duchesse restât dans cette maison.

Le préfet, qui, dès le matin, avait concerté ses mesures avec l'autorité militaire, à laquelle l'état de siége donnait la haute main, se rendit aussitôt chez M. le comte d'Erlon, après avoir préalablement confié Deutz à la garde d'un homme de la police, qui ne devait pas le quitter, tandis que l'on s'assurerait de la vérité de sa dénonciation.

Le général Dermoncourt avait été immédiatement prévenu par le comte d'Erlon, et, dix minutes après, toutes les dispositions militaires étaient prises, et les ordres donnés au commandant de la place, le colonel Simon Lorrière.

Un assez grand déploiement de forces était nécessaire, pour

deux raisons : la première, parce qu'il pouvait y avoir révolte parmi la population; la seconde, parce qu'il fallait cerner tout un pâté de maisons. En conséquence, douze cents hommes environ furent mis sur pied. Depuis le matin, ils avaient l'ordre de se tenir prêts. Les deux bataillons se divisèrent en trois colonnes dont le général Dermoncourt prit le commandement, accompagné du comte d'Erlon et du préfet, qui dirigeaient l'opération. La première colonne, conduite par le commandant de la place, descendit le Cours, laissant des sentinelles jalounées le long des murs du jardin de l'évêché et des maisons contiguës, longea les fossés du château, et se trouva en face de la maison Duguigny, où elle se déploya. La seconde et la troisième colonne, à la tête desquelles s'était mis le général Dermoncourt, traversèrent la place Saint-Pierre, et se divisèrent là : l'une, à la tête de laquelle resta le général, descendit la grande rue, fit coude par celle des Ursulines, et vint rejoindre, par la rue Basse-du-Château, la colonne de M. Simon Lorrière; l'autre, après que le général l'eut quittée, descendit directement la rue Haute-du-Château, et, sous la conduite du colonel Lafeuille du 56e, et du commandant Viarès, vint rejoindre les deux premières, et se réunir à elles, en face de la maison Duguigny.

Ainsi l'investissement était complet.

Il était environ six heures du soir; la nuit était belle. A travers les fenêtres de l'appartement où elle se trouvait, la duchesse voyait sur un ciel calme la lune se lever, et sur sa lumière se découper, comme une silhouette brune, les tours massives, immobiles et silencieuses du vieux château. Il y a des moments où la nature semble si douce et si amie, que l'on ne peut croire qu'au milieu de ce calme, un danger veille et vous menace ! Les craintes qu'avait éveillées chez la duchesse la lettre qu'elle avait reçue de Paris s'étaient évanouies à ce spectacle, lorsque, tout à coup, M. Guibourg, en s'approchant de la fenêtre, vit reluire les baïonnettes, et s'avancer vers la maison la colonne conduite par le colonel Simon Lorrière. A l'instant même, il se rejeta en arrière en criant :

— Sauvez-vous, madame ! sauvez-vous !

Madame se précipita aussitôt sur l'escalier, et chacun la suivit.

La cachette avait été essayée : il avait été reconnu qu'on ne pouvait y tenir que par rang de taille, et cet ordre avait été adopté. Elle pouvait, à la rigueur, contenir quatre personnes pendant le temps d'une simple visite. Arrivé à la cachette, et la plaque ouverte, M. de Ménars entra et fut suivi par M. Guibourg ; restait mademoiselle Stylite de Kersabiec, qui ne voulait point passer avant Madame. La duchesse lui dit en riant :

— En bonne stratégie, Stylite, lorsqu'on opère une retraite, le commandant doit rester le dernier.

Mademoiselle Stylite entra donc, et la duchesse derrière elle.

Les soldats ouvraient la porte de la rue lorsque celle de la cachette se referma ; ils envahirent le rez-de-chaussée, précédés des inspecteurs de police de Paris et de Nantes, qui marchaient le pistolet au poing : l'un d'eux même, dans son inexpérience à se servir de cette arme, lâcha le coup, et se blessa à la main. La troupe se répandit dans la maison ; — le devoir du général avait été de la cerner, et il l'avait fait : le devoir des policiers était de la fouiller, et il les laissa faire.

M. Joly reconnut parfaitement l'intérieur aux détails que lui avait donnés Deutz. Il retrouva la table, dont on ne s'était pas encore servi, avec les sept couverts mis, quoique les deux demoiselles Duguigny, madame Charette et mademoiselle Céleste de Kersabiec fussent, en apparence, les seules habitantes de l'appartement. Il commença par s'assurer de ces dames, et, montant l'escalier comme un homme habitué à la maison, alla droit vers la mansarde, la reconnut et dit assez haut pour que la duchesse l'entendît :

— Voici la salle d'audience.

Dès lors, Madame ne douta plus que la trahison que lui annonçait la lettre arrivée de Paris ne vînt de Deutz (1). Cette

---

(1) La duchesse avait, à Paris, parmi les hommes que le roi Louis-Philippe croyait les plus dévoués, des personnes qui lui rendaient compte de tout ce qui se passait aux Tuileries et au ministère ; celle

lettre était ouverte sur la table : M. Joly s'en empara, et acquit ainsi la preuve que Madame était dans la maison ; il ne s'agissait que de la trouver.

Des sentinelles furent posées dans tous les appartements, tandis que la force armée fermait toutes les issues. Le peuple s'amassait et formait une seconde enceinte autour des soldats ; la ville tout entière était descendue dans ses places et dans ses rues ; cependant, aucun signe royaliste ne se manifestait ; c'était une curiosité grave, voilà tout ; chacun sentait l'importance de l'événement qui allait s'accomplir.

Les perquisitions étaient commencées à l'intérieur ; les meubles étaient ouverts lorsque les clefs s'y trouvaient, défoncés lorsqu'elles manquaient. Les sapeurs et les maçons sondaient les planchers et les murs à grands coups de hache et de marteau. Des architectes, amenés dans chaque chambre, déclaraient qu'il était impossible, d'après leur conformation intérieure, comparée à la conformation extérieure, qu'elles renfermassent une cachette, ou bien découvraient les cachettes qu'elles renfermaient ; dans une de celles-ci, on trouva divers objets, entre autres, des imprimés, des bijoux, de l'argenterie appartenant aux demoiselles Duguigny, mais qui, dans ce moment, ajoutèrent à la certitude du séjour de la princesse dans la maison. Arrivés à la mansarde, soit ignorance, soit générosité de leur part, les architectes déclarèrent que là, moins que partout ailleurs, il pouvait y avoir une retraite. Alors, on passa dans les maisons voisines, où les recherches continuèrent ; au bout d'un instant, la duchesse entendit les coups de marteau que l'on frappait contre le mur de l'appartement contigu à sa cachette ; on le sondait avec une telle force, que des morceaux de plâtre se détachèrent et tombèrent sur les captifs, et qu'un instant il y eut crainte que le mur tout entier ne s'écroulât sur eux.

Madame entendit aussi les injures et les imprécations des soldats fatigués et furieux de l'inutilité de leurs recherches.

---

surtout qui avait fait donner cet avis à Madame serait bien curieuse à nommer, si la nommer n'était pas, de ma part, une dénonciation.

— Nous allons être mis en pièces, dit-elle, c'est fini ! Ah ! mes pauvres enfants !...

Puis, s'adressant à ses compagnons :

— C'est cependant pour moi que vous vous trouvez dans cette affreuse position !

Pendant que ces choses se passaient en haut, les demoiselles Duguigny avaient montré un grand sang-froid, et, quoique gardées à vue par les soldats, elles s'étaient mises à table, invitant madame Charette et mademoiselle Céleste de Kersabiec à en faire autant qu'elles. Deux autres femmes étaient encore, de la part de la police, l'objet d'une surveillance toute particulière : c'étaient la femme de chambre Charlotte Moreau, signalée par Deutz comme très-dévouée aux intérêts de la duchesse, et la cuisinière Marie Bossy. Cette dernière avait été conduite au château; de là, à la caserne de la gendarmerie, où, voyant qu'elle résistait à toutes les menaces, on tenta de la corrompre : des sommes de plus en plus fortes lui furent successivement offertes; mais elle répondit constamment qu'elle ignorait où était la duchesse de Berry. Quant à la baronne Charette, elle s'était fait passer tout d'abord pour une demoiselle Kersabiec, et elle avait été reconduite après le dîner, avec sa sœur prétendue, à la maison de cette dernière, qui est dans la même rue, trente ou quarante pas plus haut.

Néanmoins, après des recherches infructueuses pendant une partie de la nuit, les perquisitions se ralentirent ; on croyait la duchesse évadée, et deux ou trois autres descentes inutiles, déjà tentées dans différentes localités, semblaient prédire le même résultat à celle-ci. Le préfet donna donc le signal de la retraite, laissant par précaution un nombre d'hommes suffisant pour occuper toutes les pièces de la maison, ainsi que les commissaires de police qui s'établirent au rez-de-chaussée; la circonvallation fut continuée, et la garde nationale vint en partie relever la troupe de ligne, qui alla prendre un peu de repos.

Par la distribution des sentinelles, deux gendarmes se trouvèrent dans la mansarde où était la cachette; les reclus furent donc obligés de rester cois, quelque fatigante que fût la position de quatre personnes entassées dans une cachette de trois pieds et demi de long sur dix-huit pouces de large vers une des extrémités, et huit ou dix pouces vers l'autre. Les hommes éprouvaient un inconvénient de plus : c'est que la cachette, se rétrécissant ainsi au fur et à mesure qu'elle s'élevait, leur laissait à peine la faculté de se tenir debout, même en passant la tête entre les chevrons ; enfin, la nuit était humide, et le brouillard filtrait entre les ardoises, et tombait sur les prisonniers ; mais aucun n'osait se plaindre, car la princesse ne se plaignait pas.

Le froid était si vif, que les gendarmes qui étaient dans la chambre n'y purent résister : l'un deux descendit, et remonta avec des mottes à brûler ; dix minutes après, un feu magnifique flambait dans la cheminée, contre la plaque derrière laquelle était cachée la duchesse.

Le feu, qui n'était fait que dans l'intérêt de deux personnes, profita bientôt à six ; et, glacés comme ils l'étaient, les prisonniers se félicitèrent d'abord ; mais le bien-être que leur procurait ce feu se changea bientôt en un malaise insoutenable : la plaque et le mur de la cheminée, en s'échauffant, communiquaient à la petite retraite une chaleur qui alla toujours augmentant ; bientôt le mur fut brûlant à ne plus y tenir la main, la plaque devint rouge presque en même temps, et, quoiqu'il ne fît point encore jour, les travaux des ouvriers perquisiteurs recommencèrent ; les barres de fer et les madriers frappaient à coups redoublés sur le mur de la cachette, et l'ébranlaient ; il semblait aux prisonniers qu'on abattait la maison Duguigny et les maisons voisines. La duchesse n'avait donc d'autres chances à espérer, si elle résistait aux flammes, que d'être écrasée sous les décombres.

Cependant, au milieu de tout cela, son courage et sa gaieté ne l'abandonnaient point, et plusieurs fois, à ce qu'elle a dit depuis, elle ne put s'empêcher de rire des propos gaillards et militaires des deux gendarmes gardiens ; l'un d'eux tint, sur l'effet produit par les lits de camp, un propos plus que léger : la duchesse enregistra ce propos dans son esprit, et l'on verra quel fut le résultat de cet enregistrement. Mais la conversation tarit bientôt ; l'un des gendarmes s'était endormi, malgré le vacarme effroyable qu'on faisait à coté de lui dans les maisons voisines ; car, pour la vingtième fois, toutes les recherches venaient se concentrer autour de la cachette. Son compagnon, réchauffé momentanément, avait cessé d'entretenir le feu ; la plaque et le mur se refroidissaient. M. de Ménars était parvenu à déranger quelques ardoises du toit, et l'air extérieur avait renouvelé l'air intérieur. Toutes les craintes se tournèrent vers les démolisseurs ; on sondait à grands coups de marteau le mur qui touchait les prisonniers, et un placard placé près de la cheminée : à chaque coup, le plâtre se détachait et tombait en poussière au dedans ; enfin, ils se croyaient perdus, lorsque les ouvriers abandonnèrent cette partie de la maison, que, par instinct de démolisseurs, ils avaient si minutieusement explorée. Les prisonniers respirèrent ; la duchesse se crut sauvée. Cet espoir ne fut pas long.

Le gendarme qui veillait, voyant que le vacarme avait définitivement cessé, et voulant profiter de ce moment de silence, secoua son camarade, afin de dormir à son tour. L'autre s'était refroidi dans son sommeil, et se réveilla tout gelé. A peine eut-il les yeux ouverts, qu'il s'occupa de se réchauffer : en conséquence, il ralluma le feu, et, comme les mottes ne brûlaient pas assez vivement, il profita d'un énorme paquet de *Quotidienne*, qui se trouvaient dans la chambre jetées sous une table, pour attiser le feu, lequel brilla de nouveau dans la cheminée. Le feu produit par les journaux donna une fumée plus épaisse, et une chaleur plus vive que les mottes ne l'avaient fait la première fois. Il en résulta pour les prisonniers des dangers réels. La fumée passa par les lézardes du mur de la cheminée, ébranlée par les coups de marteau, et la plaque, qui n'était pas encore refroidie, fut bientôt rougie comme à une forge. L'air de la cachette devenait de moins en moins respirable ; ceux qu'elle renfermait étaient obligés d'appliquer leur bouche à l'interstice des ardoises, afin d'échanger contre l'air extérieur leur haleine de feu. La duchesse était celle qui souffrait le plus, car, entrée la dernière, elle se trouvait appuyée contre la plaque. Chacun de ses compagnons lui offrit à plusieurs reprises d'échanger sa place avec elle ; mais jamais elle n'y voulut consentir.

Cependant, au danger d'être asphyxiés venait pour les prisonniers de s'en joindre un nouveau, celui d'être brûlés vifs. La plaque, comme nous l'avons dit, était rouge, et le bas des vêtements des femmes menaçait de s'enflammer. Déjà deux fois même le feu avait pris à la robe de la duchesse, et elle l'avait étouffé à pleines mains aux dépens de deux brûlures dont elle conserva longtemps les marques. Chaque minute raréfiait encore l'air intérieur, et l'air extérieur fourni par les trous du toit entrait en trop petite quantité pour le renouveler. La poitrine des prisonniers devenait de plus en plus haletante. Rester dix minutes de plus dans cette fournaise, c'était compromettre les jours de la duchesse. Chacun la suppliait de sortir ; elle seule ne le voulait pas. Ses yeux laissaient échapper de grosses larmes de colère, qu'un souffle ardent séchait sur ses yeux. Le feu prit encore une fois à sa robe ; elle l'éteignit encore une fois. Mais, dans le mouvement qu'elle fit en se levant, elle souleva la gâchette de la plaque, qui s'entr'ouvrit un peu. Mademoiselle de Kersabiec y porta aussitôt la main pour la faire rentrer dans le pêne, et se brûla violemment.

Le mouvement de la plaque avait fait rouler les mottes appuyées contre elle, et avait éveillé l'attention du gendarme, qui se délassait de son ennui en lisant des *Quotidienne*, et qui croyait avoir bâti son édifice pyrotechnique avec plus de solidité. Le bruit produit par les tentatives de mademoiselle de Kersabiec fit naître en lui une singulière idée : il se figura qu'il y avait des rats dans la cheminée, et, pensant que la chaleur allait les forcer de sortir, il réveilla son camarade, et tous deux se mirent en devoir de leur donner la chasse avec leur sabre.

Cependant, la chaleur et la fumée augmentaient à chaque instant les tortures des reclus. La plaque ayant fait un mouvement, un des gendarmes dit :

— Qui est là ?

Mademoiselle Stylite répondit :

— Nous nous rendons; nous allons ouvrir; ôtez le feu.

Les deux gendarmes s'élancèrent aussitôt sur le feu, qu'ils dispersèrent à coups de pied. La duchesse sortit la première, forcée de poser ses pieds et ses mains sur le foyer brûlant; ses compagnons la suivirent. Il était neuf heures et demie du matin environ, et, depuis seize heures, ils étaient renfermés dans cette cachette, sans aucune nourriture.

CCLVI

Premiers moments de l'arrestation. — Les treize mille francs de Madame. — Ce qu'un gendarme peut gagner à dormir sur un lit de camp, et à faire des réflexions philosophiques. — La duchesse au château de Nantes. — Elle est transférée à Blaye. — Judas.

Les premières paroles de Madame furent pour demander Dermoncourt.

Un des gendarmes descendit le chercher au rez-de-chaussée, où le général était resté. Il monta aussitôt auprès de la duchesse, accompagné de M. Baudot, substitut du procureur du roi à Nantes, ainsi que de plusieurs officiers qui se trouvaient là.

Lorsque le général entra, la princesse avait quitté la cachette, et elle se trouvait dans la chambre où elle avait vu Deutz, et que M. Joly avait appelée la *chambre d'audience*. Elle s'était enfermée dans une espèce de placard pour n'être pas exposée aux regards des curieux qui montaient dans l'intention de la voir. A peine mademoiselle de Kersabiec eut-elle prononcé ces mots : « Le général ! » que Madame en sortit, et s'avança si précipitamment vers Dermoncourt, qu'elle se trouva presque dans ses bras.

— Général, dit-elle vivement, je me rends à vous, et m'en remets à votre loyauté.

— Madame, lui répondit-il, Votre Altesse est sous la sauvegarde de l'honneur français.

Il la conduisit alors vers une chaise ; elle avait le visage pâle, la tête nue, les cheveux hérissés sur son front comme ceux d'un homme ; elle portait une robe de *napolitaine,* simple et de couleur brune, sillonnée en bas par plusieurs brûlures ; et ses pieds étaient chaussés de petites pantoufles de lisière.

En s'asseyant, elle dit à Dermoncourt, en lui serrant fortement le bras :

— Général, je n'ai rien à me reprocher ; j'ai rempli le devoir d'une mère pour reconquérir l'héritage d'un fils.

Sa voix était brève et accentuée. A peine assise, elle chercha des yeux les autres prisonniers et les aperçut, à l'exception de M. Guibourg, qu'elle fit demander.

Puis, se penchant vers Dermoncourt :

— Général, lui dit-elle, je désire n'être point séparée de mes compagnons d'infortune.

Le général le lui promit au nom du comte d'Erlon, espérant que le général en chef ferait honneur à sa parole.

Madame paraissait très-altérée, et, quoique pâle, elle était animée comme si elle avait eu la fièvre. Le général lui fit apporter un verre d'eau, dans lequel elle trempa ses lèvres ; la fraîcheur la calma un peu. Dermoncourt lui proposa d'en boire un autre : elle accepta, et ce ne fut pas chose facile que de trouver tout de suite un second verre d'eau dans cette maison bouleversée. Enfin, on en apporta un ; mais la duchesse aurait été obligée de le boire sans sucre, si Dermoncourt n'avait avisé M. de Ménars dans un coin. L'idée lui vint, par bonheur, que celui-ci était homme à avoir du sucre sur lui. Il lui en demanda donc, comme s'il était sûr qu'il allait lui en donner ; en effet, en fouillant dans ses poches, M. de Ménars en trouva deux morceaux qu'il offrit au général. La duchesse les fit fondre dans le verre, les tournant avec un coupe-papier, car il eût fallu trop de temps pour trouver une cuiller, et il était même inutile d'y songer. Lorsque la princesse eut bu, elle fit asseoir près d'elle Dermoncourt.

Pendant ce temps, Rusconi et l'aide de camp du général

s'étaient rendus, l'un chez le comte d'Erlon, et l'autre chez M. Maurice Duval, pour les prévenir de ce qui venait de se passer.

M. Maurice Duval arriva le premier. Il entra dans la chambre le chapeau sur la tête, comme s'il n'y avait pas eu là une femme prisonnière, qui, par son rang et ses malheurs, méritait plus d'égards qu'on ne lui en avait jamais rendu. Il s'approcha de la duchesse, la regarda en portant cavalièrement la main à son chapeau, et, le soulevant à peine de son front, il dit :

— Ah ! oui, c'est bien elle !

Et il sortit pour donner ses ordres.

— Qu'est-ce que cet homme ? demanda la princesse au général.

Sa demande était naturelle, car M. le préfet se présentait sans aucune des marques distinctives de sa haute position administrative.

— Madame ne devine pas ? lui répondit Dermoncourt.

La princesse regarda le général avec un léger sourire.

— Ce ne peut être que le préfet, lui dit-elle.

— Madame n'aurait pas deviné plus juste, quand elle aurait vu sa patente.

— Est-ce que cet homme a servi sous la Restauration ?

— Non, madame.

— J'en suis bien aise pour la Restauration.

En ce moment, M. Maurice Duval rentra et demanda à la duchesse ses papiers. Madame dit de chercher dans la cachette, et qu'on y trouverait un portefeuille blanc qui y était resté. M. le préfet alla prendre ce portefeuille et le rapporta à la duchesse.

— Monsieur le préfet, ajouta-t-elle avec dignité, les choses renfermées dans ce portefeuille sont de peu d'importance ; mais je tiens à vous les donner moi-même, afin que je vous désigne leur destination.

A ces mots, elle l'ouvrit.

— Voilà, dit-elle, ma correspondance... Ceci, ajouta-t-elle en tirant une petite image peinte, est un *saint Clément* auquel j'ai une dévotion toute particulière ; il est plus que jamais de circonstance.

— Madame sait-elle combien elle a d'argent?

— Monsieur, il doit se trouver dans la cachette environ trente mille francs, dont douze mille appartiennent aux personnes de ma suite.

Lorsque M. le préfet fut pour vérifier la somme indiquée, un des deux gendarmes lui remit un sac dans lequel se trouvaient environ treize mille francs en or, dont une partie en monnaie d'Espagne, et que, dans la confusion, il avait eu la précaution de mettre à part.

— Comment ce sac se trouve-t-il entre vos mains? demanda le préfet au gendarme.

— Madame me l'a donné, en disant que c'était pour moi.

— Comment! madame vous l'a donné en disant que c'était pour vous?

— Oui.

— De quelle façon vous a-t-elle fait ce cadeau?

— Elle a demandé lequel des deux gendarmes était couché sur le lit de camp, de minuit à quatre heures du matin. Je lui ai dit que c'était moi : alors, elle s'est retournée du côté de mon compagnon. « Était-ce bien lui ? » demanda-t-elle. Mon compagnon lui répondit oui. Alors, elle m'a tendu le sac en me disant : « Prenez! c'est pour vous. »

— C'était une plaisanterie, dit le préfet.

— Je le crois aussi, dit le pauvre gendarme en jetant un dernier coup d'œil sur cette masse d'or ; aussi, vous voyez que je vous le remets.

Le préfet réunit les treize mille francs aux dix-sept mille autres, et emporta le tout à la préfecture.

Lorsque, un an plus tard, je fis *la Vendée et Madame*, et que la duchesse de Berry sut que les treize mille francs avaient été pris à son protégé, elle écrivit au général en lui donnant avis que, par le même courrier, elle écrivait au gouvernement pour le mettre en demeure de rendre les treize mille francs à qui de droit.

Le gendarme était alors à Limoges. On lui envoya les treize mille francs ; mais on l'expulsa du corps.

A peine la visite de l'argent et des papiers était-elle faite, que M. le comte d'Erlon arriva, employant, pour arriver jusqu'à Madame, toutes ces courtoisies d'homme du monde auxquelles le préfet avait jugé inutile de recourir.

La duchesse se pencha vers le général :

— Vous avez promis de ne pas me quitter, lui dit-elle à voix basse.

— Et je tiendrai parole à Votre Altesse, répondit le général.

La duchesse se leva alors vivement, alla à M. le comte d'Erlon, et lui dit :

— Monsieur le comte, je me suis confiée au général Dermoncourt ; je vous prierai de me l'accorder pour rester près de moi. Je lui ai demandé, en outre, de n'être point séparée de mes malheureux compagnons, et il me l'a promis encore ; ferez-vous honneur à sa parole ?

— Le général n'a rien promis que je ne sois prêt à ratifier, madame ; et vous ne me demanderez aucune des choses qui sont en mon pouvoir, que vous ne me trouviez toujours prêt à vous les accorder avec tout l'empressement possible.

Ces mots rassurèrent la duchesse, qui, voyant que le comte d'Erlon parlait bas au général et le prenait à part, alla de son côté, causer discrètement avec M. de Ménars et mademoiselle de Kersabiec.

M. le comte d'Erlon fit alors observer au général que M. de Ménars et mademoiselle de Kersabiec pourraient rester près de madame la duchesse de Berry ; mais que, pour M. Guibourg, sa conviction était qu'il serait réclamé par l'autorité judiciaire pour être replacé dans la position où il était avant son évasion, puisqu'il y avait un procès criminel commencé contre lui. Il pensait aussi que la duchesse devait être conduite au plus tôt au château ; il avait même d'avance, et avant de se présenter à la duchesse, donné tous les ordres nécessaires à cette translation.

x.

Dermoncourt alors, revenant à Madame, lui demanda si elle se trouvait mieux.

— Si je me trouve mieux ? Pourquoi cette question ?

— Parce que, si Madame pouvait marcher ou ne craignait pas la voiture, il serait instant que nous quittassions la maison.

— Quitter la maison ? Mais pour aller où ? demanda-t-elle finement en regardant le général ; où allez-vous donc me conduire ?

— Au château, madame.

— Ah ! oui, et, de là, à Blaye, sans doute !

Mademoiselle de Kersabiec s'approcha alors du général.

— Général, dit-elle, Son Altesse royale ne peut aller à pied, cela n'est pas convenable.

— Mademoiselle, répondit Dermoncourt, permettez-moi de n'être point de votre avis. Une voiture, s'il y a quelque insulte à recevoir, ce dont je doute, ne garantira pas Madame de cette insulte ; tandis que mon bras, j'en réponds, sera, sur ce point-là du moins, un bouclier sûr.

Puis, se retournant vers la duchesse :

— Croyez-moi, madame, dit-il, allons à pied. Puisque le trajet est court, vous mettrez un chapeau sur votre tête, vous jetterez un manteau sur vos épaules, et tout ira bien.

Alors, Rusconi se précipita par les escaliers, et rapporta trois chapeaux qui, probablement, appartenaient aux demoiselles Duguigny. Parmi ces chapeaux, il y en avait un noir. Dermoncourt invita la duchesse à prendre celui-là.

— Oui, dit-elle ; en effet, il semble bien approprié à la circonstance.

Alors, prenant le bras du général, et s'adressant à ses compagnons :

— Allons, mes amis, dit-elle, partons !

Puis, passant devant la mansarde, en y jetant un dernier regard, ainsi que sur la plaque de la cheminée, qui était restée ouverte :

— Ah ! général, dit-elle en riant, si vous ne m'aviez pas fait une guerre à la saint Laurent, — ce qui, soit dit entre parenthèses, est indigne de la générosité militaire, — vous ne me tiendriez pas sous votre bras à l'heure qu'il est.

Lorsqu'on sortit de la maison, M. Guibourg ouvrit la marche avec un magistrat du parquet et un autre fonctionnaire public ; venaient ensuite mademoiselle de Kersabiec avec M. le préfet et M. le comte d'Erlon ; le général Dermoncourt les suivait immédiatement avec la duchesse et M. de Ménars, et derrière la duchesse et M. de Ménars venaient plusieurs officiers de l'état-major.

Arrivé dans la rue, M. le préfet invita le colonel de la garde nationale à prendre l'autre bras de la duchesse. Elle s'y décida, et même avec assez de grâce. La troupe de ligne et la garde nationale faisaient la haie depuis la maison des demoiselles Duguigny jusqu'au château, et derrière eux, formant, autant que les localités le permettaient, une ligne dix fois plus épaisse que celle des soldats, s'entassait toute la population.

Il y avait, parmi ces hommes qui regardaient passer la duchesse, les yeux étincelants, bien des souvenirs de haine ; aussi des murmures sourds grondèrent-ils sur la route, et même quelques cris commencèrent bientôt à battre l'air ; mais le général Dermoncourt s'arrêta, fit rouler son œil noir de droite à gauche, et grogna plutôt qu'il ne dit ces mots :

— Ah çà ! où est donc le respect que l'on doit aux prisonniers, surtout quand ces prisonniers sont des femmes ?

On se tut.

Mais, néanmoins, ce fut un bonheur que soixante pas à peine séparassent la maison de mesdemoiselles Duguigny du château : sans les égards dont les généraux entouraient la duchesse, cette distance eût encore été trop longue. Leur respect commanda le silence à cette multitude, cahotée par la guerre civile qui, depuis six mois, grondant aux alentours de Nantes, ruinait son commerce et décimait ses enfants.

On arriva enfin au château ; on traversa le pont-levis, et la porte se referma sur le cortége.

Madame, pendant tout le trajet, n'avait donné d'autre signe de crainte que de serrer plus fortement le bras du général.

Après avoir traversé la cour du château, on monta l'escalier ; mais la duchesse était tellement affaiblie par les émotions successives qu'elle venait d'éprouver, que Dermóncourt la sentit en quelque sorte plier et peser à son bras de tout son poids. Enfin, elle arriva à l'appartement qui lui était destiné, et que le colonel d'artillerie, gouverneur du château, s'était empressé de lui offrir. Là, se trouvant mieux, elle dit au général qu'elle prendrait volontiers quelque chose.

En effet, dérangée au moment où elle allait se mettre à table, il y avait près de trente heures qu'elle n'avait rien pris.

Comme aucun ordre pour un déjeuner n'avait été donné, et que ce déjeuner pouvait se faire attendre, le colonel d'artillerie proposa à Madame, qui l'accepta, un verre de frontignan avec des biscuits.

Au reste, Madame alors mangeait très-peu à cause d'une fièvre tierce qui la prenait régulièrement depuis deux ou trois semaines.

Le déjeuner ne fut prêt qu'au bout de trois quarts d'heure. On vint annoncer qu'il était servi. Le général Dermoncourt offrit le bras à la duchesse pour la conduire à la salle à manger.

En se mettant à table, elle se tourna en souriant vers son cavalier.

— Général, dit-elle, si je ne craignais que l'on dît que je cherche à vous séduire, je vous proposerais de partager mon repas.

— Et, moi, madame, répondit le général, si j'osais, j'accepterais volontiers, car je n'ai rien pris depuis hier à onze heures du matin.

— Oh ! oh ! général, fit la duchesse en riant, alors nous sommes quittes.

Pendant qu'on était à table, M. le préfet entra. Il était comme Madame et comme Dermoncourt, il avait faim ; seulement, la duchesse se garda bien d'inviter M. Maurice Duval à s'asseoir.

Le préfet en prit son parti ; il alla droit au buffet, où l'on venait de porter des perdreaux desservis de la table de la duchesse, se fit donner une fourchette et un couteau, et se mit à manger, tournant le dos à la princesse.

Madame le regarda faire, et, reportant les yeux sur le général :

— Général, dit-elle, savez-vous ce que je regrette le plus du rang que j'occupais ?

— Non, madame.

— Deux huissiers pour me faire raison de monsieur.

Le déjeuner terminé, la duchesse retourna au salon.

Arrivé là, le général Dermoncourt lui demanda la permission de prendre congé d'elle. Le général d'Erlon passait une revue de la garde nationale et de la troupe de ligne à laquelle il ne pouvait se dispenser d'assister.

— Quand vous reverrai-je ? demanda la princesse.

— Aussitôt que la revue sera terminée, madame, répondit le général, et je présume que ce ne sera pas long.

A peine Dermoncourt avait-il fait trente pas hors du château, qu'un trompette de gendarmerie le rejoignit tout essoufflé, et lui dit que la duchesse le demandait à l'instant même. Le trompette ajouta qu'elle paraissait furieuse contre le général. Interrogé sur la cause de cette colère, le soldat répondit que, d'après quelques mots adressés par Madame à mademoiselle de Kersabiec, il l'attribuait à ce que M. de Ménars, au lieu d'être placé dans son antichambre, avait été envoyé dans un autre corps de logis.

Craignant effectivement que l'on n'eût pas eu pour M. de Ménars tous les égards qu'il avait recommandé d'avoir, le général se rendit aussitôt chez celui-ci, et le trouva si malade, qu'il s'était jeté sur son lit sans avoir la force de se déshabiller. Le général lui offrit d'être son valet de chambre ; mais, comme il n'y avait encore ni table ni chaises dans son appartement, et qu'il ne pouvait se tenir debout, ce n'était pas un office facile à remplir ; le général, en conséquence, appela un gendarme à son secours, et, à eux deux, ils parvinrent à mettre au lit M. de Ménars.

Lorsqu'il fut couché, le général lui dit que la duchesse

venait de le faire rappeler, et qu'il allait sans doute avoir avec Madame une scène à l'endroit de sa séparation.

M. de Ménars chargea alors Dermoncourt de rassurer Madame sur son état, et lui affirma qu'il n'éprouvait qu'une faiblesse passagère et qu'il était très-content de son logement.

Le général se rendit immédiatement chez la duchesse. Lorsque Madame l'aperçut, elle bondit plutôt qu'elle ne s'avança vers lui.

— Ah! monsieur, s'écria-t-elle d'une voix tremblante de colère, c'est comme cela que vous commencez? c'est ainsi que vous tenez votre parole? Cela promet pour l'avenir. En vérité, c'est affreux!

— Qu'y a-t-il donc, madame? demanda le général.

— Il y a que vous m'aviez promis de ne me séparer d'aucun de mes compagnons, et que, dès le début, vous mettez Ménars dans un autre corps de logis que le mien.

— Madame est dans l'erreur, répondit Dermoncourt. M. de Ménars est dans un autre corps de logis, c'est vrai; mais la tour qu'habite Madame tient à son appartement.

— Oui; seulement, il faut descendre et remonter par un autre escalier.

— Madame se trompe encore, reprit le général. On peut se rendre chez M. de Ménars en descendant au premier étage, et en suivant les appartements.

— Si cela est ainsi, allons-y, monsieur, dit la duchesse; je veux voir ce pauvre Ménars, et à l'instant.

A ces mots, elle prit le bras du général, et l'entraîna vers la porte.

Dermoncourt l'arrêta.

— Est-ce que Madame a oublié qu'elle est prisonnière? lui demanda-t-il.

— Ah! c'est vrai, murmura la duchesse. Je me croyais encore dans un château, tandis que je suis dans une prison. Au moins, général, j'espère qu'il ne m'est pas défendu de faire prendre de ses nouvelles?

— J'ai voulu vous en apporter moi-même, dit le général. Je viens de chez lui.

— Eh bien, comment va-t-il?

Le général raconta alors à la duchesse les soins qu'il avait eus de M. de Ménars. Ces marques d'attention, qu'elle comprit être données bien plus à elle qu'à M. de Ménars, la touchèrent vivement.

— Général, dit-elle d'un ton qui annonçait que sa colère était évanouie, je vous remercie de toute votre bonté pour Ménars; mais il le mérite bien, car il n'est point partisan de mon équipée.

Il était trop tard pour aller à la revue. Le général resta près de Madame, qui manifesta le désir d'écrire à son frère, le roi de Naples, et à sa sœur, la reine d'Espagne.

— Je n'ai à leur faire part, lui dit-elle, que de ma mauvaise aventure. J'ai peur qu'ils ne soient inquiets de ma santé, et qu'à cause de l'éloignement où nous sommes les uns des autres, des rapports faux ne leur soient faits. — A propos, ajouta-t-elle, que pensez-vous de la conduite politique de ma sœur, la reine d'Espagne?

— Mais, madame, lui répondit Dermoncourt, je crois qu'elle suit la bonne route.

— Tant mieux, général, reprit-elle en soupirant, pourvu qu'elle arrive à bien! Louis XVI a commencé comme elle.

La duchesse remarqua alors que Dermoncourt avait une écharpe noire dans laquelle il passait quelquefois son bras.

— Et comment va votre bras, général? demanda-t-elle.

— Fort bien; mais comment Madame sait-elle...?

— Ah! j'ai appris cela à Nantes; on m'a dit que c'était un cheval à moi qui vous avait jeté à terre. Je dis: « Oh! pour le cheval, c'est une bonne prise; » mais je vous avoue que je n'étais pas fâchée de l'accident; car vous nous avez fait bien du mal! J'espère, cependant, que cela ne sera pas grave.

— Vous voyez, madame, répondit Dermoncourt, que votre souhait est exaucé d'avance. Je suis presque guéri.

— Dites-moi, général, demanda la duchesse, me sera-t-il permis d'avoir des journaux?

— Je n'y vois aucun inconvénient. Si Madame veut m'indiquer ceux qu'elle désire?

— Mais *l'Écho* d'abord, *la Quotidienne* ensuite, puis *le Constitutionnel*.

— A vous, madame, *le Constitutionnel?*

— Pourquoi pas?

— Seriez-vous prête à abjurer votre politique, comme Henri IV a fait de sa religion, et diriez-vous : « Paris vaut bien une *charte?* »

— Croyez-vous que la lecture du vénérable *Constitutionnel* puisse me convertir?

— Certes! c'est un journal très-serré de raisonnement, et très-entrainant de conviction!...

— C'est égal, je me risque : je voudrais aussi *le Courrier français*.

— *Le Courrier!* mais Madame n'y pense pas; elle va devenir *ultra-libérale*.

— Écoutez, général : moi, j'aime tout ce qui est franc et loyal ; je désire aussi *l'Ami de la Charte*.

— Oh! pour le coup, c'est du jacobinisme!

— Celui-là, c'est pour un autre motif, général, dit-elle à Dermoncourt avec mélancolie; celui-là m'appelle toujours Caroline tout court, et c'est mon nom de jeune fille; or, je regrette mon nom de jeune fille, car mon nom de femme ne m'a pas porté bonheur.

— Il se fit un instant de silence ; puis la duchesse demanda à Dermoncourt s'il la connaissait avant les événements de juillet.

— Non, madame, lui répondit-il.

— Mais vous n'êtes donc jamais venu à Paris?

— Pardon, madame, répondit Dermoncourt : j'y ai été deux fois pendant la Restauration.

— Comment! général, vous êtes venu deux fois à Paris, et vous ne m'avez pas vue?

— Pour une bonne raison, lui répondit Dermoncourt.

— Expliquez-moi donc cela.

— C'est que, quand je voyais venir Madame d'un côté, je m'en allais bien vite d'un autre.

— C'est peu galant, monsieur; mais, enfin, pourquoi?

— Pourquoi, madame? Pardonnez, je vous prie, à ma franchise, elle est un peu *crue*, je l'avoue; mais c'est que je n'aimais pas la Restauration. On pourra bien supposer, d'après cela, Madame, que, si j'ai pu être assez heureux pour faire quelque chose qui vous fût agréable, du moins je l'ai fait sans aucune espèce de spéculation, d'autant plus que Votre Altesse se trouve dans une position à ne m'offrir aucune garantie.

La duchesse sourit; puis, se retournant vers mademoiselle de Kersabiec :

— N'est-ce pas, Stylite, dit-elle, qu'il est bon enfant?

— Oui, madame ; c'est malheureux qu'il ne veuille pas être des nôtres.

A cela, Dermoncourt s'empressa de répondre :

— Tout ce que Madame aura droit d'exiger de respect, de prévenances, d'égards et d'intérêt, dans la position accablante où elle se trouve, elle l'obtiendra de moi ; tous les services qu'elle me demandera, et que je pourrai lui rendre, je les lui rendrai; mais, quant à mes devoirs, rien au monde n'est capable de me les faire oublier.

Puis, se retournant vers mademoiselle de Kersabiec :

— Vous m'avez entendu, mademoiselle Stylite; j'espère que, pendant tout le temps que j'aurai l'honneur d'être près de Madame, vous me ferez le plaisir de ne jamais revenir sur le même sujet.

— Vous l'avez entendu Stylite, dit Madame ; parlons d'autre chose.

Puis, avec une intonation toute différente :

— Avez-vous vu mon fils, général?

— Je n'ai jamais eu cet honneur.

— Eh bien, c'est un bon enfant, bien vif, bien étourdi, mais bien Français, comme moi.

— Vous l'aimez beaucoup?

— Autant qu'une mère peut aimer son fils.

— Eh bien, que Madame me permette de lui dire que je ne comprends pas comment, lorsque tout a été fini dans la Vendée; lorsque, après les combats du Chêne et de la Pénissière, tout espoir a été perdu, elle n'a pas eu l'idée de retourner aussitôt près de ce fils qu'elle aime tant: nous lui avons fait beau jeu, cependant.

— Général, c'est vous qui avez saisi ma correspondance, je crois?

— Oui, madame.

— Et vous avez lu mes lettres?

— J'ai eu cette indiscrétion.

— Eh bien, vous auriez dû voir que, du moment où j'étais venue me mettre à la tête de mes braves Vendéens, j'étais résolue à subir toutes les conséquences de l'insurrection... Comment! c'est pour moi qu'ils se sont levés, qu'ils ont compromis leur tête, et je les aurais abandonnés!... Non, général, leur sort sera le mien, et je leur ai tenu parole. Du reste, il y a longtemps que je serais votre prisonnière, que je me serais rendue moi-même, pour faire tout finir, si je n'avais eu une crainte.

— Laquelle?

— C'est que je savais bien qu'à peine prisonnière, je serais réclamée par l'Espagne, la Prusse et la Russie. Le gouvernement français, de son côté, voudrait me faire juger, et c'est tout naturel; mais, comme la Sainte-Alliance ne permettrait pas que je comparusse devant une cour d'assises, — car la dignité de toutes les têtes couronnées de l'Europe y est intéressée, — de ce conflit d'intérêts à un refroidissement, et d'un refroidissement à une guerre, il n'y avait qu'un pas, et, je vous l'ai déjà dit, je ne voulais pas être le prétexte d'une guerre d'invasion. *Tout pour la France et par la France*, c'était la devise que j'avais adoptée, et dont je ne voulais pas me départir. D'ailleurs, qui pouvait m'assurer que la France, une fois envahie, ne serait point partagée? Je la veux tout entière, moi!

Dermoncourt sourit.

— Pourquoi riez-vous? lui dit-elle.

Il s'inclina sans répondre.

— Voyons, pourquoi riez-vous? Je veux le savoir.

— Je ris de voir à Votre Altesse toutes ces craintes d'une guerre étrangère...

— Et si peu d'une guerre civile, n'est-ce pas?

— Je prie Madame de remarquer qu'elle achève ma pensée et non point ma phrase.

— Oh! cela ne peut pas me blesser, général; car, lorsque je vins en France, j'étais trompée sur la disposition des esprits; je croyais que la France se soulèverait; que l'armée passerait de mon côté; *d'autant plus que j'ai été invitée à rentrer en France plus par mes ennemis que par mes amis.* Enfin, je rêvais une espèce de retour de l'île d'Elbe. Après les combats de Maisdon, de la Caraterie, du Chêne, de la Pénissière et de Riaillé, je donnai l'ordre positif à tous mes Vendéens de rentrer chez eux; car je suis Française avant tout, général, et la preuve, c'est qu'en ce moment, rien que de me retrouver en face de ces bonnes figures françaises, je ne me crois plus en prison. Toute ma peur est qu'on ne m'envoie autre part; ils ne me laisseront certes pas ici, je suis trop près des émeutes. On a bien parlé de me transférer à Saumur; mais Saumur est encore une ville d'émeute. Au reste, ils sont plus embarrassés que moi, allez, général!

En disant ces dernières paroles, elle se leva et se promena comme un homme, les mains derrière le dos. Au bout d'un instant, elle s'arrêta tout court, et reprit:

— Si je suis en prison, j'espère du moins que je ne suis pas au secret, et que M. Guibourg pourra dîner avec moi?

— Je n'y vois pas d'inconvénient, madame, d'autant plus que je pense que c'est la dernière fois qu'il aura cet honneur.

Soit qu'elle n'entendît pas ces paroles, soit qu'elle n'y fît pas attention, la duchesse ne répondit point à Dermoncourt; et, comme il faisait nuit et que l'heure du dîner approchait, demanda à la princesse la permission de se retirer, en même temps que ses ordres pour le lendemain.

Le lendemain, à dix heures, le colonel d'artillerie commandant le château entra chez Dermoncourt; il venait lui annoncer une nouvelle colère de la duchesse; elle avait une cause à peu près pareille à celle de la veille.

M. Guibourg, — ainsi que le comte d'Erlon en avait prévenu la duchesse, — M. Guibourg avait été réintégré en prison pendant la nuit; de sorte que, lorsque la duchesse avait demandé pourquoi il ne venait pas déjeuner, on lui avait annoncé cette nouvelle, à laquelle une phrase échappée la veille à Dermoncourt aurait dû la préparer, si elle l'avait entendue. La duchesse avait crié à la trahison et avait appelé le général *jésuite*. Cette injure avait quelque chose de si curieux dans la bouche de Madame, que Dermoncourt en riait encore lorsqu'il arriva chez elle.

Elle le reçut avec la même pétulance que la veille, et presque avec les mêmes paroles.

— Ah! c'est comme cela, monsieur? Je ne l'aurais jamais cru, vous m'avez trompée, et indignement!

Le général feignit, comme la veille, l'étonnement, et lui demanda ce qu'elle avait.

— J'ai que Guibourg a été enlevé cette nuit et conduit en prison, malgré la promesse que vous m'aviez faite que je ne serais pas séparée de mes *compagnons d'infortune*.

— J'aurais voulu accomplir tous les désirs de Madame; mais il ne dépendait pas de moi ni de M. le comte d'Erlon d'empêcher l'autorité judiciaire de revendiquer M. Guibourg. Il avait été mis en accusation avant son arrestation: la cour d'assises de Loir-et-Cher était saisie du procès, et M. Guibourg devait être transféré à Blois pour y être jugé. Aucun pouvoir légal ne pouvait l'en dispenser. Quant à mademoiselle de Kersabiec et à M. de Ménars, qui ne sont pas en état d'accusation, il sont restés auprès de Votre Altesse royale; ainsi vous voyez bien, madame, que M. le comte d'Erlon et moi n'avons nullement manqué à la parole que nous vous avions donnée!

— Mais, au moins, pourquoi ne m'avoir point prévenue?

— Je n'ai encore, de ce côté, aucun reproche à me faire, puisque, en autorisant M. Guibourg à dîner hier avec vous, j'ai ajouté ces paroles: *D'autant plus que ce sera probablement le dernier repas qu'il aura l'honneur de faire avec Madame.*

— Je n'ai point entendu cela.

— Le général l'a cependant dit, madame, interrompit doucement mademoiselle de Kersabiec.

— Mais pourquoi ne pas s'être expliqué d'une manière plus claire ?

— Parce que Madame, répondit Dermoncourt, avait éprouvé tant de secousses dans la journée, que je voulais lui conserver au moins une bonne nuit, et que je savais qu'elle ne pourrait dormir si elle était informée que, pendant son sommeil, on devait transférer M. Guibourg en prison.

— Et vous, Stylite, pourquoi ne m'avez-vous rien dit, puisque vous aviez compris les paroles du général ?

— Par la même raison que le général, madame.

La duchesse s'apaisa et parut même savoir gré à Dermoncourt de la circonspection qu'il avait apportée dans cette circonstance. Sur l'observation qu'il lui fit alors, qu'il avait remarqué qu'elle conservait la même robe que la veille, où l'on apercevait les trous occasionnés par les brûlures, et les mêmes bas, elle lui répondit :

— Le peu d'effets que j'ai sont chez les demoiselles Duguigny ; d'ailleurs, mon cher général, pendant la vie que j'ai menée depuis six mois, je ne m'occupais guère de ma garde-robe ; voilà pourquoi je n'ai rien. Seriez-vous assez bon pour aller chez ces demoiselles, et me faire apporter ce qui s'y trouve ?

— Je suis aux ordres de Madame.

La duchesse fit une note et la remit au général.

Un des substituts du procureur du roi, qui par hasard se trouvait présent, et qui avait fait mettre les scellés à l'appartement qu'avait occupé la princesse, ainsi qu'à la chambre de la cachette, fut invité par le général à se rendre sur les lieux pour retirer les objets indiqués dans la note.

« Nous nous transportâmes, en conséquence, dit Dermoncourt, dans la maison Duguigny, où nous ne trouvâmes, suivant ce que nous avait dit la duchesse, que très-peu de chose. Parmi les objets désignés dans la note, il devait y avoir une boîte remplie de bonbons, qu'effectivement nous rencontrâmes, mais vide. De retour de ma mission près de la duchesse, je lui en rendis compte, en lui faisant observer que j'avais bien trouvé la boîte, mais que les bonbons qu'elle contenait avaient disparu. »

— Ah ! dit Madame, les bonbons ? Ce n'est pas étonnant : des bonbons se mangent.

— Quels sont ceux, reprit le général, que Madame préfère ? J'aurai l'avantage de lui en offrir.

— Des bonbons, si cela se mange, cela s'accepte aussi. J'aime le chocolat en rouleau avec des dragées dessus.

— Alors, Madame permet...?

— Certainement.

Le général appela son secrétaire Rusconi, et lui transmit les désirs de la duchesse.

Une demi-heure après, Madame avait un plein panier de bonbons.

A six heures et demie, on annonça le dîner ; Dermoncourt prit congé de la duchesse.

— A demain, général, lui dit-elle avec une gaieté toute d'enfant, et n'oubliez pas d'autres bonbons surtout.

Le général sortit.

A neuf heures, le comte d'Erlon prit la peine de passer lui-même chez Dermoncourt pour lui dire qu'on croyait être certain de la présence de M. de Bourmont à la Chaslière.

— Si cela est, général, répondit Dermoncourt, je vais prendre avec moi cinquante chevaux, et, demain matin, M. de Bourmont sera ici.

A onze heures, il était en route.

A minuit, on réveillait la duchesse, mademoiselle Stylite de Kersabiec et M. de Ménars ; ils montèrent dans une voiture qui les conduisit à la Fosse, où les attendait un bateau à vapeur sur lequel se trouvaient déjà MM. Polo, adjoint au maire de Nantes ; Robineau de Bourgon, colonel de la garde nationale, Rocher, porte-étendard de l'escadron d'artillerie de la même garde ; Chousserie, colonel de gendarmerie ; Ferdinand Petit-Pierre, adjudant de la place de Nantes, et Joly, commissaire de police de Paris, qui devait conduire la duchesse à Blaye. Madame était accompagnée, en se rendant au bateau, de M. le comte d'Erlon, de M. Ferdinand Favre, maire de Nantes, et de M. Maurice Duval, préfet. En descendant de voiture, elle chercha des yeux Dermoncourt, et, ne le voyant pas, elle demanda où il était. On lui répondit qu'il était en expédition.

— Allons, dit-elle, encore une gentillesse de plus !

Le général commandant la division, le préfet et le maire de Nantes devaient accompagner la duchesse jusqu'à Saint-Nazaire, et ne la quitter qu'après son embarquement sur le brick *la Capricieuse*.

En mettant le pied sur le bâtiment, Madame s'informa si M. Guibourg la suivait ; le préfet lui répondit que la chose était impossible. Alors, elle lui demanda une plume et de l'encre, et écrivit le billet suivant:

« J'ai réclamé mon ancien prisonnier, et l'on va écrire pour cela. Dieu nous aidera, et nous nous reverrons. Amitié à tous nos amis. Dieu les garde ! courage, confiance en lui. *Sainte Anne* est notre patronne, à nous autres Bretons. »

Ce billet fut confié à M. Ferdinand Favre, qui le remit religieusement à son adresse.

A quatre heures, le bateau partit, glissant en silence au milieu de la ville endormie ; à huit heures, on était à bord de *la Capricieuse*.

Madame resta deux jours en rade; les vents étaient contraires. Enfin, le 11, à sept heures du matin, *la Capricieuse* déploya ses voiles, et, remorquée par le bateau à vapeur qui ne la quitta qu'à trois lieues en mer, elle s'éloigna majestueusement : quatre heures après, elle avait disparu derrière la pointe de Pornic.

Quant à Dermoncourt, il revint le 9, à huit heures du matin à Nantes, n'ayant, comme on le pense bien, trouvé personne au château de la Chaslière.

Pendant ce temps, M. de Bourmont était tranquillement à sa campagne, dans les environs de Condé (Maine-et-Loire), où il s'était rendu le jour même du départ de la duchesse pour Blaye. Il avait quitté Nantes à six heures du soir, ne paraissant pas beaucoup redouter que la haute police eût l'incivilité de l'empêcher de visiter ses propriétés et de mettre ordre à ses affaires.

De là, il se dirigea, par Angers, sur Lyon, où il fut très-bien accueilli dans une maison légitimiste, laquelle offrait une sécurité qui pouvait le déterminer à y prolonger son séjour. Les dames de la maison, très-dévotes et très-curieuses, étaient prévenues qu'il était un des chefs du parti légitimiste, mais elles ignoraient qu'il fût M. de Bourmont. Elles étaient très-intriguées de savoir quel était ce personnage si réservé et si discret; elles s'épuisaient en conjectures; enfin, soit que le costume de M. de Bourmont leur en eût donné l'idée, soit que leur imagination eût fait tous les frais, elles finirent par se persuader que c'était un ecclésiastique; et, pour lui faire, à son insu, une galanterie, elles s'empressèrent d'élever dans une des chambres de la maison un autel qu'elles parèrent de leur mieux, et de se procurer les vases et les ornements nécessaires. Le lendemain matin, elles vinrent lui annoncer, avec une satisfaction qu'elles croyaient lui faire partager, que tout était disposé pour qu'il pût dire sa messe dans la maison.

M. de Bourmont écouta cette proposition avec un grand sérieux, dont il s'est dédommagé depuis, et, ne voulant pas détruire chez ces dames une erreur qui favorisait l'incognito qu'il désirait garder, il leur donna pour excuse, qu'ayant l'habitude, en voyage, de prendre le matin une tablette de chocolat, il avait déjà pris sa tablette quotidienne, et ne pouvait, dans cet état, se présenter à l'autel. Les bonnes dames en furent persuadées, et leur vénération redoubla pour un homme qui se montrait si scrupuleux.

Cependant, M. de Bourmont, réfléchissant que l'autel était préparé, qu'on trouverait fort étrange qu'il ne s'y présentât pas, qu'il se trouverait exposé à de nouvelles obsessions, fit appeler le maître de la maison, et lui annonça qu'il allait partir à l'instant même. Son hôte fut étourdi de cette brusque résolution; M. de Bourmont le rassura en lui disant:

— Vos dames ont voulu me faire dire la messe ce matin; si je reste, elles voudront peut-être me faire chanter vêpres après midi. Voilà pourquoi je pars.

En effet, il prit aussitôt la poste, non pour passer à l'étranger, mais pour venir à Paris, où il resta quelques jours. Il repartit ensuite pour Genève, et, pendant qu'il voyageait avec sécurité de Lyon à Paris et de Paris à Genève, la haute police le faisait, maladroitement ou adroitement, chercher dans la Vendée, et partout où il n'était pas.

Dans la brochure qu'il a publiée, Deutz se vante que c'est à sa recommandation près de M. Maurice Duval, que M. de Bourmont dut de ne pas être inquiété. Il avait vendu Madame, mais avait réservé M. de Bourmont!...

Quant à Deutz, sa punition fut terrible : Hugo lui infligea ces vers sanglants qui ont pour titre : *A l'homme qui a livré une femme!*

La malédiction du poëte poursuivit le coupable.

Grâce à l'énorme somme qu'il avait reçue, et qu'il a toujours niée, disant qu'il n'avait trahi sa bienfaitrice que pour obéir au sentiment de patriotisme qui lui criait de délivrer son pays de la guerre civile; — grâce, disons-nous, à l'énorme somme qu'il avait reçue, il trouva une femme... Une femme fut qui consentit à s'accoupler à cet homme!

Mais ce n'était pas le tout que d'avoir trouvé une femme : il fallait trouver un maire.

Deutz se présenta successivement dans les douze mairies de Paris; or, comme il n'avait pas les six mois de résidence exigés par la loi, les douze mairies se fermèrent devant lui, heureuses d'avoir un prétexte pour lui défendre de mettre le pied sur leur seuil.

Alors, il franchit la barrière, et se présenta chez M. de Frémicourt, maire de la Villette. Par quel subterfuge surprit-il la religion de ce magistrat? quel faussaire fabriqua pour Deutz un certificat de résidence pendant plus de six mois dans la maison de M. Pierre Delacour, rue de Flandre, n° 41? quelle portion de son or infâme lui fallut-il céder pour avoir ce certificat? C'est ce que nous ignorons.

Ce que nous savons, c'est qu'il fut marié à la Villette, par M. de Frémicourt.

Or, voici ce qui arriva.

Deux ans après, M. de Frémicourt se mit, concurremment avec M. Gisquet, sur les rangs de la députation dans l'arrondissement de Saint-Denis. M. Gisquet, candidat du gouvernement, pria M. de Frémicourt de lui laisser l'arrondissement de Saint-Denis, où son élection était sûre, et de se porter candidat à Cambrai, où l'élection de M. de Frémicourt était non moins sûre que celle de M. Gisquet dans l'arrondissement de Saint-Denis. M. de Frémicourt céda à la prière du préfet de police, et se présenta à Cambrai, en concurrence avec M. Taillandier.

Il allait l'emporter sur son concurrent, lorsque celui-ci apprit que c'était M. de Frémicourt qui avait marié Deutz. M. Taillandier partit à l'instant même pour la Villette, releva l'acte civil qui constatait le fait du mariage de Deutz, se présenta chez M. Pierre Delacour, se fit donner par lui et par les locataires de la maison de la rue de Flandre, n° 41, un certificat constatant que jamais Deutz n'avait habité cette maison, et, fort de cet acte et de ce certificat, il renversa son concurrent, qui, quoiqu'il eût ignoré la fraude, fut hué sur cette seule accusation: « M. de Frémicourt est le maire qui a marié Deutz! »

Il y avait encore, comme on voit, quelques sentiments généreux en France.

Maintenant, qu'est devenu Deutz? est-il mort misérable, comme quelques-uns l'assurent? a-t-il passé aux États-Unis, comme quelques autres le prétendent? Nous ne saurions le dire. Toutes les biographies abandonnent Deutz après son crime, comme si, après ce crime commis, ce Judas fût devenu la chose de Dieu!

Dieu garde tout honnête homme, s'il est vivant, de le coudoyer! s'il est mort, de passer sur sa tombe!

CCLVII

Le Roi s'amuse. — La critique et la censure.

Tandis que la police de M. Thiers arrêtait madame la duchesse de Berry, à Nantes, la censure arrêtait, à Paris, le drame du *Roi s'amuse*.

La représentation avait eu lieu le 22 novembre. Je n'en rendrai pas compte : je n'y assistais pas ; un peu de froid s'était glissé dans mes relations avec Hugo ; des amis communs nous avaient à peu près brouillés.

Le lendemain de la représentation, la pièce fut brutalement interdite, et l'auteur dut appeler de cette décision devant le tribunal de commerce.

Dans toute autre circonstance, les journaux de l'opposition eussent pris parti pour Victor Hugo ; ils eussent crié à l'oppression, à la tyrannie. Point ! la haine que l'on portait à l'école romantique était si grande, que ce fut à qui donnerait, non pas raison au gouvernement, mais tort à l'auteur.

Écoutez ce que disait la critique de l'œuvre d'un des poëtes les plus éminents qui aient jamais existé. Nous allons la suivre dans ses citations ; nous allons apprécier sa bonne foi.

De qui est le feuilleton qui nous tombe sous la main ? Nous n'en savons rien : le feuilleton n'est pas signé ; seulement, c'est le type de ce qui se faisait alors, de ce qui s'est fait depuis, et de ce qui se fera probablement toujours en critique. Vilain type ! qu'on en juge :

Théatre-Français. — *Le Roi s'amuse,* drame en cinq actes en vers, par M. Victor Hugo.

« Après *Hernani*, et surtout après *Marion Delorme,* la critique essaya de faire entendre à M. Victor Hugo deux *bonnes vérités* poliment exprimées, comme il convenait à l'égard d'un haut et véritable talent ; la première, *c'est que les essais de M. Victor Hugo révélaient une impuissance et une stérilité absolues dans la conception ;* la deuxième, c'est que M. Victor Hugo avait adopté un système vicieux, qui, au lieu de le conduire à l'original, le poussait au *trivial* et à *l'absurde...* »

Le fait est qu'il est impossible d'être plus poli, n'est-ce pas ? La conséquence naturelle de ces conseils devait faire retourner M. Hugo à ses odes et à ses romans.

Par bonheur, M. Hugo s'est cru aussi fort que ceux qui lui disaient ces deux *bonnes vérités,* et il a continué malgré la critique. Nous devons à ce fatal entêtement du poëte *Lucrèce Borgia, Marie Tudor, Ruy Blas, Angelo* et *les Burgraves.*

« M. Hugo n'a tenu aucun compte de ces vérités : il a voulu obstinément faire des drames, et, loin de modifier son système, il l'a outre-passé d'une manière monstrueuse. Dans ses drames précédents, il avait encore, en donnant dans le bizarre, conservé quelque principe du vrai et du beau, quelque sentiment de la morale et des convenances. Dans *le Roi s'amuse*, il s'est affranchi de tout ; il a tout foulé aux pieds : histoire, raison, morale, dignité de l'art, délicatesse. Il y a progrès... »

Ceci toujours en vertu de la même politesse.
Suivons le critique :

« D'abord, le sujet du drame n'est pas historique, quoique des personnages historiques y figurent. Passons ; car, par le temps qui court, c'est une peccadille. Au moins, un auteur consciencieux, en donnant, dans un *fait faux*, — lisez dans une action fausse, — un rôle à des personnages historiques, s'appliquerait à ne pas les calomnier : l'école actuelle est plus hardie, et connaît peu ces scrupules. Vous allez voir comment M. Hugo vient de traiter sur la scène de la Comédie-Française le roi François Ier, la cour de ce prince, et le poëte Clément Marot... ».

Ah ! monsieur le critique, il vous appartient bien de défendre les poëtes que l'on traite mal ! avec cela que vous traitez bien M. Hugo, vous ! Il est vrai qu'à vos yeux, M. Hugo n'est pas un poëte de la taille de Clément Marot. Retournez la lunette, monsieur le critique, et mesurez à sa taille l'auteur des *Odes et Ballades*, des *Orientales*, des *Feuilles d'automne*, de *Notre-Dame de Paris*, d'*Hernani* et de *Marion Delorme*, quitte à vous dresser sur la pointe du pied, et même à monter sur une chaise, si besoin est.

Au premier acte, nous sommes à la cour de François Ier :

on entend les sons d'une musique lointaine; il y a un bal. Un bal, c'est chose neuve depuis quelques années! Il y en a dans presque tous les drames... »

Où diable avez-vous vu un bal dans *Henri III*, monsieur le critique?... un bal dans *Christine*, un bal dans *Richard Darlington*, un bal dans *la Tour de Nesle*?... Où avez-vous vu un bal dans *Hernani*, un bal dans *Marion Delorme*?...

Il y a, il est vrai, une espèce de musique dans *Hernani,* une espèce de bal dans *Antony;* mais, enfin, vous voyez qu'il n'y a pas abus.

« Bientôt ce sera chose obligée, continue le critique. Donc, François Ier s'amuse; il fait tout ce qu'il peut pour s'amuser. Les courtisans aussi causent, rient et cherchent à s'amuser. En voilà un grand nombre : M. de Cossé, M. de Simiane, M. de Montmorency, Clément Marot et une foule de gentilshommes, et, au milieu d'eux, le roi et Triboulet, le fou du roi, en manteau de drap d'or et la marotte à la main. Madame de Cossé laisse tomber son gant; le roi le ramasse. Les gentilshommes rient et causent de la *femme à Cossé*. Le roi en est amoureux. Triboulet lui donne un conseil pour se défaire du mari : c'est de le faire pendre; et le roi s'amuse, et les courtisans s'amusent. Du reste, il ne sera plus question de la *femme à Cossé*, et nous ne la reverrons pas. C'est vraiment dommage, car elle est jolie.

» L'action ne commence pas encore, mais les conversations continuent. Triboulet dit au roi beaucoup de mal des savants et des poëtes, et nous entendons plus tard François Ier dire *qu'il ne fait pas un temps à mettre un poëte dehors*. De leur côté, les courtisans parlent de la maîtresse de Triboulet. L'un d'eux répond :

Ma foi de gentilhomme,
Je m'en soucie autant qu'un poisson d'une pomme!

Ici, le critique se trompe, et je m'en étonne, son erreur ne lui rapportant rien. Ce n'est pas un gentilhomme qui dit les vers cités par le critique, ce n'est pas à propos de la femme de Cossé ou à Cossé que les vers sont dits. L'homme qui les dit, c'est le roi. Les gens dont il se soucie comme les poissons d'une pomme, ce sont les savants:

TRIBOULET.

Les femmes, sire, ah! Dieu!... c'est le ciel, c'est la terre,
C'est tout! mais vous avez les femmes, vous avez
Les femmes! Laissez-moi tranquille, vous rêvez
De vouloir des savants.

LE ROI.

Ma foi de gentilhomme,
Je m'en soucie autant qu'un poisson d'une pomme!

Revenons au critique.

« En ce moment se présente le comte de Saint-Vallier, qui vient faire de sanglants reproches au roi, qui, en lui faisant grâce de la vie *pour avoir* conspiré, — (il faudrait *parce qu'il a*, et non *pour avoir*, mais les critiques n'y regardent pas de si près) — a séduit sa fille Diane de Poitiers. Il est à remarquer que M. Victor Hugo aime singulièrement les vieillards, et il en place dans tous ses drames. Du moins, le langage qu'il met dans la bouche de Saint-Vallier est noble et beau. Aussi les vers ont été unanimement applaudis, mais la tirade est longue... »

C'était l'occasion, monsieur le critique, puisque vous avez cité des vers que vous trouviez ridicules, de citer au moins ceux que vous trouviez beaux. Il est vrai que cette citation détruirait l'harmonieuse raillerie de votre critique.

A votre défaut, nous les citerons, nous.

Écoutez bien : c'est à l'homme qui écrit cette langue-là que l'on conseille, comme une bonne vérité, de ne plus écrire pour le théâtre, attendu qu'il est impuissant, stérile, trivial et absurde.

SAINT-VALLIER.

Une insulte de plus! — Vous, sire, écoutez-moi
Comme vous le devez, puisque vous êtes roi!
Vous m'avez fait, un jour, mener pieds nus en Grève;
Là, vous m'avez fait grâce ainsi que dans un rêve,
Et je vous ai béni, ne sachant, en effet,
Ce qu'un roi cache au fond d'une grâce qu'il fait.
Or, vous aviez caché ma honte dans la mienne.
Oui, sire, sans respect pour une race ancienne,
Pour le sang des Poitiers, noble depuis mille ans!
Tandis que, revenant de la Grève à pas lents,
Je priais dans mon cœur le Dieu de la victoire
Qu'il vous donnât mes jours de vie en jours de gloire,
Vous, François de Valois, le soir du même jour,
Sans crainte, sans pitié, sans pudeur, sans amour,
Dans votre lit, tombeau de la vertu des femmes,
Vous avez froidement, sous vos baisers infâmes,
Terni, flétri, souillé, déshonoré, brisé
Diane de Poitiers, comtesse de Brézé ...
Quoi! lorsque j'attendais l'arrêt qui me condamne,
Tu courais donc au Louvre, ô ma chaste Diane!
Et lui, ce roi sacré chevalier par Bayard,
Jeune homme auquel il faut des plaisirs de vieillard,
Pour quelques jours de plus, dont Dieu seul sait le compte,
Ton père sous ses pieds, te marchandait ta honte;
Et cet affreux tréteau, chose horrible à penser!
Qu'un matin le bourreau vint en Grève dresser,
Avant la fin du jour, devait être, ô misère!
Ou le lit de la fille, ou l'échafaud du père!
O Dieu qui nous jugez, qu'avez-vous dit là-haut,
Quand vos regards ont vu, sur ce même échafaud,
Se vautrer, triste et louche, et sanglante et souillée,
La luxure royale en clémence habillée?...
Sire! en faisant cela, vous avez mal agi.
Que du sang d'un vieillard le pavé fût rougi,
C'était bien : ce vieillard, peut-être respectable,
Le méritait, étant de ceux du connétable;
Mais que pour le vieillard vous ayez pris l'enfant;
Que vous ayez broyé sous un pied triomphant

La pauvre femme en pleurs, à s'effrayer trop prompte,
C'est une chose impie et dont vous rendrez compte!
Vous avez dépassé votre droit d'un grand pas :
Le père était à vous, mais la fille, non pas.
Ah! vous m'avez fait grâce! ah! vous nommez la chose
Une grâce! et je suis un ingrat, je suppose!
Sire, au lieu d'abuser ma fille, bien plutôt
Que n'êtes-vous venu vous-même en mon cachot?
Je vous aurais crié : « Faites-moi mourir... Grâce!
Oh! grâce pour ma fille, et grâce pour ma race!
Oh! faites-moi mourir! la tombe et non l'affront!
Pas de tête plutôt qu'une souillure au front!
— Oh! monseigneur le roi, puisque ainsi l'on vous nomme,
Croyez-vous qu'un chrétien, un comte, un gentilhomme
Soit moins décapité, répondez, monseigneur,
Quand, au lieu de la tête, il lui manque l'honneur? »
J'aurais dit cela, sire, et, le soir, dans l'église,
Dans mon cercueil sanglant, baisant ma barbe grise,
Ma Diane au cœur pur, ma fille au front sacré,
Honorée, eût prié pour son père honoré!...
Sire, je ne viens point redemander ma fille :
Quand on n'a plus d'honneur, on n'a plus de famille.
Qu'elle vous aime ou non d'un amour insensé,
Je n'ai rien à reprendre où la honte a passé.
Gardez-la! — Seulement, je me suis mis en tête
De venir vous troubler ainsi dans chaque fête;
Et jusqu'à ce qu'un père, un frère ou quelque époux —
La chose arrivera — nous ait vengé de vous,
Pâle, à tous vos banquets je reviendrai vous dire :
« Vous avez mal agi, vous avez mal fait, sire! »
Et vous m'écouterez, et votre front terni
Ne se relèvera que quand j'aurai fini.
Vous voudrez, pour forcer ma vengeance à se taire,
Me rendre au bourreau; non! vous ne l'oserez faire,
De peur que ce ne soit mon spectre qui, demain,
                            (Montrant sa tête.)
Ne vienne vous parler, cette tête à la main!

On conçoit que le critique ne cite pas les vers que nous avons mis sous les yeux de nos lecteurs; près de pareils vers, que deviendrait sa prose?

A cette splendide sortie de Saint-Vallier, le roi s'emporte et s'écrie :

On s'oublie à ce point d'audace et de délire!...
(A M. de Pienne.)
Duc, arrêtez monsieur!

TRIBOULET.

Le bonhomme est fou, sire.

SAINT-VALLIER, *levant le bras.*

Soyez maudits tous deux!
(Au roi.)
Sire, ce n'est pas bien.
Sur le lion mourant vous lâchez votre chien!
(A Triboulet.)
Qui que tu sois, valet à langue de vipère,
Qui fais risée ainsi de la douleur d'un père,
Sois maudit!
(Au roi.)
J'avais droit d'être par vous traité
Comme une majesté par une majesté.
Vous êtes roi, moi père, et l'âge vaut le trône.
Nous avons tous les deux au front une couronne
Où nul ne doit lever de regards insolents,
Vous de fleurs de lis d'or, et moi de cheveux blancs.
Roi, quand un sacrilége ose insulter la vôtre,
C'est vous qui la vengez ; — c'est Dieu qui venge l'autre!

Le critique continue :

« Le comte de Saint-Vallier termine sa harangue, et sort en maudissant le roi et Triboulet. Le roi en rit, Triboulet en paraît foudroyé. Ce luxe de *conversations peu édifiantes, le bal et le personnage du comte de Saint-Vallier* ne se lient en aucune façon à l'action, *et tout le premier acte est employé à nous apprendre que Triboulet a une maîtresse, et que les gentilshommes de la cour veulent l'enlever...* »

Dites, monsieur le critique, que vous, *vous personnellement, vous n'avez pas vu en quoi le bal et M. de Saint-Vallier tiennent à l'action,* mais ne dites point qu'ils n'y tiennent en aucune façon.

Vous êtes aveugle, vous êtes sourd, monsieur le critique ; mais, par bonheur, nous ne nous boucherons pas les oreilles, et nous ne nous crèverons pas les yeux, pour la seule satisfaction de vous ressembler.

Tenez, vous allez voir en quoi M. de Saint-Vallier ne tient pas à l'action. L'auteur va prendre la peine de nous le dire lui-même :

« Il paraît que nos faiseurs de censures se prétendent scandalisés dans leur morale par *le Roi s'amuse.* Cette pièce a révolté la pudeur des gendarmes ; la brigade Léotaud (1) y était et la trouva obscène ; le bureau des mœurs s'est voilé la face ; M. Vidocq a rougi ; enfin, le mot d'ordre que la censure a donné à la police, et que l'on balbutie depuis quelques jours autour de nous, le voici tout net :

» C'EST QUE LA PIÈCE EST IMMORALE.

» Holà ! mes maîtres, silence sur ce point.

» Expliquons-nous pourtant, non pas avec la police, à laquelle, moi, honnête homme, je défends de parler de ces matières, mais avec le petit nombre de personnes respectables et consciencieuses qui, par des ouï-dire ou après avoir entrevu la représentation, se sont laissé entraîner à partager cette opinion, pour laquelle peut-être le nom seul du poëte inculpé aurait dû être une suffisante réfutation. Le drame est imprimé aujourd'hui, et, si vous n'étiez pas à la représentation, lisez ; si vous y étiez, lisez encore.

Souvenez-vous que cette représentation a été moins une représentation qu'une bataille, une espèce de bataille de Montlhéry, — que l'on nous passe cette comparaison un peu ambitieuse, — où les Parisiens et les Bourguignons ont prétendu, chacun de leur côté, avoir *emporté la victoire,* comme dit Mathieu.

---

(1) L'agent Léotaud est celui qui arrêta M. de Chateaubriand en 1832.

» La pièce est immorale.

» Croyez-vous? est-ce par le fond?

» Voici le fond :

» Triboulet est difforme, Triboulet est malade, Triboulet est bouffon de cour, triple misère qui le rend méchant. Triboulet hait le roi parce qu'il est le roi, les seigneurs parce qu'ils sont les seigneurs, et les hommes parce qu'ils n'ont pas tous une bosse sur le dos; son seul passe-temps est d'entre-heurter sans relâche les seigneurs contre le roi, brisant le plus faible au plus fort. Il déprave le roi, il le corrompt, il l'abrutit, il le pousse à la tyrannie, à l'ignorance, au vice. Il le lâche à travers toutes les familles de gentilshommes, lui montrant sans cesse la femme à séduire, la sœur à enlever, la fille à déshonorer.

» Le roi, dans les mains de Triboulet, n'est qu'un pantin tout-puissant qui brise les existences au milieu desquelles le bouffon le fait jouer : un jour, au milieu d'une fête, au moment même où Triboulet pousse le roi à enlever la femme de M. de Cossé, M. de Saint-Vallier pénètre jusqu'au roi, et lui reproche hautement le déshonneur de Diane de Poitiers. Ce père, auquel le roi a pris sa fille, Triboulet le raille et l'insulte. Le père lève le bras et maudit Triboulet.

» *De ceci découle toute la pièce.* Le sujet véritable du drame, C'EST LA MALÉDICTION DE M. DE SAINT-VALLIER. »

Que disiez-vous donc, monsieur le critique? « *Ce luxe de conversations peu édifiantes, le bal et le personnage de Saint-Vallier* NE SE LIENT EN AUCUNE FAÇON A L'ACTION. »

Vous ne m'avez pas l'air d'être d'accord avec l'auteur.

Au reste, voyons ce que dit encore l'auteur; nous verrons après ce que vous dites. Nous vous promettons de ne pas comparer sa prose avec la vôtre.

Écoutez, c'est Victor Hugo qui parle. — Vous êtes au second acte :

« Cette malédiction, sur qui est-elle tombée?

» Sur Triboulet, fou du roi? Non, sur Triboulet, qui est homme, qui est père, qui a un cœur, qui a une fille.

» Triboulet a une fille : tout est là. Triboulet n'a que sa fille au monde. Il la cache à tous les yeux, dans un quartier désert, dans une maison solitaire. Plus il fait circuler dans la ville la contagion du vice et de la débauche, plus il tient sa fille isolée et murée. Il élève son enfant dans l'innocence, dans la foi et dans la pudeur. Sa plus grande crainte est qu'elle ne tombe dans le mal; car il sait, lui, méchant, tout ce que l'on y souffre. Eh bien, la malédiction du vieillard atteindra Triboulet dans la seule chose qu'il aime au monde, dans sa fille. Ce même roi, que Triboulet pousse au rapt, ravira la fille de Triboulet. Le bouffon sera frappé par la Providence, exactement de la même manière que M. de Saint-Vallier, et, une fois sa fille séduite et perdue, il tendra un piége au roi pour la venger : c'est sa fille qui y tombera. Ainsi, Triboulet a deux élèves : le roi et sa fille ; le roi, qu'il dresse au vice ; sa fille, qu'il fait croître pour la vertu. L'un perdra l'autre. Il veut enlever pour le roi madame de Cossé, c'est sa fille qu'il enlève. Il veut assassiner le roi pour venger sa fille, c'est sa fille qu'il assassine. Le châtiment ne s'arrête pas à moitié chemin ; la malédiction du père de Diane s'accomplit sur le père de Blanche.

» Sans doute, ce n'est pas à nous de décider si c'est là une idée dramatique; mais, à coup sûr, c'est une idée morale. »

Eh bien, lecteur, de quel avis êtes-vous?

— Pardieu! de l'avis de Victor Hugo. — Mais pourquoi donc la critique voit-elle et entend-elle si mal? Elle est donc aveugle? elle est donc sourde?

Oh! cher lecteur, ce serait trop heureux pour elle et pour nous! Non, vous connaissez le proverbe : Il n'y a pire aveugle que celui qui ne veut pas voir, il n'y a pire sourd que celui qui ne veut pas entendre.

Et ce que l'auteur a dit de la malédiction de Saint-Vallier est si vrai, que le second acte s'ouvre par ces mots de Triboulet :

Ce vieillard m'a maudit!

Mais, comme nous l'avons dit, le critique ne voit pas cela.

Il continue son analyse :

« Au deuxième acte, Triboulet rôde la nuit auprès d'une maison modeste, voisine de l'hôtel de Cossé. Un homme à la mine hideuse vient lui faire des offres de services. Son métier est de tuer; il ne prend pas cher, et travaille chez lui et en ville. Triboulet lui répond qu'il n'a pas besoin de lui pour l'instant. Saltabadil — c'est le nom du bandit — s'éloigne, et Triboulet entre dans la maison. Alors, il prononce un long monologue dans lequel il exprime tout ce que lui fait souffrir son métier de fou du roi. — Ici, M. Hugo a trouvé encore une tirade éloquente et étincelante de beaux vers... »

Pourquoi ne pas les citer, monsieur le critique? Ah! oui, les beaux vers, cela écorche la bouche.

« Triboulet entre chez sa fille et lui exprime, poursuit le critique, toute son affection paternelle. Ici encore, ajoute-t-il, quelques beaux vers... »

Et il passe.
Mais est-ce donc si commun, les beaux vers, que vous les dédaigniez ainsi? En faites-vous? votre femme en fait-elle? vos amis en font-ils? M. Planche en fait-il? M. Janin en fait-il? M. Lireux en fait-il... dans le genre de ceux-ci?

BLANCHE.

...Mon bon père, au moins, parlez-moi de ma mère!

TRIBOULET.

Oh! ne réveille pas une pensée amère :
Ne me rappelles pas qu'autrefois j'ai trouvé
— Et, si tu n'étais là, je dirais : « J'ai rêvé! » —
Une femme, contraire à la plupart des femmes,
Qui, dans ce monde, où rien n'appareille les âmes,
Me voyant seul, infirme, et pauvre, et détesté,
M'aima pour ma misère et ma difformité!

Elle est morte, emportant dans la tombe avec elle
L'angélique secret de son amour fidèle,
De son amour passé sur moi comme un éclair;
Rayon du paradis tombé dans mon enfer!
Que la terre, toujours à me recevoir prête,
Soit légère à ce sein où reposa ma tête!

. . . .

    BLANCHE.

Mon père...

   TRIBOULET, *à sa fille.*

  Est-il ailleurs un cœur qui me réponde?
Oh! je t'aime pour tout ce que je hais au monde!
— Assieds-toi près de moi. Viens, parlons de cela.
Dis, aimes-tu ton père? Et puisque nous voilà
Ensemble, et que ta main entre mes mains repose,
Qu'est-ce donc qui nous force à parler d'autre chose?
Ma fille, ô seul bonheur que le ciel m'ait permis!
D'autres ont des parents, des frères, des amis,
Une femme, un mari, des vassaux, un cortége
D'aïeux et d'alliés, plusieurs enfants, que sais-je?
Moi, je n'ai que toi seule! Un autre est riche; — eh bien,
Toi seule es mon trésor, et toi seule es mon bien!
Un autre croit en Dieu; je ne crois qu'en ton âme!
D'autres ont la jeunesse et l'amour d'une femme;
Ils ont l'orgueil, l'éclat, la grâce et la santé;
Ils sont beaux; moi, vois-tu, je n'ai que ta beauté!
Chère enfant! — ma cité, mon pays, ma famille,
Mon épouse, ma mère, et ma sœur, et ma fille,
Mon bonheur, ma richesse, et mon culte, et ma loi,
Mon univers, c'est toi, toujours toi, rien que toi!
De tout autre côté, ma pauvre âme est froissée.
— Oh! si je te perdais!... Non, c'est une pensée
Que je ne pourrais pas supporter un moment!
Souris-moi donc un peu. — Ton sourire est charmant!
Oui, c'est toute ta mère! — Elle était aussi belle.
Tu te passes souvent la main au front comme elle,
Comme pour l'essuyer, car il faut au cœur pur
Un front tout innocent et des yeux tout azur.
Tu rayonnes pour moi d'une angélique flamme,
A travers ton beau corps, mon âme voit ton âme,

Même les yeux fermés, c'est égal, je te vois.
Le jour me vient de toi! Je me voudrais parfois
Aveugle, et l'œil voilé d'obscurité profonde,
Afin de n'avoir pas d'autre soleil au monde!

Eh bien, monsieur le critique, voulez-vous que je vous dise une chose, moi? C'est que, si une fée, comme dans ces jolis contes d'enfant que vous n'avez pas lus, — car vous n'avez jamais dû être enfant, vous, — c'est que, si une fée, sa baguette d'or à la main, venait me dire : « Que désires-tu? que souhaites-tu? que veux-tu? Demande, je tiens à ta disposition la jeunesse, la fortune, l'ambition; tu peux d'un mot avoir vingt-cinq ans, d'un mot être millionnaire, d'un mot être prince! » je lui dirais : « Oh! belle et bonne fée, je veux faire des vers comme ceux-là. »

Suivons le critique à travers le troisième acte.

Il raconte comment Blanche est amenée au Louvre; comment le roi reconnaît, dans celle qu'il prend pour la maîtresse de Triboulet, la Blanche dont il est amoureux, et comment Blanche reconnaît dans le roi Gaucher Mahiet qu'elle aime; comment Blanche, ne sachant où fuir, en voyant une porte ouverte, fuit par cette porte, et se trouve dans la chambre du roi; comment, alors, le roi entre derrière elle et referme la porte; après quoi, les seigneurs font invasion, en riant, suivis de Triboulet au désespoir.

Laissons parler le critique :

« Triboulet se présente et les regarde tous. On vient demander le roi de la part de la reine. « Il n'est pas levé. — Mais il était là tout à l'heure. — Il est à la chasse. — Ses piqueurs ne sont point partis. »

— On vous dit, comprenez-vous ceci?
Que le roi ne veut voir personne.

TRIBOULET.

Elle est ici!

» Et Triboulet veut pénétrer dans la chambre du roi ; les courtisans le repoussent ; il les supplie, ils en rient ; et Triboulet vomit contre eux l'injure, l'imprécation. Vous n'êtes pas nobles, leur dit-il,

> Au milieu des huées,
> Vos mères aux laquais se sont prostituées!

» *Et les gentilshommes supportent cela!* »

Oui, ils le supportent, monsieur le critique, et je vais vous dire pourquoi ils le supportent.

C'est que tous ces seigneurs qui ont mis la main au rapt, et qui sont en train de mettre la main au viol, croient avoir enlevé la maîtresse de Triboulet, et qu'ils apprennent tout à coup qu'ils ont enlevé sa fille.

Vous ne direz pas que la chose vous a échappé : elle est dite en beaux vers, et la voix de Ligier n'est point de celles qu'on a le prétexte de ne pas entendre.

M. DE PIENNE, *riant.*

> Triboulet a perdu sa maîtresse! — Gentille
> Ou laide, qu'il la cherche ailleurs.

TRIBOULET.

> Je veux ma fille...

TOUS.

> Sa fille!

TRIBOULET, *croisant les bras.*

> C'est ma fille! — Oui, riez maintenant!
> Ah! vous restez muets! Vous trouvez surprenant
> Que ce bouffon soit père, et qu'il ait une fille?
> Les loups et les seigneurs n'ont-ils pas leur famille?
> Ne puis-je avoir aussi la mienne? Allons, assez!
> Que si vous plaisantiez, c'est charmant; finissez!
> . . . .
> Elle est là!

(*Les courtisans se placent devant la porte du roi.*)

MAROT.

Sa folie en furie est tournée.

TRIBOULET, *reculant avec désespoir.*

Courtisans! courtisans! démons! race damnée!
C'est donc vrai qu'ils m'ont pris ma fille, ces bandits!
Une femme, à leurs yeux, ce n'est rien, je vous dis!
Quand le roi, par bonheur, est un roi de débauches,
Les femmes des seigneurs, lorsqu'ils ne sont pas gauches,
Les servent fort. — L'honneur d'une vierge, pour eux,
C'est un luxe inutile, un trésor onéreux.
Une femme est un champ qui rapporte, une ferme
Dont le royal loyer se paye à chaque terme.
. . . .
N'est-ce pas que c'est vrai, messeigneurs? — En effet,
Vous lui vendriez tous, si ce n'est déjà fait,
Pour un nom, pour un titre, ou toute autre chimère,
  (*A M. de Brion.*)
Toi, ta femme, Brion!
    (*A M. de Gordes.*)
     Toi, ta sœur!
      (*Au jeune page de Pardaillan.*)
       Toi, ta mère?

Et le critique s'étonne que tous ces seigneurs se taisent. Cela ne nous étonne pas, surtout s'ils ont des enfants.

Est-ce que ce désespoir d'un père qui perd sa fille n'est pas assez effrayant, assez solennel, assez menaçant pour qu'on fasse un instant silence devant lui?

L'auteur de l'ouvrage, qui est père, qui a écrit ce magnifique vers :

Et les cœurs de lion sont les vrais cœurs de père,

l'a cru, lui. Il s'est trompé? — Tant mieux pour lui. C'est vous qui avez raison? — Tant pis pour vous!

— Mais, si cela est ainsi, dites-vous, il eût dû nous prévenir de voir une beauté là où nous voyons un défaut.

Oh! il vous a prévenu, et à haute voix. Écoutez plutôt:

UN PAGE *se verse un verre de vin au buffet, et se met à boire en fredonnant :*

Quand Bourbon vit Marseille,
Il a dit à ses gens :
« Vrai-Dieu ! quel capitaine... »

TRIBOULET, *se retournant.*

Je ne sais à quoi tient, vicomte d'Aubusson,
Que je te brise aux dents ton verre et ta chanson !

Vous le voyez, parmi tous ces courtisans, un seul raille. Lequel ? Un enfant, un enfant de quinze ans, qui ne peut pas savoir ce que c'est que la paternité.

— Oh ! me direz-vous, oui, c'est vrai, cela y est ; mais c'était trop fin, nous ne l'avons pas vu.

Cela, messieurs, ce n'est point de ces choses qui se voient, mais qui se sentent. On a des yeux au cœur.

— Et puis, ajoutez-vous, nous n'avons pas d'enfants.

C'est vrai, eunuques et critiques meurent d'habitude sans postérité.

Nous en étions à ces mots, monsieur le critique :

« Et les gentilshommes supportent cela, *et, quand Triboulet le leur commande, ils sortent.*

» TRIBOULET RESTE SEUL, et bientôt sa fille accourt, échevelée, hors d'elle, et se jette dans ses bras. »

Ah ! vous voyez plus clair que vous ne dites, monsieur le critique, car voilà que vous mentez !

Non, ce n'est point ainsi que cela se passe.

TRIBOULET.

Ah ! Dieu ! vous ne savez que rire ou que vous taire !
C'est donc un grand plaisir de voir un pauvre père
Se meurtrir la poitrine, et s'arracher du front
Des cheveux que deux nuits pareilles blanchiront !

(*La porte de la chambre du roi s'ouvre; Blanche en sort éperdue, égarée, en désordre; elle vient tomber dans les bras de son père avec un cri terrible.*)

BLANCHE.

Mon père, ah!...

TRIBOULET, *la serrant dans ses bras.*

Mon enfant! ah! c'est elle! ah! ma fille!
Ah! messieurs!
(*Suffoqué de sanglots, et riant au travers.*)
Voyez-vous, c'est toute ma famille,
Mon ange! — Elle de moins, quel deuil dans ma maison!
— Messeigneurs, n'est-ce pas que j'avais bien raison?...
(*A Blanche.*)
Mais pourquoi pleurer, toi?

BLANCHE.

Malheureux que nous sommes!
La honte...

TRIBOULET.

Que dis-tu?

BLANCHE.

Pas devant tous ces hommes!
Rougir devant vous seul!

TRIBOULET, *se tournant vers la porte du roi.*

Oh! l'infâme! — Elle aussi!

BLANCHE.

Seule, seule avec vous!

TRIBOULET, *aux seigneurs.*

Allez-vous-en d'ici!
Et, si le roi François par malheur se hasarde
A passer près d'ici...
(*A M. de Vermandois.*)
Vous êtes de sa garde,
Dites-lui de ne pas entrer, — que je suis là!
(*Les seigneurs sortent.*)

Vous voyez bien, monsieur le critique, que Triboulet n'est pas seul quand sa fille vient se jeter dans ses bras, *et que, si les seigneurs sortent,* ce n'est point parce que le bouffon du roi leur a ordonné de sortir, mais parce qu'ils ne savent comment demeurer devant le père de Blanche.

Au lieu d'être fausse, comme vous le prétendez, la scène est, au contraire, si profondément creusée, que vous n'avez pas osé la suivre dans cette blessure du cœur que vous avez prise pour un abîme.

Oh! monsieur le critique, c'est que, pour faire le métier que vous faites, il faut être de la taille au moins de celui que vous critiquez. Voyez-vous un Lilliputien faisant l'analyse de Gulliver!

« En ce moment, continuez-vous, monsieur le critique, en ce moment, le comte de Saint-Vallier, qu'on va mener à la Bastille, recommence ses imprécations contre François Ier, et dit :

> Puisque, par votre roi d'outrages abreuvé,
> Ma malédiction n'a pas encor trouvé,
> Ici-bas ni là-haut, de voix qui me réponde,
> Pas une foudre au ciel, pas un bras d'homme au monde,
> Je n'espère plus rien; — Ce roi prospérera.
>
> TRIBOULET, *relevant la tête.*
>
> Comte! vous vous trompez! — Quelqu'un vous vengera! »

Vous voyez bien que, vous aussi, vous vous trompiez, monsieur le critique, et que M. de Saint-Vallier sert à quelque chose.

« Ce troisième acte est d'une immoralité révoltante! poursuit le critique. Le même dégoût nous attend au quatrième acte. Nous apercevons la maison du brigand Saltabadil; c'est une espèce de cabaret. Le roi y vient au milieu de la nuit; il s'attable, et demande à boire : on lui *en* apporte. »

Laissons l'auteur répondre à cette accusation formulée en si beau langage.

« Si l'ouvrage est moral par l'invention, est-ce qu'il serait immoral par l'exécution? La question, ainsi posée, nous paraît se détruire d'elle-même. Mais voyons. — Probablement, rien d'immoral au premier ni au second acte.

» Est-ce la situation du troisième acte qui vous choque? Lisez ce troisième acte, et dites-nous si l'impression qui en résulte, en toute probabilité, n'est pas profondément chaste, vertueuse, honnête?

» Est-ce le quatrième acte? Mais depuis quand n'est-il plus permis à un roi de courtiser sur la scène une servante d'auberge? Cela n'est nouveau ni dans l'histoire, ni au théâtre : *l'histoire nous permettait de vous montrer François Ier ivre dans les bouges de la rue du Pélican*. Mener un roi dans un mauvais lieu, cela ne serait pas même nouveau non plus : le théâtre grec — qui est le théâtre classique — l'a fait; Shakspeare, qui est le théâtre romantique, l'a fait. Eh bien, l'auteur de ce drame ne l'a pas fait. Il sait tout ce que l'on a écrit de la maison de Saltabadil; mais pourquoi lui faire dire ce qu'il n'a pas dit? pourquoi lui faire franchir de force une limite qui est tout en pareil cas, et qu'il n'a pas franchie? Cette bohémienne Maguelonne, tant calomniée, n'est assurément pas plus effrontée que toutes les Lisettes et toutes les Martons du vieux théâtre. La cabane de Saltabadil est une hôtellerie, une taverne; le cabaret de la *Pomme de pin*, une auberge suspecte, un coupe-gorge, soit! mais non un lupanar; c'est un lieu sinistre, terrible, horrible, effroyable, si vous voulez : ce n'est pas un lieu obscène.

Restent les détails du style. Lisez! l'auteur accepte pour juges de la sévérité austère de son style les personnes mêmes qui s'effarouchent de la nourrice de Juliette et du père d'Ophélia, de Beaumarchais et de Regnard, de l'*École des femmes* et d'*Amphitryon*, de Dandin et de Sganarelle, et de la grande scène du *Tartufe*, du *Tartufe* accusé aussi d'immoralité dans son temps. Seulement, là où il fallait être franc, il a cru devoir l'être à ses risques et périls: mais toujours avec gravité et mesure; il veut l'art chaste, mais non pas l'art prude. »

Revenons au critique.

« C'est à minuit que Saltabadil doit livrer le cadavre. Le roi, à moitié ivre, est chez Saltabadil, sans défense et couché, et il est onze heures trois quarts. Maguelonne supplie son frère d'épargner un si joli garçon. Le brigand refuse, car il est un honnête brigand, et fait son métier en conscience; seulement, il désire que quelqu'un se présente pour le tuer et le livrer au lieu de l'autre. Blanche est revenue et a tout entendu; elle a été violée par le roi; elle ne l'aime pas, il courtise les femmes les plus infâmes. Blanche va mourir pour lui ! *C'est là un dévouement de jeune fille qui n'a pu être conçu que par M. Victor Hugo...* »

Pourquoi cela? voulez-vous dire que Victor Hugo soit le seul qui ait le cœur assez grand pour comprendre ce dévouement? Alors, il me semble que le blâme tourne singulièrement à la louange.

« Blanche frappe à la porte, entre... et la toile tombe.
» Pourquoi M. Hugo ne nous a-t-il pas montré l'assassinat? Une horreur de plus, qu'est-ce que cela?
» Au cinquième acte, Triboulet vient devant le cabaret. La nuit est orageuse; minuit sonne. Alors, le brigand ouvre sa porte, et traîne par terre un sac qui contient un cadavre. Il reçoit le reste des vingt écus, et ferme sa porte. Triboulet met le pied sur le cadavre en disant:

Ceci, c'est un bouffon! et ceci, c'est un roi!

Puis il s'acharne sur le cadavre; il fait encore des imprécations, et se pavane, et parle de gloire, et de révolution, et de couronne, et revient au cadavre en lui adressant ce vers assez extraordinaire :

M'entends-tu? m'entends-tu? m'entends-tu? m'entends-tu?... »

En effet, le vers serait assez extraordinaire s'il y était ; mais, par malheur, ce vers n'y est pas.

Voici le vers qui y est, ou plutôt les vers qui y sont :

> Je te hais, *m'entends-tu?* c'est moi, roi gentilhomme;
> Moi, ce fou, ce bouffon; moi, cette moitié d'homme,
> Cet animal douteux à qui tu disais : « Chien ! »
> C'est que, quand la vengeance est en nous, vois-tu bien,
> Dans le cœur le plus mort, il n'est plus rien qui dorme;
> Le plus chétif grandit, le plus vil se transforme,
> L'esclave tire alors sa haine du fourreau,
> Et le chat devient tigre, et le bouffon bourreau !

Il y a loin de là, vous en conviendrez, à ce vers inventé par le critique.

M'entends-tu? m'entends-tu? m'entends-tu? m'entends-tu?

« Enfin, continue notre Aristarque, après un monologue interminable (interminable, oui, si vous avez entendu tous les vers à la façon dont vous avez entendu celui que vous citez, mais qui vous semblerait court, monsieur le critique, si vous étiez poëte !) après un monologue interminable, Triboulet tire le cadavre à lui et va le jeter à la Seine, lorsque sort du cabaret un chevalier qui s'éloigne le long du quai. Triboulet a reconnu le roi; alors il déchire le sac, et, à la lueur d'un éclair, il reconnaît sa fille ! Il appelle au secours; on vient avec des flambeaux. Blanche respire encore. On va chercher un médecin ; à peine est-il arrivé, qu'elle meurt, et, au même instant, Triboulet tombe mort.

» Telle est cette pièce monstrueuse, où l'histoire est méprisée, les mœurs du temps méconnues; des caractères tels que ceux de François Ier et de Clément Marot avilis, calomniés; où étincellent *à peine* quelques beaux vers pour racheter le vide de la conception, l'absence d'une conduite habile, le manque absolu d'intérêt ; où, enfin, se mêlent, comme dans un chaos, l'horrible, l'ignoble, l'immoral. »

Eh bien, monsieur le critique, êtes-vous content? Vous êtes-vous bien vengé de l'homme de génie? avez-vous bien foulé aux pieds son drame, comme Triboulet le cadavre de celui qu'il croit son ennemi?

Non! et vous recommencez votre monologue. Ah! celui-là, vous le trouvez court, n'est-ce pas? C'est celui de la haine.

Continuez donc! ce n'est pas une haine sans cause, que la haine du petit contre le grand, et parfois, comme Triboulet nous l'a fait voir à l'endroit du roi, et comme vous allez nous le faire voir à l'endroit du drame, parfois elle tue.

« La première représentation, ajoute le critique, a offert le le scandale d'*admirateurs forcenés* et tumultueux qui, à chaque coup de sifflet qui se faisait entendre, s'écriaient: « A bas les stupides! à la porte les brutes! » C'était une cohorte nombreuse d'amis introduite dans la salle avant l'heure accoutumée, une cohorte bien disciplinée, et applaudissant à outrance tout ce qui donnait au public un véritable dégoût. Cependant, malgré cette claque extraordinaire, les sifflets ont été assez forts pour que le nom de M. Victor Hugo n'ait été jeté que dans le tumulte.

» Malgré cette chute éclatante, on annonce pour jeudi une seconde représentation.

» *Hernani*, comparé à ce drame, est un véritable chef-d'œuvre... (ah! monsieur le critique, si nous avions le temps, comme nous lirions ce que vous avez dit d'*Hernani!*) et l'on peut appliquer à M. Victor Hugo l'épigramme de Boileau contre Corneille.

> Après l'*Agésilas*,
> Hélas!
> Mais, après l'*Attila*,
> Holà! »

Croyez-vous, monsieur le critique, que ces quatre vers de Boileau contre l'auteur du *Cid*, de *Cinna* et de *Polyeucte* ne soient pas une des pauvretés que Boileau ait faites? Mais, au moins, Boileau se bornait à dénoncer les pièces du vieux Corneille comme faibles : il ne les dénonçait pas à la police comme immorales.

Aussi avec quelle satisfaction le critique ne termine-t-il pas son article par ces mots :

« Nous apprenons ce soir que M. le ministre des travaux publics a donné l'ordre de cesser la représentation de cette pièce.

Maintenant suivons le drame de notre ami Victor Hugo devant le tribunal de commerce, comme nous l'avons suivi sur la scène du théâtre Richelieu ; seulement, laissons parler l'auteur lui-même. — La prose de M. Victor Hugo vaut bien la mienne ; par conséquent, mes lecteurs ne se plaindront pas.

« L'apparition de ce drame au théâtre a donné lieu à un acte ministériel inouï.

» Le lendemain de la première représentation, l'auteur reçut de M. Jouslin de la Salle, directeur de la scène au Théâtre-Français, le billet suivant, dont il conserve précieusement l'original :

« Il est dix heures et demie, et je reçois à l'instant *l'ordre*
» de suspendre les représentations du *Roi s'amuse*. C'est
» M. Taylor qui me communique cet ordre de la part du
» ministre.

» Ce 23 novembre. »

» Le premier mouvement de l'auteur fut de douter. L'acte était arbitraire au point d'être incroyable.

» En effet, ce qu'on a appelé la *Charte-Vérité* dit : « Les
» Français ont le droit de *publier*... » Remarquez que le texte ne dit pas seulement le *droit d'imprimer*, mais largement et grandement le *droit de publier*. Or, le théâtre n'est qu'un moyen de publication comme la presse, comme la gravure, comme la lithographie. La liberté du théâtre est donc im-

plicitement écrite dans la Charte, avec toutes les autres libertés de la pensée. La loi fondamentale ajoute : « La censure ne pourra jamais être rétablie. » Or, le texte ne dit pas *la censure des journaux, la censure des livres*; il dit *la censure*, la censure en général, toute censure, celle du théâtre comme celle des écrits. Le théâtre ne saurait donc désormais être légalement censuré.

» Ailleurs, la Charte dit : « La confiscation est abolie. » Or, la suppression d'une pièce de théâtre après la représentation n'est pas seulement un acte monstrueux de censure et d'arbitraire, c'est une véritable confiscation, c'est une propriété violemment dérobée au théâtre et à l'auteur.

» Enfin, pour que tout soit net et clair, pour que les quatre ou cinq grands principes spéciaux que la révolution française a coulés en bronze restent intacts sur leurs piédestaux de granit, pour qu'on ne puisse attaquer sournoisement le droit commun des Français avec quarante mille vieilles armes ébréchées que la rouille et la désuétude dévorent dans l'arsenal de nos lois, la Charte, dans un dernier article, abolit expressément tout ce qui, dans les lois antérieures, serait contraire à son texte et à son esprit.

» Ceci est formel. La suppression ministérielle d'une pièce de théâtre attente à la liberté par la censure, à la propriété par la confiscation. Tout notre droit public se révolte contre une pareille voie de fait.

» L'auteur, ne pouvant croire à tant d'insolence et de folie, courut au théâtre. Là, le fait lui fut confirmé de toutes parts. Le ministre avait, en effet, de son droit divin de ministre, intimé *l'ordre* en question. Le ministre n'avait pas de raison à donner. Le ministre lui avait pris sa pièce, lui avait pris son droit, lui avait pris sa chose. Il ne restait plus qu'à le mettre, lui, poëte, à la Bastille.

» Nous le répétons, dans le temps où nous vivons, lorsqu'un pareil acte vient vous barrer le passage, et vous prendre brusquement au collet, la première impression est un profond étonnement. Mille questions se pressent dans votre esprit. — Où est la loi ? où est le droit ? Est-ce que cela peut se passer ainsi ? est-ce qu'il y a eu, en effet, quelque chose qu'on a appelé la révolution de juillet ? Il est évident que nous ne sommes plus à Paris ! Dans quel pachalik vivons-nous ?

» La Comédie-Française, stupéfaite et consternée, voulut essayer encore quelques démarches près du ministre pour obtenir la révocation de cette étrange décision ; mais elle perdit sa peine. Le divan... je me trompe, le conseil des ministres s'était assemblé dans la journée.

» Le 23, ce n'était qu'un ordre du ministre ; le 24 ce fut un ordre du ministère.

» Le 23, la pièce n'était que *suspendue;* le 24, elle fut définitivement défendue. Il fut même enjoint au théâtre de rayer de son affiche ces quatre mots redoutables : *le Roi s'amuse.* Il lui fut enjoint, en outre, à ce malheureux Théâtre-Français, de ne pas se plaindre et de ne souffler mot. Peut-être serait-il beau, loyal et noble de résister à un despotisme si asiatique ; mais les théâtres n'osent pas. La crainte du retrait de leur privilége les fait serfs et sujets, taillables et corvéables à merci, eunuques et muets.

» L'auteur demeura et dut rester étranger à ces démarches du théâtre. Il ne dépend, lui, poëte, d'aucun ministre. Ces prières et ces sollicitations, que son intérêt mesquinement consulté lui conseillait peut-être, son devoir de libre écrivain les lui défendait. Demander grâce au pouvoir, c'est le reconnaître. La liberté et la propriété ne sont pas choses d'antichambre. Un droit ne se traite pas comme une faveur. Pour une faveur, réclamez devant le ministre ; pour un droit, réclamez devant le pays.

» C'est donc au pays qu'il s'adresse. Il a deux voies pour obtenir justice : l'opinion publique et les tribunaux. Il les choisit toutes deux.

» Devant l'opinion publique, le procès est déjà jugé et gagné. Et, ici, l'auteur doit remercier hautement toutes les personnes graves et indépendantes de la littérature et des arts qui lui ont donné, dans cette occasion, tant de preuves de sympathie et de cordialité. Il comptait d'avance sur leur appui. Il sait que, lorsqu'il s'agit de lutter pour la liberté de l'intelligence et de la pensée, il n'ira pas seul au combat.

» Et, disons-le en passant, le pouvoir par un assez lâche calcul, s'était flatté d'avoir pour auxiliaires, dans cette occasion, jusque dans les rangs de l'opposition, les passions littéraires soulevées depuis si longtemps autour de l'auteur. Il avait cru les haines littéraires plus tenaces encore que les haines politiques, se fondant sur ce que les premières ont leurs racines dans les amours-propres, et les secondes seulement dans les intérêts. Le pouvoir s'est trompé. Son acte brutal a révolté les hommes honnêtes dans tous les camps. L'auteur a vu se rallier à lui, pour faire face à l'arbitraire et à l'injustice, ceux-là mêmes qui l'attaquaient le plus violemment la veille. Si par hasard quelques haines invétérées ont persisté, elles regrettent maintenant le secours momentané qu'elles ont apporté au pouvoir. Tout ce qu'il y a d'honorable et de loyal parmi les ennemis de l'auteur est venu lui tendre la main, quitte à recommencer le combat littéraire aussitôt que le combat politique sera fini. En France, quiconque est persécuté n'a plus d'ennemi que le persécuteur.

» Si, maintenant, après avoir établi que l'acte ministériel est odieux, inqualifiable, impossible en droit, nous voulons bien descendre pour un moment à le discuter comme fait matériel, et à chercher de quels éléments ce fait semble devoir être composé, la première question qui se présente est celle-ci, et il n'est personne qui ne se la soit faite : — Quel peut être le motif d'une pareille mesure ?

» Certes, si nous daignions descendre encore un instant à accepter pour une minute cette fiction ridicule, que, dans cette occasion, c'est le soin de la morale publique qui émeut nos maîtres, et que, scandalisés de l'état de licence où certains théâtres sont tombés depuis dix ans, ils ont voulu à la fin, poussés à bout, faire, à travers toutes les lois et tous les droits, un exemple sur un ouvrage et un écrivain, certes, le choix de l'ouvrage serait singulier, il faut en convenir, mais le choix de l'écrivain ne le serait pas moins. Et, en effet, quel est l'homme auquel ce pouvoir myope s'attaque si étrangement ? C'est un écrivain ainsi placé que, si son talent peut être contesté de tous, son caractère ne l'est de personne. C'est un honnête homme avéré, prouvé et constaté, chose rare et vénérable en ce temps-ci. C'est un poëte que cette même licence des théâtres révolterait et indignerait tout le premier; qui, il y a dix-huit mois, sur le bruit que l'inquisition des théâtres allait être illégalement rétablie, est allé de sa personne, en compagnie de plusieurs auteurs dramatiques, avertir le ministre qu'il eût à se garder d'une pareille mesure; et qui, là, a réclamé hautement une loi répressive des excès du théâtre, tout en protestant contre la censure avec des paroles sévères que le ministre, à coup sûr, n'a pas oubliées. C'est un artiste dévoué à l'art, qui n'a jamais cherché le succès par de pauvres moyens, qui s'est habitué toute sa vie à regarder le public fixement en face. C'est un homme sincère et modéré, qui a déjà livré plus d'un combat pour toute liberté et contre tout arbitraire; qui, en 1829, dans la dernière année de la Restauration, a repoussé tout ce que le gouvernement d'alors lui offrait pour le dédommager de l'interdit lancé sur *Marion Delorme,* et qui, un an plus tard, en 1830, la révolution de juillet étant faite, a refusé, malgré tous les conseils de son intérêt matériel, de laisser représenter cette même *Marion Delorme,* tant qu'elle pourrait être une occasion d'attaque et d'insulte contre le roi tombé, qui l'avait proscrite ; conduite bien simple, sans doute, que tout homme d'honneur eût tenue à sa place, mais qui aurait peut-être dû le rendre inviolable désormais à toute censure, et à propos de laquelle il écrivait, lui, en août 1831 : « Les » succès de scandale cherché et d'allusions politiques ne lui » sourient guère, il l'avoue. Ces succès valent peu et durent » peu. Et puis c'est précisément quand il n'y a plus de cen- » sure qu'il faut que les auteurs se censurent eux-mêmes, » honnêtement, consciencieusement. C'est ainsi qu'ils place-

» ront haut la dignité de l'art. Quand on a toute liberté, il sied
» de garder toute mesure (1). »

» A présent que la prétendue immoralité de ce drame est réduite à néant, à présent que tout l'échafaudage des mauvaises et honteuses raisons est là, gisant sous nos pieds, il serait temps de signaler le véritable motif de la mesure, le motif d'antichambre, le motif de cour, le motif qu'on ne dit pas, le motif qu'on n'ose s'avouer à soi-même, le motif qu'on avait si bien caché sous un prétexte. Ce motif a déjà transpiré dans le public, et le public a deviné juste. Nous n'en dirons pas davantage. Il est peut-être utile à notre cause que ce soit nous qui offrions à nos adversaires l'exemple de la courtoisie et de la modération. Il est bon que la leçon de dignité et de sagesse soit donnée par le particulier au gouvernement, par celui qui est persécuté à celui qui persécute. D'ailleurs, nous ne sommes pas de ceux qui pensent guérir leur blessure en empoisonnant la plaie d'autrui. Il n'est que trop vrai qu'il y a, au troisième acte de cette pièce, un vers où la sagacité maladroite de quelques familiers du palais a découvert une allusion (je vous demande un peu, moi, une allusion !) à laquelle ni le public ni l'auteur n'avaient songé jusque-là, mais qui, une fois dénoncée de cette façon, devient la plus cruelle et la plus sanglante des injures. Il n'est que trop vrai que ce vers a suffi pour que l'affiche déconcertée du Théâtre-Français reçût l'ordre de ne plus offrir une seule fois à la curiosité du public la petite phrase séditieuse : *le Roi s'amuse*. Ce vers, qui est un fer rouge, nous ne le citerons pas ici ; nous ne le signalerons même ailleurs qu'à la dernière extrémité, et si l'on est assez imprudent pour y acculer notre défense. Nous ne ferons pas revivre de vieux scandales historiques. Nous épargnerons autant que possible à une personne haut placée les conséquences de cette étourderie de courtisans. On peut faire, même à un roi, une guerre généreuse. Nous entendons la faire ainsi. Seulement, que les puissants méditent sur l'inconvénient d'avoir pour ami l'ours qui ne sait écraser qu'avec le pavé de la censure les allusions imperceptibles qui viennent se poser sur leur visage.

» Nous ne savons même pas si nous n'aurions pas dans la lutte quelque indulgence pour le ministère lui-même. Tout ceci, à vrai dire, nous inspire une grande pitié. Le gouvernement de juillet est tout nouveau-né, il n'a que trente mois, il est encore au berceau, il a de petites fureurs d'enfant. Mérite-t-il, en effet, qu'on dépense contre lui beaucoup de colère virile ? Quand il sera grand, nous verrons.

» Cependant, à n'envisager la question, pour un instant, que sous le point de vue privé, la confiscation censoriale dont il s'agit cause encore plus de dommage peut-être à l'auteur de ce drame qu'à tout autre. En effet, depuis quatorze ans qu'il écrit, il n'est pas un de ses ouvrages qui n'ait eu l'honneur malheureux d'être choisi pour champ de bataille à son apparition, et qui n'ait disparu d'abord pendant un temps plus ou moins long sous la poussière, la fumée et le bruit. Aussi, quand il donne une pièce de théâtre, ce qui lui importe avant tout, ne pouvant espérer un auditoire calme dès la première soirée, c'est la série des représentations. S'il arrive que, le premier jour, sa voix soit couverte par le tumulte, que sa pensée ne soit pas comprise, les jours suivants peuvent corriger le premier jour. *Hernani* a eu cinquante-trois représentations ; *Marion Delorme* a eu soixante et une représentations ; *le Roi s'amuse*, grâce à une violence ministérielle, n'aura eu qu'une représentation. Assurément, le tort fait à l'auteur est grand. Qui lui rendra intacte et au point où elle en était, cette troisième expérience si importante pour lui ? qui lui dira de quoi eût été suivie cette première représentation ? qui lui rendra le public du lendemain, ce public ordinairement impartial, ce public sans amis et sans ennemis, ce public qui enseigne le poëte et que le poëte enseigne ?

» Le moment de transition politique où nous sommes est curieux. C'est un de ces instants de fatigue générale, où tous les actes despotiques sont possibles dans la société, même la plus infiltrée d'idées d'émancipation et de liberté. La France a marché vite en juillet 1830; elle a fait trois bonnes journées;

elle a fait trois grandes étapes dans le champ de la civilisation et du progrès. Maintenant, beaucoup sont harassés, beaucoup sont essoufflés, beaucoup demandent à faire halte. On veut retenir les esprits généreux, qui ne se lassent pas et qui vont toujours ; on veut attendre les tardifs qui sont restés en arrière et leur donner le temps de rejoindre. De là une crainte singulière de tout ce qui remue, de tout ce qui parle, de tout ce qui pense. Situation bizarre, facile à définir. Ce sont toutes les existences qui ont peur de toutes les idées ; c'est la ligue des intérêts froissés du mouvement des théories ; c'est le commerce qui s'effarouche des systèmes ; c'est le marchand qui veut vendre ; c'est la rue qui effraye le comptoir ; c'est la boutique armée qui se défend.

» A notre avis, le gouvernement abuse de cette disposition au repos et de cette crainte des révolutions nouvelles. Il en est venu à tyranniser petitement. Il a tort pour lui et pour nous. S'il croit qu'il y a maintenant indifférence dans les esprits pour les idées de liberté, il se trompe : il n'y a que lassitude. Il lui sera demandé sévèrement compte un jour de tous les actes illégaux que nous voyons s'accumuler depuis quelque temps. Que de chemin il nous a fait faire ! il y a deux ans, on pouvait craindre pour l'ordre ; on est maintenant à trembler pour la liberté ! Des questions de libre pensée, d'intelligence et d'art sont tranchées impérialement par les vizirs du roi des barricades. Il est profondément triste de voir comment se termine la révolution de juillet, *mulier formosa supernè.*

» Sans doute, si l'on ne considère que le peu d'importance de l'ouvrage et de l'auteur dont il est ici question, la mesure ministérielle qui les frappe n'est pas grand'chose. Ce n'est qu'un méchant petit coup d'État littéraire, qui n'a d'autre mérite que de ne pas trop dépareiller la collection d'actes arbitraires à laquelle il fait suite. Mais, si l'on s'élève plus haut, on verra, qu'il ne s'agit pas seulement dans cette affaire d'un drame et d'un poëte, mais, nous l'avons dit en commençant, que la liberté et la propriété sont toutes deux, sont tout entières engagées dans la question. Ce sont là de hauts et sérieux intérêts, et, quoique l'auteur soit obligé d'entamer cette importante affaire par un simple procès commercial au Théâtre-Francais, ne pouvant attaquer directement le ministère, barricadé derrière les fins de non-recevoir du conseil d'État, il espère que sa cause sera, aux yeux de tous, une grande cause le jour où il se présentera à la barre du tribunal consulaire, avec la liberté à sa droite et la propriété à sa gauche. Il parlera lui-même au besoin pour l'indépendance de son art. Il plaidera son droit fermement, avec gravité et simplicité, sans haine des personnes et sans crainte aussi. Il compte sur le concours de tous, sur l'appui franc et cordial de la presse, sur la justice de l'opinion, sur l'équité des tribunaux. Il réussira, il n'en doute pas. L'état de siége sera levé dans la cité littéraire comme dans la cité politique.

» Quand cela sera fait, quand il aura rapporté chez lui, intacte, inviolable et sacrée, sa liberté de poëte et de citoyen, il se remettra paisiblement à l'œuvre de sa vie, dont on l'arrache violemment, et qu'il eût voulu ne jamais quitter un instant. Il a sa besogne à faire, il le sait, et rien ne l'en distraira. Pour le moment, le rôle politique lui vient : il ne l'a pas cherché, il l'accepte. Vraiment, le pouvoir qui s'attaque à nous n'aura pas gagné grand'chose à ce que, nous, hommes d'art, nous quittions notre tâche consciencieuse, tranquille, sincère, profonde; notre tâche sainte, notre tâche du passé et de l'avenir, pour aller nous mêler, indignés et sévères, à cet auditoire irrévérent et railleur, qui, depuis quinze ans, regarde passer avec des huées et des sifflets quelques pauvres diables de gâcheurs politiques, lesquels s'imaginent qu'ils bâtissent un édifice social, parce qu'ils vont tous les jours à grand'peine, suant et soufflant, brouetter des tas de projets de loi des Tuileries au Palais-Bourbon, et du Palais-Bourbon au Luxembourg ! »

Le 19 décembre 1832, l'affaire vint devant le tribunal de commerce.

Tout le Paris artistique s'était rassemblé dans la salle de la Bourse, étonnée de voir si bonne compagnie.

Après que son avocat eut parlé, Victor Hugo se leva et prononça le discours suivant :

« Messieurs, après l'orateur éloquent (1) qui me prête si généreusement l'assistance puissante de sa parole, je n'aurais rien à dire si je ne croyais de mon devoir de ne pas laisser passer sans une protestation solennelle et sévère l'acte hardi et coupable qui a violé tout notre droit public dans ma personne.

» Cette cause, messieurs, n'est pas une cause ordinaire. Il semble à quelques personnes, au premier aspect, que ce n'est qu'une simple action commerciale, qu'une réclamation d'indemnité pour la non-exécution d'un contrat privé, en un mot, que le procès d'un auteur à un théâtre. Non, messieurs, c'est plus que cela, c'est le procès d'un citoyen à un gouvernement. Au fond de cette affaire, il y a une pièce défendue *par ordre*; or, une pièce défendue par ordre, c'est la censure, et la Charte abolit la censure; une pièce défendue par ordre, c'est la confiscation. Votre jugement, s'il m'est favorable, et il me semble que je vous ferais injure d'en douter, sera un blâme manifeste, quoique indirect, de la censure et de la confiscation.

» Vous voyez, messieurs, combien l'horizon de la cause s'élève et s'élargit. Je plaide ici pour quelque chose de plus haut que mon intérêt propre; je plaide pour mes droits les plus généraux, pour mon droit de penser et pour mon droit de posséder, c'est-à-dire pour le droit de tous. C'est une cause générale que la mienne, comme c'est une équité absolue que la vôtre. Les petits détails du procès s'effacent devant la question ainsi posée. Je ne suis plus simplement un écrivain, vous n'êtes plus simplement des juges consulaires. Votre conscience est face à face avec la mienne. Sur ce tribunal, vous représentez une idée auguste, et moi, à cette barre, j'en représente une autre. Sur votre siége, il y a la justice; sur le mien, il y a la liberté.

« Or, la justice et la liberté sont faites pour s'entendre. La liberté est juste, et la justice est libre.

(1) M. Odilon Barrot.

» Ce n'est pas la première fois, M. Odilon Barrot vous l'a dit avant moi, messieurs, que le tribunal de commerce aura été appelé à condamner, sans sortir de sa compétence, les actes arbitraires du pouvoir. Le premier tribunal qui a déclaré illégales les ordonnances du 25 juillet 1830, personne ne l'a oublié, c'est le tribunal de commerce. Vous suivrez, messieurs, ces mémorables antécédents, et, quoique la question soit bien moindre, vous maintiendrez le droit aujourd'hui, comme vous l'avez maintenu alors ; vous écouterez, je l'espère, avec sympathie, ce que j'ai à vous dire ; vous avertirez par votre sentence le gouvernement qu'il entre dans une voie mauvaise, et qu'il a eu tort de brutaliser l'art et la pensée ; vous me rendrez mon droit et mon bien ; vous flétrirez au front la police et la censure, qui sont venues chez moi, de nuit, me voler ma liberté et ma propriété avec effraction de la Charte.

» Et ce que je dis ici, je le dis sans colère ; cette réparation que je vous demande, je la demande avec gravité et modération. A Dieu ne plaise que je gâte la beauté et la bonté de ma cause par des paroles violentes ! Qui a le droit a la force, et qui a la force dédaigne la violence.

» Oui, messieurs, le droit est de mon côté. L'admirable discussion de M. Odilon Barrot vous a prouvé victorieusement qu'il n'y a rien dans l'acte ministériel qui a défendu *le Roi s'amuse* que d'arbitraire, d'illégal et d'inconstitutionnel. En vain essayerait-on de faire revivre, pour attribuer la censure au pouvoir, une loi de la Terreur, une loi qui ordonne en propres termes aux théâtres de jouer trois fois par semaine les tragédies de *Brutus* de de *Guillaume Tell*, de ne monter que des pièces républicaines, et d'arrêter les représentations de tout ouvrage qui tendrait, je cite textuellement, *à dépraver l'esprit public et à réveiller la honteuse superstition de la royauté*. Cette loi, messieurs, les appuis actuels de la royauté nouvelle oseraient-ils bien l'invoquer, et l'invoquer contre *le Roi s'amuse ?* N'est-elle pas évidemment abrogée dans son texte comme dans son esprit ? Faite pour la Terreur, elle est morte avec la Terreur. N'en est-il pas de même de tous ces décrets impériaux d'après lesquels, par exemple, le pouvoir aurait non-seulement le droit de censurer les ouvrages de théâtre, mais encore la faculté d'envoyer, selon son bon plaisir et sans jugement, un auteur en prison? Est-ce que tout cela existe à l'heure qu'il est? est-ce que toute cette législation d'exception et de raccroc n'a pas été solennellement raturée par la Charte de 1830? Nous en appelons au serment sérieux du 9 août. La France de juillet n'a à compter, ni avec le despotisme conventionnel, ni avec le despotisme impérial. La Charte de 1830 ne se laisse bâillonner ni par 1807, ni par 93.

» La liberté de penser, dans tous ses modes de publication, par le théâtre comme par la presse, par la chaire comme par la tribune, c'est là, messieurs, une des principales bases de notre droit public. Sans doute, il faut pour chacun de ces modes de publication une loi organique, une loi répressive et non préventive, une loi de bonne foi, d'accord avec la loi fondamentale, et qui, en laissant toute carrière à la liberté, emprisonne la licence dans une pénalité sévère. Le théâtre en particulier, comme lieu public, nous nous empressons de le déclarer, ne saurait se soustraire à la surveillance légitime de l'autorité municipale. Eh bien, messieurs, cette loi, plus facile à faire peut-être qu'on ne pense communément, et que chacun de nous, poëtes dramatiques, a probablement construite plus d'une fois dans son esprit, cette loi manque, cette loi n'est pas faite. Nos ministres, qui produisent, bon an, mal an, de soixante et dix à quatre-vingts lois par session, n'ont pas jugé à propos de produire celle-là. Une loi sur les théâtres, cela leur aura paru chose peu urgente. Chose peu urgente en effet, qui n'intéresse que la liberté de la pensée, le progrès de la civilisation, la morale publique, le nom des familles, l'honneur des particuliers, et, à de certains moments, la tranquilité de Paris, c'est-à-dire la tranquillité de la France, c'est-à-dire la tranquillité de l'Europe !

» Cette loi de la liberté des théâtres, qui aurait dû être formulée depuis 1830 dans l'esprit de la nouvelle Charte, cette loi manque, je le répète, et manque par la faute du gouvernement. La législation antérieure est évidemment écroulée, et tous les sophismes dont on replâtrerait sa ruine ne la reconstruiraient pas. Donc, entre une loi qui n'existe plus et une loi qui n'existe pas encore, le pouvoir est sans droit pour arrêter une pièce de théâtre. Je n'insisterai pas sur ce que M. Odilon Barrot a si souverainement démontré.

» Ici se présente une objection de second ordre que je vais cependant discuter. — La loi manque, il est vrai, dira-t-on; mais, dans l'absence de la législation, le pouvoir doit-il rester complétement désarmé? Ne peut-il pas apparaître tout à coup sur le théâtre une de ces pièces infâmes — faites, évidemment, dans un but de marchandise et de scandale — où tout ce qu'il y a de saint, de religieux et de moral dans le cœur de l'homme, soit effrontément raillé et moqué; où tout ce qui fait le repos de la famille et la paix de la cité soit remis en question; où même des personnes vivantes soient piloriées sur la scène, au milieu des huées de la multitude? La raison d'État n'imposerait-elle pas au gouvernement le devoir de fermer le théâtre à ces ouvrages si monstrueux, malgré le silence de la loi? — Je ne sais pas, messieurs, s'il a jamais été fait de pareils ouvrages, je ne veux pas le savoir, je ne veux pas le croire, et je n'accepterais en aucune façon la charge de les dénoncer ici; mais, dans ce cas-là même, je le déclare, tout en déplorant le scandale causé, tout en comprenant que d'autres conseillent au pouvoir d'arrêter sur-le-champ un ouvrage de ce genre, et d'aller ensuite demander aux Chambres un bill d'indemnité, je ne ferai pas, moi, fléchir la rigueur du principe. Je dirai au gouvernement: Voilà les conséquences de votre négligence à présenter une loi aussi pressante que la loi de la liberté théâtrale! Vous êtes dans votre tort, réparez-le; hâtez-vous de demander une législation pénale aux Chambres, et, en attendant, poursuivez le drame coupable avec le code de la presse, qui, jusqu'à ce que les lois spéciales soient faites, régit, selon moi, tous les modes de publicité. Je dis selon moi, car ce n'est ici que mon opinion personnelle. Mon illustre défenseur, je le sais, n'admet qu'avec plus de restriction que moi la liberté des théâtres; je parle ici, non avec les lumières du jurisconsulte, mais avec le simple bon sens du citoyen: si je me trompe, qu'on ne prenne acte de mes paroles que contre moi, et non contre mon défenseur. Je le répète, messieurs, je ne ferai pas fléchir la rigueur du principe ; je n'accorderai pas au pouvoir la faculté de confisquer la liberté dans un cas même légitime en apparence, de peur qu'il n'en vint un jour à la confisquer dans tous les cas ; je penserais que réprimer le scandale par l'arbitraire, c'est faire deux scandales au lieu d'un ; et je dirais, avec un homme éloquent et grave, qui doit gémir aujourd'hui de la façon dont ses disciples appliquent sa doctrine : *Il n'y a pas de droit au-dessus du droit.*

» Or, messieurs, si un pareil abus de pouvoir, tombant même sur une œuvre de licence, d'effronterie et de diffamation, serait déjà inexcusable, combien ne l'est-il pas davantage, et que ne doit-on pas dire quand il tombe sur un ouvrage d'art pur, quand il s'en va choisir, pour la proscrire, à travers toutes les pièces qui ont été données depuis deux ans, précisément une composition sérieuse, austère et morale? C'est pourtant là ce que le gauche pouvoir qui nous administre a fait en arrêtant *le Roi s'amuse.* M. Odilon Barrot vous a prouvé qu'il avait agi sans droit ; je vous prouve, moi, qu'il a agi sans raison.

» Les motifs que les familiers de la police ont murmurés pendant quelques jours autour de nous pour expliquer la prohibition de cette pièce sont de trois espèces : il y a la raison morale, la raison politique, et, il faut bien le dire aussi, quoique cela soit risible, la raison littéraire. Virgile raconte qu'il entrait plusieurs ingrédients dans les foudres que Vulcain fabriquait pour Jupiter. Le petit foudre ministériel qui a frappé ma pièce, et que la censure avait forgé pour la police, est fait avec trois mauvaises raisons tordues ensemble, mêlées et amalgamées, *tres imbris torti radios.* Examinons-les l'une après l'autre.

» Il y a d'abord, ou plutôt il y avait, la raison morale. Oui, messieurs, je l'affirme, parce que cela est incroyable, la police a prétendu d'abord que *le Roi s'amuse* était, je cite l'expression, *une pièce immorale.* J'ai déjà imposé silence à la police sur ce point. En publiant *le Roi s'amuse,* j'ai déclaré hautement, non pour la police, mais pour les hommes honorables qui veulent bien me lire, que ce drame était profondément moral et sévère. Personne ne m'a démenti, et personne ne me démentira, j'en ai l'intime conviction au fond de ma conscience d'honnête homme. Toutes les préventions que la police avait un moment réussi à soulever contre la moralité de cette œuvre sont évanouies à l'heure où je parle. Quatre mille exemplaires du livre, répandus dans le public, ont plaidé ce procès chacun de leur côté, et ces quatre mille avocats ont gagné leur cause. Dans une pareille matière, d'ailleurs, une affirmation suffisait. Je ne rentrerai donc pas dans une discussion superflue. Seulement, pour l'avenir comme pour le passé, que la police sache, une fois pour toutes, que je ne fais pas de pièces immorales. Qu'elle se le tienne pour dit, je n'y reviendrai plus.

» Après la raison morale, il y a la raison politique. Ici, messieurs, comme je ne pourrais exprimer que les mêmes idées en d'autres termes, permettez-moi de vous citer une page de la préface que j'ai attachée au drame... (Cette page de la préface, nous l'avons mise nous-même sous les yeux de nos lecteurs.)

» Après la raison morale et la raison politique, il y a la raison littéraire. Un gouvernement arrêtant une pièce pour des raisons littéraires, ceci est étrange, et ceci n'est pourtant pas sans réalité. Souvenez-vous — si toutefois cela vaut la peine qu'on s'en souvienne — qu'en 1829, à l'époque où les premiers ouvrages dits *romantiques* apparaissaient sur le théâtre, vers le moment où la Comédie-Française recevait *Marion Delorme*, une pétition, signée par sept personnes, fut présentée au roi Charles X, pour obtenir que le Théâtre-Français fût fermé tout bonnement, et de par le roi, aux ouvrages de ce que l'on appelait la *nouvelle école*. Charles X se prit à rire, et répondit spirituellement qu'en matière littéraire, il n'avait, comme nous tous, *que sa place au parterre*. La pétition expira sous le ridicule. Eh bien, messieurs, aujourd'hui, plusieurs des signataires de cette pétition sont députés, députés influents de la majorité, ayant part au pouvoir, et votant le budget. Ce qu'ils pétitionnaient timidement en 1829, ils ont pu, tout-puissants qu'ils sont, le faire en 1832.

» La notoriété publique raconte, en effet, que ce sont eux qui, le lendemain de la première représentation, ont abordé le ministre à la chambre des députés, et ont obtenu de lui, sous tous les prétextes moraux et politiques possibles, que *le Roi s'amuse* fût arrêté. Le ministre, homme ingénu, innocent et candide, a bravement pris le change; il n'a pas su démêler, sous toutes ces enveloppes, l'animosité directe et personnelle; il a cru faire de la proscription politique : j'en suis fâché pour lui, on lui a fait faire de la proscription littéraire. Je n'insisterai pas davantage là-dessus... Cela m'inspire infiniment moins de colère que de pitié; c'est curieux, voilà tout. Le gouvernement prêtant main-forte à l'Académie en 1832! Aristote redevenu loi de l'État! une imperceptible révolution littéraire manœuvrant à fleur d'eau au milieu de nos grandes révolutions politiques! des députés qui ont déposé Charles X travaillant dans un petit coin à restaurer Boileau! quelle pauvreté!...

» Messieurs, je me résume. En arrêtant ma pièce, le ministre, n'a, d'une part, pas un texte de loi à citer; d'autre part, pas une raison valable à donner. Cette mesure a deux aspects également mauvais : selon la loi, elle est arbitraire; selon le raisonnement, elle est absurde. Que peut-il donc alléguer dans cette affaire, le pouvoir qui n'a pour lui ni la raison ni le droit? Son caprice, sa fantaisie, sa volonté, c'est-à-dire rien!

» Vous ferez justice, messieurs, de cette volonté, de cette fantaisie, de ce caprice. Votre jugement, en me donnant gain de cause, apprendra au pays, dans cette affaire, qui est petite, comme dans celle des ordonnances de juillet, qui était grande, qu'il n'y a en France d'autre *force majeure* que celle de la loi, et qu'il y a, au fond de ce procès, un ordre illégal que le ministre a eu tort de donner, et que le théâtre a eu tort d'exécuter; votre jugement apprendra au pouvoir que ses amis eux-mêmes le blâment loyalement dans cette occasion; que le droit de tout citoyen est sacré pour tout ministre; qu'une fois les conditions d'ordre et de sûreté générale remplies, le théâtre doit être respecté comme une des voix avec lesquelles parle la pensée publique, et qu'enfin, que ce soit la presse, la tribune ou le théâtre, aucun des soupiraux par où s'échappe la liberté de l'intelligence ne peut être fermé sans péril. Je m'adresse à vous avec une foi profonde dans l'excellence de ma cause. Je ne craindrai jamais, dans de pareilles occasions, de prendre un ministère corps à corps; et les tribunaux sont les juges naturels de ces honorables duels du bon droit contre l'arbitraire, duels moins inégaux qu'on ne pense; car, s'il y a, d'un côté, tout un gouvernement, et, de l'autre, rien qu'un simple citoyen, ce simple citoyen est bien fort quand il peut traîner à votre barre un acte illégal, tout honteux d'être ainsi exposé au grand jour, et le souffleter publiquement, devant vous, comme je le fais, avec quatre articles de la Charte!

» Je ne me dissimule pas, cependant, que l'heure où nous sommes ne ressemble pas à ces dernières années de la Restauration où la résistance aux empiétements du gouvernement était si applaudie, si populaire. Les idées d'immobilité et de pouvoir ont momentanément plus de faveur que les idées de progrès et d'affranchissement. C'est une réaction naturelle après cette brusque reprise de toutes nos libertés au pas de course, qu'on a appelée la révolution de 1830. Mais cette réaction durera peu. Nos ministres seront étonnés un jour de la mémoire implacable avec laquelle les hommes mêmes qui composent à cette heure leur majorité leur rappelleront tous les griefs qu'on a l'air d'oublier si vite aujourd'hui; d'ailleurs, que ce jour vienne tard ou bientôt, cela ne m'importe guère : dans cette circonstance, je ne cherche pas plus l'applaudissement que je ne crains l'invective; je n'ai suivi que le conseil austère de mon droit et de mon devoir.

» Je dois le dire ici, j'ai de fortes raisons de croire que le gouvernement profitera de cet engourdissement passager de l'esprit public pour rétablir formellement la censure, et que mon affaire n'est autre chose qu'un prélude, qu'une préparation, qu'un acheminement à une mise hors la loi générale de toutes les libertés du théâtre. En ne faisant pas de loi répressive, en laissant exprès déborder depuis deux ans la licence sur la scène, le gouvernement s'imagine avoir créé dans l'opinion des hommes honnêtes, que cette licence peut révolter, un préjugé favorable à la censure dramatique. Mon avis est qu'il se trompe, et que jamais la censure ne sera en France autre chose qu'une illégalité impopulaire. Quant à moi, que la censure des théâtres soit rétablie par une ordonnance qui serait illégale, ou par une loi qui serait inconstitutionnelle, je déclare que je ne m'y soumettrai jamais que comme on se soumet à un pouvoir de fait, en protestant ; et cette protestation, messieurs, je la fais ici solennellement, et pour le présent, et pour l'avenir.

» Et observez, d'ailleurs, comme, dans cette série d'actes arbitraires qui se succèdent depuis quelque temps, le gouvernement manque de grandeur, de franchise et de courage. Cet édifice, beau, quoique incomplet, qu'avait improvisé la révolution de juillet, il le mine lentement, souterrainement, sourdement, obliquement, tortueusement. Il nous prend toujours en traître, par derrière, au moment où l'on ne s'y attend pas. Il n'ose pas censurer ma pièce avant la représentation ; il l'arrête le lendemain. Il nous conteste nos franchises les plus essentielles ; il nous chicane nos facultés les mieux acquises ; il échafaude son arbitraire sur un tas de vieilles lois vermoulues et abrogées ; il s'embusque, pour nous dérober nos droits, dans cette forêt de Bondy des décrets impériaux, à travers lesquels la liberté ne passe jamais sans être dévalisée...

» Je dis que c'est à la probité des tribunaux de l'arrêter dans cette voie, fatale pour lui comme pour nous. Je dis que le pouvoir actuel manque particulièrement de grandeur et de courage dans la manière mesquine dont il fait cette opération hasardeuse que chaque gouvernement, par un aveuglement étrange, tente à son tour, et qui consiste à substituer plus ou moins rapidement l'arbitraire à la constitution, le despotisme à la liberté...

» Pour peu que cela continue encore quelque temps, pour peu que les lois proposées soient adoptées, la confiscation de tous nos droits sera complète. Aujourd'hui, on me fait prendre ma liberté de poëte par un censeur : demain, on me fera prendre ma liberté de citoyen par un gendarme ; aujourd'hui, on me bannit du théâtre: demain, on me bannira du pays; aujourd'hui on me bâillonne: demain, on me déportera; aujourd'hui, l'état de siége est dans la littérature: demain, il sera dans la cité; de libertés, de garanties, de charte, de droit public, plus un mot; néant! Si le gouvernement, mieux conseillé par ses propres intérêts, ne s'arrête sur cette pente pendant qu'il est temps encore, avant peu nous aurons tout le despotisme de 1807, moins la gloire; nous aurons l'Empire, moins l'empereur.

» Je n'ai plus que quatre mots à dire, messieurs, et je désire qu'ils soient présents à votre esprit au moment où vous délibérerez. Il n'y a eu dans ce siècle qu'un grand homme, Napoléon, et qu'une grande chose, la liberté! Nous n'avons plus le grand homme; tâchons d'avoir la grande chose. »

Il va sans dire que le tribunal se déclara incompétent, et qu'aucune justice ne fut rendue au poëte.

CCLVIII

Procès du *Corsaire*. — Le duc d'Orléans caricaturiste. — Procès de *la Tribune*. — Le droit d'association consacré par le jury. — Statistique des condamnations politiques sous la Restauration. — *Le Pré-aux-Clercs*.

Du reste, mieux valait, à cette époque, un procès politique qu'un procès littéraire; et l'on était bien autrement sûr d'être acquitté, si l'on avait conspiré contre le gouvernement que si l'on avait conspiré contre l'Académie.

Le procès du journal *le Corsaire* suivit celui du *Roi s'amuse*, ou même le précéda, je crois.

Le Corsaire était alors républicain : il avait rendu compte des journées des 5 et 6 juin à notre point de vue, à nous. Voici comment il s'était exprimé; — nous citons seulement le passage qu'incriminait le ministère public.

« ... La garde nationale de la banlieue est arrivée, et c'est dans la cour même des Tuileries qu'on lui a distribué des cartouches et de l'eau-de-vie.

» Tout à coup, sur le quai aux Fleurs, sur le quai de la Mégisserie, dans la rue Saint-Martin, près du cloître Saint-Merri, dans la rue Montmartre, dans la rue Saint-Honoré, on entendit gronder la fusillade. Bientôt le canon s'en mêla ; et, pendant ce temps, une soldatesque considérable se portait aux issues des divers quartiers ; le tambour répétait des invitations que la grande masse des citoyens écoutait insouciante et se refusant à la guerre civile.

» Une partie de la ville était barricadée.

» Une promenade royale a eu lieu. Le roi des Français et son fils le duc de Nemours, accompagnés de M. de Montalivet, l'épée à la main, et de M. d'Argout, armé de la béquille qu'il ne quitte plus depuis sa dernière maladie, comme disent assez grotesquement les journaux du ministère, ont parcouru les boulevards, et sont revenus par les quais.

» Plus de quinze cents hommes de cavalerie escortaient le roi.

» Pendant ce temps, le sang ruisselait dans le quartier Saint-Martin. La garde nationale de la banlieue montrait une excitation dont il était difficile de bien connaître la cause ; la fusillade ne cessait pas ; plus de quarante mille hommes agissaient... »

Cet article était poursuivi pour provocation à la rébellion.

Comme on le voit, il n'était pas bienveillant à l'égard du gouvernement de juillet, et la question devait, à notre avis, être posée d'une tout autre façon.

Le gouvernement attaqué avait-il le droit de se défendre? Sans aucun doute. Avait-il le droit de distribuer de l'eau-de-vie et des cartouches dans la cour des Tuileries? Certainement ! — N'avons-nous pas vu M. de Rumigny distribuer de la poudre, des balles et du vin au Palais-Royal, le 31 juillet et le 1er août, le matin de la promenade de Rambouillet, enfin? Oui ; mais, alors, l'action était sympathique, et l'on y applaudissait, tandis que, aujourd'hui, une immense opposition s'organisait contre Louis-Philippe, et l'on blâmait tous ses actes, même ceux de légitime défense.

On attaquait le roi, on attaquait les princes, on attaquait les ministres : tout cela était bien fait, bien vu, bien accueilli.

Philippon, le spirituel rédacteur du *Journal pour rire*, avait eu l'idée de représenter Louis-Philippe sous la forme d'une *poire :* tous les murs de Paris étaient couverts de cette ressemblance grotesque. Il publiait le journal *la Caricature*, où Decamps mit quelques-uns de ses premiers dessins, et *la Caricature* avait un succès fou.

Il n'y avait pas jusqu'au duc d'Orléans qui ne s'en mêlât.

On sait que le prince dessinait de la façon la plus spirituelle et la plus distinguée, qu'il gravait même à l'eau-forte ; et j'ai encore des dessins et des gravures de lui. Il était élève de Fielding, et faisait les animaux avec un grand *chic*.

Un jour, il lui passa par l'esprit une idée de caricature; elle lui avait été inspirée par les chicanes journalières que la Chambre faisait à son père : c'était de dessiner le roi en Gulliver, et les députés en Lilliputiens.

Le roi était couché tout de son long, lié et garrotté, avec toute la peuplade lilliputienne autour de lui, et profitant de son immobilité forcée pour le fouiller et le visiter.

Une foule d'épisodes, plus comiques les uns que les autres, ressortaient de cette idée première.

M. Jacques Lefebvre, le banquier, roulait une pièce de cinq francs à l'effigie du roi Louis-Philippe, avec les mêmes efforts qu'un charron roule une roue. M. Humann, ministre des finances — autant que je puis me le rappeler — à cette époque, et, par conséquent, grand maître des contributions indirectes, était plongé jusqu'aux genoux dans la poudre si fort appréciée par Sganarelle, et éternuait à se faire sauter le crâne. M. Ganneron, qui avait fait sa fortune dans les suifs, s'avançait, une chandelle à la main, vers le pont entre-bâillé de la culotte de Gulliver, moins brave que le comte Max Edmond des *Burgraves*, et ne sachant pas s'il devait se hasarder dans la nuit de la caverne. M. Thiers et M. Guizot, qui se disputaient déjà le pouvoir, avaient chacun tendu une corde allant du bout de chaque gousset de la veste du roi, et ils s'avançaient, ayant chacun un balancier à la main, vers ces deux goussets royaux, qui portaient, l'un, le titre de ministère de l'intérieur, et l'autre, celui de ministère des affaires étrangères ; le balancier de M. Thiers était intitulé : *Libéralisme* ; le balancier de M. Guizot était intitulé : *Réaction*. M. Molé et M. Dupin jouaient à la bascule.

Tous ces Lilliputiens étaient aussi ressemblants que possible. Nous ne parlons pas du roi, qui, ayant huit ou dix pouces de long, était, lui, d'une ressemblance parfaite.

Mais voici le plus curieux de l'histoire.

Le duc d'Orléans faisait tirer ses pierres à la lithographie de Motte, le beau-père de notre cher ami Achille Devéria. On avait oublié de dire que cette lithographie, n'étant point destinée au commerce, n'avait pas besoin d'être déposée : le chef d'atelier fit la chose en conscience, et envoya une épreuve au ministère de l'intérieur ; elle était signée : F. O., signature habituelle du duc, *Ferdinand d'Orléans*.

Il va sans dire que la lithographie, non-seulement ne fut pas autorisée, mais encore fut portée au roi.

Le roi reconnut la signature de son fils! On comprend la chasse paternelle que reçut Son Altesse royale. Amende honorable fut faite : le lithographe gratta la tête, et, au lieu de la tête du chef de l'État, mit la première tête venue.

En 1834, M. le duc d'Orléans me donna deux exemplaires de cette caricature, une *avant la tête*, l'autre *après la tête*; j'ai eu la sottise de me les laisser prendre tous deux. Du reste, M. le duc d'Orléans vivant, je n'avais qu'à lui en redemander d'autres ; et je n'y attachai point alors le prix qu'ils méritaient.

Cette digression a pour but de donner une idée du genre d'opposition qui se faisait à cette époque.

Le Corsaire se présentait donc devant le jury comme prévenu de provocation à la rébellion.

Le jury entra dans la salle des délibérations pour la forme;

il en sortit aussitôt en déclarant le gérant du *Corsaire* non coupable.

Le procès de *la Tribune* succéda au procès du *Corsaire*. M. Bascans fut acquitté comme l'avait été M. Viennot.

Puis vint l'affaire du *droit d'association*. Dix-neuf membres de la société des Amis du peuple furent cités devant les jurés de la deuxième section. Ils étaient prévenus d'avoir été chefs et administrateurs d'une réunion politique de plus de vingt personnes.

Là, ce fut bien autre chose encore que dans les deux acquittements précédents !

Après trois quarts d'heure de délibération, M. Fenet, chef du jury, donna lecture de cette déclaration :

« Sur la première question : *Y a-t-il eu association se réunissant à des jours marqués, pour s'occuper de politique ?*

» Oui.

» Sur la seconde question : *Les réunions avaient-elles lieu sans l'autorisation du gouvernement ?*

» Oui. »

Vous comprenez qu'après ces deux affirmations, tout le monde croyait la condamnation des accusés certaine.

« Sur la troisième question : *Les prévenus sont-ils coupables ?*

» Non »

Et la salle tout entière éclata en applaudissements.

Ainsi, le *droit d'association* venait d'être consacré par le jury.

C'est que l'on commençait à être las de condamnations politiques. Une statistique venait d'être publiée, qui donnait la liste des condamnés de la Restauration : les Bourbons de la branche aînée avaient, en quinze ans, fait tomber *cent dix-huit têtes*, et condamné *cent quatorze contumaces*; il y avait eu — pour politique, toujours, — dix-sept condamnations aux travaux forcés à perpétuité, dix-neuf aux travaux forcés à temps ; à la déportation, soixante et douze ; à la reclusion, dix-huit ; au bannissement à perpétuité, soixante et douze ; au bannissement temporaire, trente-cinq. Enfin, le total général des condamnations graves ou légères, depuis peine de mort jusqu'à la surveillance, s'élevait à *deux mille quatre cent soixante-six !*

Au milieu de tout cela, le 12 décembre, Hérold donnait un chef-d'œuvre : *le Pré-aux-Clercs.*

L'art est un roi qui marche souriant à travers les révolutions, et qui regarde en mépris tous ces bouleversements auxquels il doit survivre.

CCLIX

Victor Jacquemont.

Comme s'achevait cette sanglante année 1832, pendant laquelle le choléra seul avait prélevé sur la population de la France une dîme de quatre-vingt-quinze mille morts, les autorités de Bombay menaient le deuil d'un jeune savant de la plus haute distinction, de Victor Jacquemont.

En sa qualité de savant, Victor Jacquemont détestait les hommes d'imagination ; il nous haïssait tout particulièrement, nous autres dramaturges. Il avait quitté la France en 1828, c'est-à-dire avant le grand mouvement littéraire qui s'était produit, et il ne jugeait du mouvement que par les feuilletons des journaux.

« Tout cela est de bien mauvais goût ! disait-il dans une de ses lettres, qu'un de mes *amis* me montra avec l'empressement ordinaire qu'ont les amis à vous fourrer sous le nez ces sortes d'alcalis. — En mettant sous la remise les Grecs, les Romains et les marquis de notre vieux théâtre, nous n'avons pas été heureux dans leurs successeurs. »

Il nous appelait *messieurs de l'horrible.*

Pauvre Jacquemont ! je le connaissais à peine ; je l'avais vu une fois chez le général la Fayette, qui le traitait en fils. L'illustre vieillard avait l'instinct de ces amitiés-là : tout ce qui fut grand plus tard a été honoré de son amitié ou de sa protection.

La mort de Jacquemont fit à peine impression en France: il était complétement inconnu à ses compatriotes; sa réputation data de la publication posthume de ses ouvrages et surtout de sa correspondance de famille, que tout homme d'esprit a lue. Je dis tout homme d'esprit, car il n'y a pas de plus obstiné chercheur d'esprit que l'homme d'esprit. Or, un esprit réel, mais sec et sceptique, est le fond de cette correspondance de Jacquemont; quant à la foi, c'est autre chose : Jacquemont doute évidemment de tout, même de Dieu.

Dans ses dernières lettres à sa famille, il n'y a pas un mot d'espérance pour une autre vie ; l'immortalité de l'âme, chez Jacquemont, n'est pas même à l'état de rêve. La lettre où il dit adieu à son frère et, par l'intermédiaire de son frère, à toute sa famille, est désespérante, je ne dirai pas de résignation, mais presque d'insouciance. Jacquemont y parle de lui-même comme il parlerait du premier venu. Mettez la lettre à la troisième personne; que le moribond dise *il* au lieu de dire *je*, et vous aurez l'annonce officielle de la mort d'un étranger faite par un indifférent.

Voyez, en effet, si cette lettre est celle d'un homme qui meurt à quatre mille lieues de son pays:

« Bombay, au quartier des officiers malades, 1ᵉʳ décembre 1832.

» Cher Porphyre,

» Il y a trente-deux jours que je suis arrivé ici fort souffrant, et trente et un que je suis au lit. J'ai pris, dans les forêts empestées de l'île de Salsette, exposé à l'ardeur du soleil dans la saison la plus malsaine, le germe de cette maladie, dont, au reste, j'ai reçu souvent, depuis mon passage à Adjmir, des atteintes sur la nature desquelles je m'étais fait illusion ; c'étaient des inflammations de foie. Les miasmes pestilentiels de Salsette m'ont achevé. Dès le début du mal, j'ai fait mon testament, et réglé mes affaires. Le soin de mes intérêts reste confié aux mains les plus honorables et les plus amies : M. James Nicol, négociant anglais, ici, — et M. Cordier, à Calcutta.

» M. Nicol fut mon hôte à mon arrivée à Bombay. Un vieil ami ne m'aurait pas prodigué des soins plus affectueux. Cependant, au bout de quelques jours, quand j'étais encore transportable, je quittai sa maison, qui est dans le fort, pour venir occuper un appartement commode et spacieux au quartier des officiers malades, dans la position la plus aérée et la plus salubre, au bord de la mer, et à cent pas de chez mon médecin, le docteur Mac Lennan, le plus habile de Bombay, et dont les soins admirables ont fait, depuis longtemps déjà, pour moi, un ami bien cher.

» Ce qu'il y a, cher Porphyre, de plus cruel dans la pensée de ceux que nous aimons, mourant dans des contrées lointaines, c'est l'idée de l'isolement et de l'abandon dans lesquels peuvent s'être passées les dernières heures de leur existence. Eh bien, mon ami, tu devras trouver quelque consolation dans l'assurance que je te donne, que, depuis mon arrivée ici, je n'ai cessé d'être comblé des attentions les plus affectueuses et les plus touchantes d'une quantité d'hommes bons et aimables. Il viennent me voir sans cesse, caressent mes caprices de malade, préviennent toutes mes fantaisies : M. Nicol, avant tous ; M. John Box, un des membres du gouvernement ; un vieux colonel du génie, M. Goodfellow, et un bien aimable jeune officier, le major Mountain ; et d'autres encore que je ne dis pas.

» L'excellent Mac Lennan a presque compromis sa santé pour moi : c'est que, pendant quelques jours, dans une crise qui semblait ne me laisser aucune chance de vie, il venait deux fois la nuit.

» J'ai dans son habileté la confiance la plus absolue.

» Mes souffrances ont été bien grandes d'abord ; mais, depuis longtemps, je suis réduit à un état de faiblesse qui en est presque exempt. Le pis est que, depuis trente et un jours, je n'ai pas dormi, en tout, une heure. Cependant, ces nuits sans sommeil sont très-calmes, et elles ne sont pas désespérément longues.

» La maladie, heureusement, tire à sa fin, qui peut n'être pas fatale, quoique ce soit plus probable ainsi. L'abcès ou les abcès, formés dès le début dans l'intérieur du foie, qui, à une époque récente, promettaient de se résoudre par absorption, paraissent monter et devoir s'ouvrir au dehors prochainement. C'est tout ce que je désire, afin de sortir promptement, soit d'une manière, soit de l'autre, du misérable état où je languis depuis un mois entre la vie et la mort. Tu vois que mes idées sont parfaitement claires; elles n'ont été que rarement et bien passagèrement confuses, dans quelques paroxysmes violents de douleur, au commencement de ma maladie. J'ai généralement calculé sur le pire, et cela ne les a jamais rendues noires. Ma fin, si c'est elle qui approche, est douce et tranquille. Si tu étais là, assis sur le bord de mon lit, avec notre père et Frédéric, j'aurais l'âme brisée, et ne verrais pas venir la mort avec cette résignation et cette sérénité. Console-toi, console notre père, consolez-vous mutuellement, mes amis.

» Mais je suis épuisé par cet effort d'écrire. Il faut vous dire adieu! — Adieu!... Oh! que vous êtes aimés de votre pauvre Victor! — Adieu pour la dernière fois!

» Étendu sur le dos, je ne puis écrire qu'avec un crayon. De peur que ces caractères ne s'effacent, l'excellent M. Nicol copiera cette lettre à la plume, afin que je sois sûr que tu puisses lire mes dernières pensées.

» VICTOR JACQUEMONT.

» J'ai pu signer ce que l'admirable M. Nicol a bien voulu copier. Adieu encore, mes amis! »

Une seule phrase sort des entrailles de l'homme :
« Adieu !... Oh que vous êtes aimés de votre pauvre Victor ! » Cela explique parfaitement comment une littérature toute de sentiment devait être antipathique à cette organisation froide, savante et spirituelle.

Par bonheur, deux hommes se chargèrent de jeter sur la famille, désolée de cette perte lointaine et inattendue, les consolations mélancoliques que le mourant avait jugé inutile de lui donner.

Un mourant, qui sait qu'on l'aime, ne doit pas trop consoler ceux qu'il quitte ; il doit avoir, au contraire, pitié d'eux en les faisant pleurer : on guérit les cœurs en les amollissant, non en les pétrifiant. L'homme qui a beaucoup pleuré peut seul apprécier la justesse de ce que j'avance ici.

Voici la lettre de M. James Nicol au frère de Jacquemont. — M. James Nicol est Anglais, remarquez-le bien, et, cependant, la lettre est écrite en français, c'est-à-dire dans une langue qui n'est pas la langue maternelle de celui qui l'écrit. Il est vrai qu'il y a une langue universelle pour le cœur.

« Bombay, 17 décembre 1832.

» Mon cher monsieur,

» Quoique étranger à vous, le sort m'a désigné pour vous communiquer un événement auquel vous ne vous attendiez pas. C'est avec le plus profond regret que je suis obligé de vous transmettre la dernière lettre de votre frère Victor, et de vous communiquer la seule consolation qui puisse vous rester, qui est de vous informer de la tranquillité et du peu de souffrance avec laquelle il a reçu le coup fatal, le 17 décembre.

» Votre frère est arrivé chez moi le 29 octobre, venant de Tanna, et étant dans un état de santé très-faible depuis une maladie qu'il avait eue peu avant, et dont il croyait être bientôt guéri, et pensant que la brise de mer de cette île aurait promptement rétabli ses forces. Le soir de son arrivée, il fit avec moi une promenade d'une demi-lieue, et, le jour suivant, rendit quelques visites ; mais il rentra de bonne heure, entièrement épuisé. Je lui conseillai d'avoir immédiatement recours à un médecin ; et, le soir même, le docteur Mac Lennan le vit. Pour votre satisfaction, je vais renfermer dans cette lettre une relation de la maladie faite par ce médecin.

» Comme votre frère vous le dit lui-même, il souffrit très-vivement dans le commencement de sa maladie; et, dès le commencement, il était prévenu de la nature dangereuse de cette maladie. Le 4 novembre, il fit son testament, dont je renferme ci-dedans une copie. Vers le 8 novembre, la maladie semblait avoir pris une tournure favorable ; et il nourrissait encore l'espoir de recouvrer la santé, lorsque la formation d'un abcès parut. Il devint alors plus faible de jour en jour, mais conserva, pendant tout le temps de sa maladie, une tranquillité et un contentement dont je n'avais pas, avant, vu d'exemple.

» Je le quittai, le 6 décembre, à peu près dans le même état que les jours précédents, mais sans aucune apparence de prochaine dissolution. Cependant, le 7, vers trois heures du matin, il avait été saisi de violentes douleurs qui durèrent environ deux heures. Le docteur Mac Lennan était avec lui pendant ce temps. A cinq heures du matin, votre frère m'envoya chercher ; à mon arrivée, il ne souffrait plus ; mais il s'était opéré un si grand changement dans sa figure, depuis le soir précédent, que je ne pus retenir mes larmes. Alors, me prenant par la main, il me dit : « Ne vous chagrinez pas ; » le moment est prochain, et c'est l'accomplissement de mes » vœux ; c'est la prière que j'ai adressée au ciel depuis ces » quinze jours. C'est un heureux événement. Dussé-je mainte- » nant vivre, la maladie, probablement, rendrait le reste de ma » vie misérable... Écrivez à mon frère, et dites-lui quel bon- » heur et quelle tranquillité m'accompagnent au tombeau... »

» Il me répéta qu'il voulait que je fisse passer ses manuscrits et ses collections en France, et entra dans les plus nombreux détails concernant ses funérailles, qu'il voulut qu'on célébrât comme pour un protestant. Il me pria de faire distinguer son tombeau par une pierre simple avec cette inscription :

VICTOR JACQUEMONT
NÉ A PARIS LE 8 AOUT 1801
MORT A BOMBAY
APRÈS AVOIR VOYAGÉ PENDANT TROIS ANS ET DEMI
DANS L'INDE

» Durant le cours de la journée, il eut plusieurs attaques de vomissement, et sa respiration fut considérablement affectée ; mais il garda l'usage de ses facultés aussi parfait qu'en bonne santé. Il s'inquiétait seulement de la mort, ajoutant : « Je suis bien ici ; mais je serai bien mieux dans mon tom» beau ! » Vers cinq heures du soir, il me dit : « Je vais à » présent prendre ma dernière boisson de votre main, et » mourir. » Une violente attaque de vomissement suivit, et on le recoucha dans son lit, entièrement épuisé. Parfois il ouvrait les yeux, et semblait, vingt minutes avant sa mort, me reconnaître. Seize minutes après six heures, il rendit l'âme, s'endormant, pour ainsi dire, dans les bras de la mort.

» Son enterrement eut lieu le soir suivant, avec les honneurs militaires, comme membre de la Légion d'honneur, et fut accompagné des membres de ce gouvernement, et de beaucoup d'autres personnes.

» Je prends sincèrement beaucoup de part à la perte irréparable que monsieur votre père et vous avez faite par sa mort. Je n'ai connu votre frère que pendant sa maladie, et je n'ai eu que la triste satisfaction de contribuer de tout mon pouvoir à lui prodiguer tous les soins que demandait sa maladie.

» Pour me conformer aux désirs de votre frère, j'ai fait empaqueter avec soin tous les articles d'histoire naturelle qui sont restés en ma possession ; ils sont contenus dans onze caisses et barils dont je renferme ici la facture et le connaissement, signés par le capitaine du navire français *la Nymphe*, de Bordeaux. J'ai écrit au commissaire général de la marine à Bordeaux, le priant d'aplanir les difficultés qui pourraient s'élever à cet égard. Vous aurez la bonté de lui écrire concernant ces choses. J'ai embarqué aussi une boîte adressée à votre père, contenant tous les écrits que votre frère m'a laissés (1).

---

(1) Tous les écrits de Victor Jacquemont, et la description des principaux objets d'histoire naturelle que contiennent les collections qu'il a envoyées au Muséum d'histoire naturelle de Paris, ont été publiés

» Dans la caisse contenant ses papiers, j'ai mis son ordre de la Légion d'honneur, que votre frère a recommandé particulièrement de vous envoyer. Je vous envoie également sa montre et ses pistolets.

» Ayez la bonté de séparer des autres écrits les catalogues ayant rapport aux collections, en les remettant au Muséum royal.

» J'ai l'honneur d'être, cher monsieur, etc.

» James Nicol. »

L'épitaphe indiquée par le mourant lui-même est terrible de sécheresse et d'isolement. Cet enfant perdu que l'on appelle Antony aurait trouvé pour sa mère inconnue quelque chose de plus filial que ce philosophe pour la sienne.

Puis, à côté de la mère qui nous a conçu dans ses entrailles, n'y a-t-il donc pas la mère qui doit nous recevoir dans son sein ? à côté du berceau éphémère, la tombe éternelle ? Cette terre aride et dévorante de l'Inde ne doit-elle pas rendre chère encore à l'agonisant la douce terre de la patrie ?

O violettes et marguerites qui pousserez un jour sur ma fosse, comme je vous regretterais, si je devais dormir du dernier sommeil dans les sables brûlants de Bombay ! L'âme est peut-être un rêve ; mais le parfum des fleurs est une réalité.

A la lettre de M. James Nicol était jointe la relation de la maladie de Jacquemont par le docteur Mac-Lennan, relation que son étendue nous empêche, à notre grand regret, de reproduire ici, et qui prouve à quel point le mourant avait raison de dire que l'excellent docteur avait compromis pour lui sa propre santé.

Ce ne furent point les seules marques de sympathie que reçut la famille de l'illustre mort.

par MM. Firmin Didot frères, sous le titre de *Voyage dans l'Inde*, 6 vol. in-4°, dont quatre de texte, et deux contenant 290 planches et 4 cartes (1841-1844).

MM. Cordier, Geoffroy-Saint-Hilaire et de Jussieu adressèrent la lettre suivante à M. Jacquemont père :

« Paris, 21 mai 1833.

» Monsieur,

» Nous sentons trop bien le coup qui vient de vous frapper pour ne pas éprouver le besoin de nous associer à votre douleur, et de vous témoigner à quel point nous la partageons. L'administration du Muséum, qui avait confié à monsieur votre fils la mission qu'il a remplie si honorablement, et à laquelle il a sacrifié sa vie même, ressent à double titre cette perte cruelle ; elle perd en lui un voyageur qui avait toute sa confiance, et la science un naturaliste sur lequel se fondait un brillant espoir.

» Tout nous autorise à compter que, grâce aux sages précautions qu'il a prises jusque dans ses derniers moments, tous les fruits de ce voyage fatal ne seront pas perdus ; que les travaux de M. Victor Jacquemont porteront leurs fruits, et que leurs résultats pourront se développer, moins brillants sans doute qu'entre ses propres mains, mais de manière encore à faire apprécier et ce qu'il avait déjà fait, et ce qu'il aurait fait s'il eût vécu.

» Croyez, monsieur, que, de notre part, rien ne sera négligé pour atteindre ce but, et pour vous donner cette légitime consolation, la seule qui vous reste.

» Veuillez agréer, monsieur, etc.

» *Les professeurs administrateurs du Muséum :*

» CORDIER, *directeur.*
» GEOFFROY-SAINT-HILAIRE.
» A. DE JUSSIEU. »

En effet, tous les écrits de Victor Jacquemont parvinrent à bon port à Paris. Je les ai vus entre les mains de M. Guizot, un jour que je venais lui demander de m'aider à sauver la vie d'un homme condamné à mort, et que l'on devait fusiller le lendemain.

J'avais besoin d'un mot de M. Guizot pour arriver à ce but; M. Guizot écrivit ce mot sur une feuille volante qui se trouvait au milieu des manuscrits de Jacquemont.

L'homme fut sauvé; je raconterai la chose en son lieu et place.

Voilà comment le nom de Jacquemont prend peut-être dans ma mémoire et dans mes Mémoires plus d'importance qu'il n'en devait prendre.

CCLX

George Sand.

Maintenant, disons quelques mots de la production littéraire de cette année 1832.

Nous avons vu qu'elle avait donné, en pièces de théâtre importantes: *Teresa*, *Louis XI*, *Dix Ans de la vie d'une femme*, *un Duel sous Richelieu*, *la Tour de Nesle*, *Clotilde*, *Perrinet Leclerc* et *le Roi s'amuse*.

L'annuaire de M. Lesur, qui résume les travaux de l'année, se plaint du *peu de fécondité* de ces douze mois, qui n'ont produit que DEUX CENT CINQUANTE-SEPT PIÈCES, au nombre desquelles sont les huit drames que nous venons de nommer.

Quant aux romans, voici ce qu'en dit le chronologiste; on y reconnaîtra sa bienveillance ordinaire pour la littérature contemporaine:

« Les romans pullulent comme toujours; ils foisonnent, ils grouillent, pour nous servir de trivialités énergiques. Romans de mœurs, romans historiques, romans psychologiques, physiologiques, pathologiques; contes et nouvelles drolatiques, fantastiques; nous en avons de toutes les façons et de toutes les couleurs! »

Oui, monsieur Lesur; et, au nombre de ces romans qui pullulent, qui foisonnent, qui grouillent, vous avez même eu deux chefs-d'œuvre de madame Sand, *Indiana* et *Valentine*, et un des meilleurs ouvrages d'Eugène Sue, *la Salamandre*.

Occupons-nous d'abord de madame Sand, de ce génie hermaphrodite, qui réunit la vigueur de l'homme à la grâce de la femme; qui, pareille au sphinx antique, vivante et mystérieuse énigme, s'accroupit aux extrêmes limites de l'art avec un visage de femme, des griffes de lion, des ailes d'aigle.

Puis nous reviendrons à Eugène Sue.

Madame Sand était venue à Paris peu de temps avant la révolution de 1830.

Que venait-elle faire à Paris? Elle va vous le dire elle-même avec sa franchise accoutumée. Madame Sand porte les habits d'une femme, mais c'est pour se vêtir et non pour se cacher; à quoi servirait l'hypocrisie à qui possède la force?

« Peu de temps avant la révolution de 1830, dit l'auteur d'*Indiana*, je vins à Paris avec le souci de trouver une occupation, non pas lucrative, mais suffisante. Je n'avais jamais travaillé que pour mon plaisir; je savais, comme tout le monde, *un peu de tout, rien en somme*. Je tenais beaucoup à trouver un travail qui me permît de rester chez moi. Je ne savais assez d'aucune chose pour m'en servir. Dessin, musique, botanique, langues, histoire, j'avais effleuré tout cela, et je regrettais beaucoup de n'avoir rien pu approfondir; car, de toutes les occupations, celle qui m'avait toujours le moins tenté, c'était d'écrire pour le public. Il me semblait que, à moins d'un rare talent que je ne me sentais pas, c'était l'affaire de ceux qui ne sont bons à rien. J'aurais donc beaucoup préféré une spécialité. J'avais écrit souvent pour mon amusement personnel; il me paraissait assez impertinent de prétendre à divertir ou à intéresser les autres, et rien n'était moins dans mon caractère concentré, rêveur et avide de douceurs intimes que cette mise en dehors de tous les sentiments de l'âme.

» Joignez à cela que je savais très-imparfaitement ma langue. Nourrie de lectures classiques, je voyais le romantisme se répandre. Je l'avais d'abord raillé et repoussé dans mon coin, dans ma solitude, dans mon for intérieur, et puis j'y avais pris goût, je m'en étais enthousiasmée; et mon goût, qui n'était pas formé, flottait entre le passé et le présent, sans savoir où se prendre, et chérissait l'un et l'autre sans connaître et sans chercher le moyen de les accorder. »

Il est impossible de mieux peindre l'état de perplexité où le génie se trouve à une certaine époque de la vie, tiré en avant par la foi, en arrière par le doute.

En attendant, comme il fallait absolument demander le pain de l'indépendance à un travail de chaque jour, l'auteur d'*Indiana,* qui avait alors vingt-cinq ans, entreprit à la fois de peindre sur éventails, de faire des portraits à quinze francs, et de composer un roman.

Tout cela était bien précaire : les moindres décalques au vernis faisaient plus d'effet que les gouaches du jeune peintre; on avait pour cinq francs — et plus ressemblants que les siens — les mêmes portraits qu'il vendait quinze francs; enfin, le roman parut si mauvais à George Sand, qu'il n'essaya pas même, une fois qu'il l'eut terminé, d'en tirer parti. — Cependant, il lui semblait que sa vocation réelle était la littérature.

Il résolut de demander conseil à ce qu'on appelle un homme arrivé.

Il y avait à cette époque, à Paris, un littérateur d'un esprit incontestable et presque incontesté, un écrivain de premier ordre, par l'originalité du moins. Il avait publié plusieurs romans dont le plus curieux avait obtenu un de ces étranges succès comme en obtenaient en ce moment-là *Ourika* et *Édouard.* Il avait essayé du théâtre; il avait fait une comédie pour les Français : cette comédie était tombée avec le bruit du tonnerre ! — J'ai rendu compte de sa première, de son unique représentation.

On le nommait Henri de Latouche. Il était le compatriote de George Sand, l'ami de sa famille. George Sand se décida à l'aller trouver.

De Latouche, que je connaissais peu, je l'ai dit déjà, et avec lequel je me brouillai vers 1832, parce que je n'étais pas assez républicain pour lui, ou plutôt parce que je l'étais d'une autre façon que lui, était, à cette époque, un homme de quarante-cinq ans, au visage pétillant d'esprit, au corps un peu replet, aux manières incontestablement courtoises, quoiqu'il y eût dans cette courtoisie un fond d'ironie éternelle. Avec cela, son langage était choisi, sa parole pure et bien accentuée; il parlait comme on écrit, ou plutôt comme on dicte.

Était-ce là le guide qui convenait à un commençant? J'en doute.

De Latouche était absolu dans ses opinions; il lui semblait que tout ce qui ne lui était pas dévoué lui était hostile, que tout ce qui n'était pas pour lui était contre lui. Effaré comme un chamois, il croyait sans cesse qu'il y avait une conspiration ourdie pour le calomnier et le perdre. Il se retirait alors dans sa retraite de la Vallée-aux-Loups. Ses ennemis l'accusaient de faiblesse, et voulaient essayer de l'y poursuivre; mais, s'ils se hasardaient trop avant, ils revenaient marqués au visage par une griffe de tigre.

Il commença par railler cruellement le pauvre novice, condamnant, comme Alceste, toutes ses tentatives au cabinet.

« Et, cependant, dit George Sand, sous les railleries et les critiques, sous les flots de moqueries enjouées, mordantes, divertissantes, qu'il me prodiguait dans ses entretiens, je voyais venir la raison, le goût, l'art en un mot. Personne n'excellait mieux que lui à détruire les illusions de l'amour-propre ; mais personne n'avait plus de bonhomie et de délicatesse pour vous conserver l'espoir et le courage. Il avait une voix douce, pénétrante, une prononciation aristocratique et distincte, un air à la fois caressant et railleur. Son œil, crevé dans son enfance, ne le défigurait nullement, et ne gardait de l'accident d'autre trace qu'une espèce de feu rouge qui s'échappait de la prunelle et qui lui donnait, quand il était animé, je ne sais quel éclat fantastique. »

Non, cet œil ne défigurait pas le visage de de Latouche ; mais il lui défigurait terriblement le caractère ! Peut-être aussi de Latouche dut-il à cet œil crevé une portion de son talent, comme Byron dut une portion de son génie à son pied boiteux.

Nous empruntons encore à George Sand lui-même ces quelques lignes, qui forment le complément du caractère de de Latouche:

« M. de Latouche aimait à enseigner, à reprendre, à indiquer; mais il se lassait vite des vaniteux, et tournait sa verve contre eux en compliments dérisoires, dont rien ne saurait rendre la malice. Quand il trouvait un cœur disposé à profiter de ses lumières, il se faisait affectueux dans sa satire; sa griffe devenait paternelle; son œil de feu s'attendrissait; et, après avoir jeté dehors le trop-plein de son esprit, il vous laissait voir un cœur tendre, sensible, plein de dévouement et de générosité. »

Six mois se passèrent à cette espèce de travail entre l'écolier et le maître, le maître indiquant à l'écolier les lectures à faire, les lui lisant même à sa façon, c'est-à-dire lui racontant le livre au lieu de le lui lire, ajoutant au récit de l'auteur les brillantes broderies de son imagination, laissant, comme cette fée des *Mille et une Nuits* que nous avons tous connue dans notre enfance, tomber de sa bouche, en même temps que chaque parole, une perle ou un diamant.

De Latouche, à cette époque, rédigeait *le Figaro*, espèce de hussard de l'opposition, officier de cavalerie légère, qui, chaque jour, chargeait le gouvernement. Les rédacteurs ordinaires du journal étaient Félix Pyat et Jules Sandeau. George Sand leur fut adjoint.

Cette adjonction fut une sorte de diplôme de baccalauréat ès lettres.

Les trois élèves de de Latouche, — j'espère que, dès que George Sand accepte ce titre, les autres ne le répudieront pas, — les trois élèves de de Latouche avaient un bureau commun de rédaction où ils se réunissaient chaque jour à l'heure convenue.

C'était dans ce bureau qu'assis à de petites tables couvertes de tapis verts, chacun faisait de la *copie*. — On sait que copie est, dans ce cas, très-improprement, le synonyme de manuscrit.

De Latouche donnait un thème séance tenante; on brodait dessus, et le journal se trouvait fait d'un seul esprit, puisqu'il n'y avait qu'une seule âme, et que cette âme, comme le Saint-Esprit sur les apôtres, se répandait en langues de feu sur ses disciples.

Mais toutes ces attentions ne faisaient pas que le pauvre écolier pût passer maître. L'auteur futur d'*Indiana*, de *Valentine* et de tant d'autres merveilles, ne savait pas faire un article de journal, ne savait pas être court.

De Latouche lui réservait toutes les anecdotes sentimentales, qui comportaient un certain développement; mais George Sand se trouvait toujours à l'étroit dans un cadre d'une demi-colonne, d'une colonne, d'une colonne et demie au plus, et, quand l'article *commençait à commencer*, il fallait le finir; il n'y avait plus de place.

Sur dix articles que donnait George Sand à son rédacteur en chef, souvent pas un seul ne pouvait servir, et longtemps il alluma son feu avec de la copie qui — Georges Sand l'affirme — n'était bonne qu'à cela.

Et, cependant, chaque jour, il lui disait:

— Ne vous découragez pas, mon enfant. Vous ne pouvez pas faire un article en dix lignes: un jour, vous ferez des romans en dix volumes. Tachez, d'abord, de vous débarrasser du pastiche; c'est par le pastiche que débute tout commençant. Soyez tranquille, peu à peu, vous deviendrez vous-même, et vous ignorerez tout le premier comment cela vous est venu.

Et, en effet, pendant six semaines du printemps de 1832, passées à la campagne, George Sand fit un roman en deux volumes.

Ce roman, c'était *Indiana*.

George Sand revint de la campagne, alla trouver de Latouche, et lui avoua, en tremblant, le nouveau crime qu'il venait de commettre.

— Cela tombe bien! s'écria de Latouche; on dirait que j'avais prévu cela; je vous ai cherché et trouvé un éditeur; donnez-lui votre roman.

— Ne voulez-vous donc pas en prendre connaissance? demanda l'auteur.

— Non; vous lisez mal; je n'aime pas à lire sur un manuscrit. Portez les deux volumes au libraire, touchez vos douze cents francs; je jugerai l'œuvre sur le livre imprimé.

George Sand n'avait rien de mieux à faire que de suivre le

conseil donné: elle le suivit. — Nous disons tantôt *il*, tantôt *elle*; que George Sand nous pardonne! n'avons-nous pas dit que son admirable génie était hermaphrodite comme la Fragoletta de son maître!

Un mois après, George Sand recevait de son libraire les douze exemplaires réservés pour l'auteur.

Indiana avait été mise en vente dans la journée.

De Latouche entra.

— Oh! oh! dit-il en flairant des volumes sortant de dessous presse, comme l'ogre du *Petit-Poucet* flaire la chair fraîche, qu'est-ce que cela?

— Hélas! répondit l'écolier tout tremblant, c'est mon livre...

— Ah! oui, *Indiana*, je me le rappelle.

Laissons George Sand raconter elle-même ce moment solennel de sa vie:

« Il s'empara avec vivacité d'un volume, coupa les premières pages avec ses doigts, et commença à se moquer comme à l'ordinaire, s'écriant:

» — Ah! pastiche, pastiche, que me veux-tu? Voilà du Balzac, *si ça peut!*

» Et, venant avec moi sur le balcon qui couronnait le toit de la maison, il me dit et me redit toutes les spirituelles et excellentes choses qu'il m'avait déjà dites sur la nécessité d'être soi, et de ne pas imiter les autres.

» Il me sembla, d'abord, qu'il était injuste cette fois, et puis, à mesure qu'il parlait, je fus de son avis. Il me dit qu'il fallait retourner à mes aquarelles sur écrans et sur tabatières; ce qui m'amusait certes bien plus que le reste, mais ce dont je ne trouvais malheureusement pas le débit.

» Ma position était redevenue désespérante; et, cependant, soit que je n'eusse nourri aucun espoir de succès, soit que je fusse armé de l'insouciance de la jeunesse, je ne m'affectai pas de l'arrêt de mon juge, et je passai une nuit fort tranquille.

» A mon réveil, je reçus de lui ce billet, que j'ai toujours conservé:

« Oubliez toutes mes duretés d'hier, oubliez toutes les du-
» retés que je vous ai dites depuis six mois ; j'ai passé la nuit
» à vous lire... »

» Suivent deux lignes d'éloges que l'amitié seule pouvait dicter, mais qu'il y aurait mauvais goût à transcrire ici, et le billet se terminait par ce mot paternel :

« Oh! mon enfant, que je suis content de vous! »

Avec *Indiana*, George Sand avait mis le pied dans le monde littéraire ; avec *Valentine*, elle y mit les deux pieds.

Vous savez, maintenant, le point de départ de ce mâle et vigoureux génie qui a nom George Sand.

CCLXI

Eugène Sue. — Sa famille, sa naissance, son parrain et sa marraine, son éducation. — La cave du docteur Sue. — Chœur de botanistes. — Comité de chimie. — Dîner sur l'herbe. — Eugène Sue part pour l'Espagne. — Son retour. — La chambre de Ferdinand Langlé. — Le capitaine Gauthier.

A vingt kilomètres de Grasse existe un petit port de mer que l'on appelle la Calle ; c'est le berceau de la famille Sue, célèbre à la fois dans les sciences et dans les lettres.

La Calle est encore peuplée par des membres de cette famille, qui composent à eux seuls la moitié peut-être de la population.

C'est de là que, vers la fin du règne de Louis XIV, partit un jeune étudiant aventureux, qui vint s'établir médecin à Paris.

Ayant réussi, il appela ses neveux dans la capitale.

Deux d'entre eux s'y distinguèrent particulièrement : Pierre Sue, qui devint professeur de médecine légale et bibliothécaire de l'École : celui-ci a laissé des œuvres de haute science; Jean Sue, qui fut chirurgien en chef de l'hôpital de la Charité, professeur de l'École de médecine, professeur d'anatomie à l'École des beaux-arts, chirurgien du roi Louis XVI.

Ce dernier eut pour successeur et continuateur Jean-Joseph Sue, qui outre la place de professeur des Beaux-Arts, qu'il hérita de son père, devint médecin en chef de la garde impériale, et, plus tard, médecin en chef de la maison militaire du roi.

Ce fut le père d'Eugène Sue, — et le même qui soutint contre Cabanis la fameuse discussion à propos de la guillotine, lorsque son inventeur prétendit que les guillotinés en seraient quittes pour une légère fraîcheur sur le cou; Jean-Joseph Sue était, au contraire, pour la persistance de la douleur, et il défendit son opinion par des arguments qui prouvaient sa science profonde de l'anatomie, et par des exemples pris, les uns chez les médecins allemands, et les autres sur nature.

Nous avons lu toute cette discussion à propos de nos *Mille et un Fantômes;* et nous déclarons y avoir pris un vif intérêt.

Eugène Sue naquit le 1er janvier 1803. Il a, par conséquent, cinq mois de moins que moi, et quelques jours de plus que Victor Hugo.

Il eut pour parrain le prince Eugène, pour marraine l'impératrice Joséphine; de là son prénom d'Eugène.

Il fut nourri par une chèvre, et a conservé longtemps les allures brusques et sautillantes de sa nourrice.

Il fit ou plutôt ne fit pas ses études au collège Bourbon : — comme tous les hommes qui doivent conquérir dans les lettres un nom original et une position éminente, c'était un exécrable écolier.

Son père, médecin de dames, faisant un cours d'histoire naturelle à l'usage des gens du monde, s'était remarié trois fois. Il était riche de deux millions, à peu près, et demeurait rue du Chemin-du-Rempart, rue qui a disparu, et qui était située derrière la Madeleine. Tout ce quartier alors était occupé par des chantiers; le terrain n'y valait pas le quart de ce qu'il vaut aujourd'hui. M. Sue y possédait une belle maison avec un magnifique jardin.

Dans la même maison que M. Sue demeurait sa sœur, mère de Ferdinand Langlé, qui, en collaboration avec Villeneuve, a fait, de 1822 à 1830, une cinquantaine de vaudevilles.

A l'époque où nous en sommes, 1817 ou 1818, les deux cousins allaient ensemble au collége Bourbon, c'est-à-dire Ferdinand Langlé allait au collége, et Eugène Sue était censé y aller.

Il avait un répétiteur à domicile, le père Delteil, brave Auvergnat de cinq pieds de haut, qui, pour remplir son devoir de répétiteur, n'hésitait pas à soutenir des luttes corps à corps avec son élève, lequel fuyait dans le jardin, mais fuyait à la manière de la Galatée de Virgile, pour être poursuivi.

Une fois arrivé dans le jardin, l'écolier rebelle se trouvait à la fois dans un arsenal d'armes défensives et offensives.

Les armes défensives, c'étaient les plates-bandes du jardin botanique, dans lesquelles il se réfugiait, et où son répétiteur n'osait le poursuivre, de peur de fouler aux pieds ces plantes rares que l'écolier fugitif écrasait impitoyablement, sans remords et à pleines semelles; les armes offensives, c'étaient les échalas portant, sur des étiquettes, les noms scientifiques des plantes, échalas qu'Eugène Sue convertissait en javelots, et dont il accablait son maître avec une habileté qui aurait fait honneur à un élève de Castor et Pollux, les deux plus habiles lanceurs de javelots de l'antiquité.

Quand il fut démontré au père d'Eugène que la vocation de son fils était de lancer le javelot, et non d'expliquer Horace et Virgile, il le tira du collége, et le fit entrer comme chirurgien sous-aide à l'hôpital de la maison du roi, dont il était chirurgien en chef, et qui était situé rue Blanche.

Eugène Sue trouva là son cousin Ferdinand Langlé et le futur docteur Louis Véron.

Nous avons dit qu'Eugène Sue avait beaucoup du caractère de sa nourrice : c'était le franc gamin de bonne maison, toujours prêt à faire quelque méchant tour; même à son père, surtout à son père, qui venait de se remarier et le tenait très-rudement.

Mais aussi on se vengeait bien de cette rudesse!

Le docteur Sue occupait ses élèves à lui préparer son cours d'histoire naturelle; la préparation se faisait dans un magnifique cabinet d'anatomie qu'il a laissé par testament aux Beaux-Arts. Ce cabinet contenait, entre autres choses, le cerveau de Mirabeau, conservé dans un bocal.

Les préparateurs en titre étaient Eugène Sue, Ferdinand Langlé et un de leurs amis nommé Delâtre, qui fut depuis, et qui est probablement encore docteur-médecin; les préparateurs amateurs étaient un nommé Achille Petit et ce vieil et spirituel ami dont j'ai déjà tant parlé, James Rousseau.

Les séances de préparation étaient assez tristes, d'autant plus tristes qu'on avait devant soi, à la portée de la main, deux armoires pleines de vins près desquels le nectar des dieux n'était que de la blanquette de Limoux : ces vins étaient des cadeaux qu'après 1814, les souverains alliés avaient faits au docteur Sue. Il y avait des vins de Tokai donnés par l'empereur d'Autriche, des vins du Rhin donnés par le roi de Prusse, du johannisberg donné par M. de Metternich, et, enfin, une centaine de bouteilles de vin d'Alicante données par madame de Morville, et qui portaient la date respectable, mieux que respectable, vénérable de 1750.

On avait essayé de tous les moyens pour ouvrir les armoires : elles avaient vertueusement résisté à la persuasion comme à la force; on désespérait de faire jamais connaissance avec l'alicante de madame de Morville, avec le johannisberg de M. de Metternich, avec le liebfraumilch du roi de Prusse, et avec le tokai de l'empereur d'Autriche, autrement que par les échantillons que, dans ses grands dîners, le docteur Sue versait à ses convives dans des dés à coudre, lorsqu'un jour, en fouillant dans un squelette, Eugène Sue y trouva, par hasard, un trousseau de clefs.

C'étaient les clefs des armoires!

Dès le premier jour, on mit la main sur une bouteille de

vin de Tokai au cachet impérial, et on la vida jusqu'à la dernière goutte; puis on fit disparaître la bouteille.

Le lendemain, ce fut le tour du johannisberg; le surlendemain, du liebfraumilch; le jour suivant, de l'alicante.

On fit de ces trois bouteilles comme de la première.

Mais James Rousseau, qui était l'aîné, et qui, par conséquent, avait une science du monde supérieure à celle de ses jeunes amis, lesquels hasardaient leurs premiers pas sur le terrain glissant de la société, James Rousseau fit judicieusement observer qu'au train dont on y allait, on creuserait bien vite un gouffre, que l'œil du docteur Sue plongerait au fond de ce gouffre, et qu'il y trouverait la vérité.

Il fit alors cette proposition astucieuse, de boire chaque bouteille au tiers seulement, de la remplir d'une composition qui, autant que possible, se rapprocherait du vin, de la reboucher artistement, et de la remettre ensuite à sa place.

Ferdinand Langé approuva la proposition, et ajouta un amendement : c'était de procéder à cette grande solennité de l'ouverture de l'armoire à la manière antique, c'est-à-dire avec accompagnement de chœurs.

Ces deux propositions passèrent à l'unanimité.

Le même jour, on ouvrit l'armoire sur un chœur imité de *la Leçon de botanique* de Dupaty.

Le coryphée chantait :

> Que l'amour et la botanique
> N'occupent pas tous les instants;
> Il faut aussi que l'on s'applique
> A boire le vin des parents!

CHŒUR.

> Buvons le vin des grands parents!

Et on joignait l'exemple au précepte.

Une fois en train, on composa un second chœur pour le travail. — Ce travail consistait particulièrement à empailler de magnifiques oiseaux que l'on recevait des quatre parties du monde.

Voici le chœur des travailleurs :

> Goûtons le sort que le ciel nous destine;
> Reposons-nous sur le sein des oiseaux;
> Mêlons le camphre à la térébenthine,
> Et par le vin égayons nos travaux.

Sur quoi, on buvait une seconde gorgée à la bouteille, qui se trouvait à moitié vide.

Il s'agissait de suivre l'ordonnance de James Rousseau, et de la remplir.

A cet effet, on avait nommé un comité de chimie, composé de Ferdinand Langlé, d'Eugène Sue et de Delâtre; plus tard, Romieu y fut adjoint.

Ce comité de chimie faisait un affreux mélange de mélasse, de réglisse et de caramel, remplaçait le vin bu par ce mélange improvisé, rebouchait la bouteille aussi soigneusement que possible, et la remettait à sa place.

Quand c'était du vin blanc, on clarifiait la préparation avec du blanc d'œuf battu.

Mais la punition retombait parfois sur les coupables.

M. Sue donnait de grands et magnifiques dîners; au dessert, on buvait tantôt l'alicante de madame de Morville, tantôt le tokai de Sa Majesté l'empereur d'Autriche, tantôt le johannisberg de M. de Metternich, tantôt le liebfraumilch du roi de Prusse.

Tout allait à merveille, si l'on tombait sur une bouteille vierge; mais, si l'on tombait sur une bouteille revue et corrigée par le comité de chimie...

Il fallait avaler le breuvage !

Le docteur Sue goûtait son vin, faisait une légère grimace, et disait :

— Il est bon, mais il demande à être bu.

Et c'était une si grande vérité, et le vin demandait si bien à être bu, que, le lendemain, on recommençait à boire

Tout cela devait finir par une catastrophe, et, en effet, cela finit ainsi.

Un jour que l'on croyait le docteur Sue à sa campagne de Bouqueval, d'où l'on comptait bien qu'il ne reviendrait pas de la journée, on s'était, à force de séductions sur la cuisinière et les domestiques, fait servir dans le jardin un excellent dîner sur l'herbe.

Tous les empailleurs, comité de chimie compris, étaient là, couchés sur le gazon, couronnés de roses comme des Sybarites, buvant le tokai et le johannisberg, ou plutôt l'ayant bu, quand, tout à coup, la porte de la maison donnant sur le jardin s'ouvre, et le commandeur apparaît.

Le commandeur, c'était le docteur Sue.

Chacun s'enfuit et se cache; Rousseau seul prend son verre plein, remplit un second verre, et, tout en trébuchant, s'avance droit vers le docteur.

— Ah! mon bon monsieur Sue, dit-il, voilà de fameux tokai! A la santé de l'empereur d'Autriche!

On devine la colère dans laquelle entra le docteur en retrouvant, sur le gazon, le cadavre d'une bouteille de tokai, de deux bouteilles de johannisberg, et de trois bouteilles d'alicante. — On avait bu l'alicante à l'ordinaire.

Les mots de vol, d'effraction, de procureur du roi, de police correctionnelle grondèrent dans l'air comme gronde la foudre dans un nuage de tempête.

La terreur des coupables fut profonde. Delâtre connaissait un puits desséché aux environs de Clermont, et proposait de s'y réfugier!

Huit jours après, Eugène Sue partait, comme sous-aide, pour faire la campagne d'Espagne de 1823.

Il fit cette campagne, resta un an à Cadix, et ne revint à Paris qu'au commencement de 1825.

Le feu du Trocadéro lui avait fait pousser les cheveux et les moustaches : il était parti imberbe comme une pomme d'api, il revenait chevelu comme un roi de la première race, barbu comme un mougik.

Cette croissance capillaire flatta sans doute l'amour-propre du docteur Sue, mais ne relâcha en rien les cordons de sa bourse, qu'il tenait très-serrés.

Desforges, qui avait une petite fortune à lui, Ferdinand Langlé, que sa mère adorait, étaient les deux Crassus de la société; quelquefois, comme faisait Crassus à César, ils prêtaient, non pas trente millions de sesterces, mais vingt, trente, quarante, cinquante et même jusqu'à cent francs aux plus nécessiteux de la joyeuse bande.

Outre sa bourse, Ferdinand Langlé mettait à la disposition de ceux des membres de la société qui n'étaient jamais sûrs ni d'un lit, ni d'un souper, sa chambre dans la maison de M. Sue, et l'*en cas* que sa mère lui faisait préparer tous les soirs.

Ferdinand Langlé, déjà grand garçon de vingt-trois ans, auteur d'une douzaine de vaudevilles, amant de cette charmante fille, morte avant l'heure de sa mort, que l'on appelait Fleuriet, et qui était actrice au Gymnase (1); Ferdinand Langlé rentrait rarement chez lui; mais, comme le domestique disait à sa mère que Ferdinand vivait avec la régularité d'une religieuse, tous les soirs, la bonne mère ordonnait de mettre l'en cas sur sa table de nuit.

Le domestique mettait l'en cas sur la table de nuit, et la clef de la petite porte de la rue à un endroit convenu.

Un attardé se trouvait sans asile : il se dirigeait vers la rue du Chemin-du-Rempart, allongeait la main dans un trou de la muraille, y trouvait la clef, ouvrait la porte, remettait religieusement la clef à sa place, tirait la porte derrière lui, allumait la bougie, s'il était le premier, mangeait, buvait et se couchait dans le lit; — si un second suivait le premier, il

---

(1) J'ai déjà parlé d'elle à propos de mes commencements littéraires avec de Leuven. On accusa Castaing de l'avoir empoisonnée; mais elle mourut, en réalité, à la suite d'une colère dans laquelle elle entra contre Poirson, directeur du Gymnase, à propos de l'engagement à ce théâtre de madame Théodore. Cette colère donna à la belle enfant une fièvre cérébrale; la fièvre cérébrale l'emporta en deux fois vingt-quatre heures.

trouvait la clef au même endroit, pénétrait de la même façon, mangeait le reste du poulet, buvait le reste du vin, levait la couverture à son tour, et se fourrait dessous; — si un troisième suivait, même jeu pour la clef, même jeu pour la porte; seulement celui-là, qui ne trouvait plus ni poulet, ni vin, ni place dans le lit, mangeait le reste du pain, buvait un verre d'eau, et s'étendait sur le canapé.

Et ainsi de suite.

Si le nombre grossissait outre mesure, les derniers venus tiraient un matelas du lit, et couchaient à terre.

Une nuit, Rousseau arriva le dernier, et compta quatorze jambes.

Ce fut dans cette chambre que Henry Monnier et Romieu se rencontrèrent pour la première fois et firent connaissance; le lendemain, ils se tutoyaient, et se tutoyèrent jusqu'au jour où Romieu fut nommé préfet, et ne tutoya plus personne.

Le matin, on était assez souvent réveillé par une visite: c'était un brigadier aux gardes qui passait, et qui, en passant, venait voir l'état de la cave aux liqueurs de Ferdinand Langlé.

Ce brigadier aux gardes, que j'ai beaucoup connu, mérite une mention particulière.

Il se nommait Gauthier de Villiers.

C'était non-seulement un des plus braves soldats de l'armée, mais encore un des plus vigoureux poignets de France. Le mot poignet s'étend ici au corps tout entier.

Qu'est devenu le capitaine Gauthier? Je n'en sais rien. Je voudrais bien le revoir une fois encore, au risque qu'il me brisât le poignet en me serrant la main.

C'était le courage et la bonté de Porthos. Il n'eût, pour rien au monde, donné une chiquenaude à un enfant; seulement, il avait plus d'esprit que M. de Pierrefonds.

Il avait servi dans les grenadiers à cheval de l'Empire; il s'était fait faire un sabre particulier : quand il chargeait, et qu'il avait, d'outre en outre, traversé quelque cavalier ennemi, il l'enlevait de son cheval à la force du poignet, et le rejetait derrière lui comme il eût fait d'une botte de foin.

Gauthier arrêtait d'une seule main un tilbury lancé au grand trot. Gauthier descendait de cheval, prenait son cheval sur les épaules, et le portait pendant dix, quinze, vingt pas avec presque autant de facilité que son cheval le portait lui-même. Il prenait une assiette de porcelaine, et passait son doigt au travers avec la même facilité qu'une balle passe à travers une cible de carton.

Un jour, aux gardes, on lui avait fait une injustice dont il voulait satisfaction. Il attendit sur le pont des Tuileries le roi Louis XVIII, qui devait sortir. Au moment où Sa Majesté passait, allant, comme d'habitude, au grand trot de son attelage, Gauthier sauta à la tête des chevaux, et arrêta le carrosse tout court.

Louis XVIII mit la tête à la portière, et reconnut son brigadier aux gardes.

— Ah! c'est toi, dit-il de sa petite voix flûtée, c'est toi, Gauthier? Eh bien, que veux-tu, mon ami?

Gauthier alors s'avança et exposa sa demande.

— J'examinerai, j'examinerai, répondit Louis XVIII.

Huit jours après, justice était faite à Gauthier.

Gauthier avait une spécialité : il était *sauveur*. Si un homme tombait à l'eau et se noyait, Gauthier se jetait à l'eau et le sauvait; si le feu prenait à quelque maison, et qu'un locataire en retard risquât d'être brûlé, Gauthier sauvait le retardataire.

Il avait sauvé le vieux Vatteville de l'incendie de l'Odéon, il avait sauvé trente-sept ou trente-huit personnes

Gauthier, lors de la campagne d'Afrique, était parti comme interprète, et demeura à Alger. Dans les expéditions que l'on faisait autour de la ville, Gauthier, au lieu de fusil, prenait une petite pièce de quatre sur son épaule. Arrivé devant l'ennemi, on mettait la pièce en batterie, et l'on faisait feu. D'autres fois, il se contentait d'un fusil de rempart.

Il avait aux gardes un magnifique cheval, dont voici l'histoire.

Ce cheval avait le double défaut de jeter son cavalier à

terre, et, quand son cavalier était à terre, de revenir sur lui et de le mordre ; on décida de l'abattre.

On allait procéder à l'exécution, quand Gauthier rentra à l'hôtel du quai d'Orsay, vit toute la compagnie assemblée et déplorant la perte d'un si magnifique cheval.

Gauthier s'informa.

— Bon! dit-il, je m'en charge, moi; mais à la condition que, si je le dompte, on me le laissera.

Le marché fut accepté; on lui passa une bride.

Le cheval se laissait monter facilement : Gauthier n'eut donc pas grand-peine à sauter sur son dos. Une fois là, le cheval commença ses frasques, sauts de mouton, grand écart à droite, grand écart à gauche, etc.; mais le rebelle ne savait pas à qui il avait affaire. Gauthier commença de serrer les genoux ; le cheval, qui éprouvait une certaine difficulté à respirer, redoubla ses bonds : Gauthier serra plus fort.

Dès lors, ce fut une lutte splendide à voir, dans laquelle le cheval, vaincu, finit par plier les genoux et se coucher.

Gauthier sauta à terre pour ne pas se trouver engagé sous l'animal, puis il attendit.

Le cheval était guéri de son premier défaut, qui consistait à jeter son cavalier à terre; il fallait le guérir du second, qui consistait à le mordre.

Gauthier, comme nous l'avons dit, était resté debout, à dix pas du cheval. Il l'avait dompté comme un autre Alexandre ; restait à savoir s'il ne serait pas dévoré par lui comme un autre Diomède.

Effectivement, au fur et à mesure que le cheval retrouvait sa respiration, son œil s'injectait de sang, ses naseaux fumaient de colère; il se remit sur ses pieds de devant, puis sur ses pieds de derrière, chercha des yeux son ennemi, poussa un hennissement, et fondit sur lui.

Gauthier l'attendait dans la position d'un boxeur; il lui envoya un coup de poing dans le nez, et lui cassa deux dents ; le cheval se cabra de douleur, pivota sur ses pieds de derrière, et rentra à l'écurie.

Il était dompté.

Vous vous rappelez cela, n'est-ce pas, d'Arpentigny; vous vous rappelez cela, n'est-ce pas, Leroi; tu te rappelles cela, n'est-ce pas, Ferdinand Langlé; mes vieux amis aux gardes?

Eh bien, Gauthier était un des visiteurs du matin. Il allait droit à la cave, appliquait à ses lèvres le flacon de rhum ou d'eau-de-vie, et autant il y en avait, autant d'englouti.

Un matin, il vint; mais Rousseau et Romieu étaient venus coucher cette nuit-là, et la cave était vide.

Gauthier commença par fouiller dans ses poches, il faut lui rendre cette justice; mais ses poches étaient aussi vides que la cave.

Alors, voyant trois ou quatre gilets et autant de pantalons étendus et gisant au hasard, il commença de passer la revue des pantalons et des gilets.

Les dormeurs le regardaient faire, un œil à moitié ouvert et l'autre fermé tout à fait; ils étaient bien tranquilles, ce n'était ni à leurs gilets ni à leurs pantalons que Gauthier en voulait: il s'en fallait de moitié qu'il pût entrer dans les plus larges; il en voulait à leur contenu, et ils ne contenaient rien.

Romieu seul manifestait une certaine inquiétude: il avait dix-neuf sous dans la poche de son gilet.

Gauthier tomba sur le trésor.

Romieu voulut se lever et disputer la possession de ses dix-neuf sous à Gauthier.

Gauthier le fixa du bout du doigt sur son canapé, et, de l'autre main, sonna le domestique.

Le domestique parut.

— Allez-nous chercher pour dix-neuf sous d'eau-de-vie, dit Gauthier.

Le domestique s'apprêtait à obéir.

— Mais, sacrebleu! dit Romieu, je demeure dans le faubourg Saint-Germain: laissez-moi au moins un sou pour passer le pont des Arts.

— C'est trop juste, dit Gauthier.

Et, remettant un sou dans le gilet de Romieu:

— Allez me chercher pour dix-huit sous d'eau-de-vie, dit-il au domestique.

Ce fut ce jour-là, et à cette occasion, que le dépouillé, à qui Gauthier avait pu prendre ses dix-huit sous, mais non son esprit et sa verve, fit sa fameuse chanson :

> J'nai qu'un sou,
> J'nai qu'un sou,
> La richess' n'est pas l'Pérou !
> Je dîn'rai je ne sais pas où ;
> Mais, pour sûr, je n'ai qu'un sou !

Je ne me souviens pas du reste de la chanson, mais dites à Henry Monnier de vous la chanter, il vous la chantera ; et, en outre, il se rappellera comme moi à quelle occasion elle a été faite.

CCLXII

Eugène Sue a l'ambition d'un groom, d'un cheval et d'un cabriolet. — Il fait, avec la maison Ermingot, Godefroy et C*, une affaire qui lui permet de se passer cette fantaisie. — Triomphe aux Champs-Élysées. — Fâcheuse rencontre. — Desforges et Eugène Sue se séparent. — Desforges fonde *le Kaléidoscope* à Bordeaux. — Ferdinand Langlé fonde *la Nouveauté* à Paris. — César et le nègre Zoyo. — Dossion et son chien.

Le temps s'écoulait, Eugène Sue devenait grand garçon, le docteur Sue resserrait de plus en plus les cordons de sa bourse. On avait envie d'avoir un groom, un cheval et un cabriolet ; il fallait recourir aux expédients.

On fut mis en rapport avec deux honnêtes capitalistes, lesquels vendaient du vin aux jeunes gens de famille qui se sentaient la vocation du commerce : ils se nommaient MM. Ermingot et Godefroi. — Nous ignorons si ces messieurs font encore le métier ; mais, ma foi, à tout hasard, nous citons les noms, espérant que l'on ne prendra pas les lignes que nous écrivons pour une réclame.

MM. Ermingot et Godefroi allèrent aux informations ; ils surent qu'Eugène Sue devait hériter d'une centaine de mille francs de son grand-père maternel, et de trois ou quatre cent mille francs de son père. Ils comprirent qu'ils pouvaient se risquer.

Eugène Sue reçut une invitation à déjeuner à Bercy pour lui et un ou deux amis. Il jeta les yeux sur Desforges. — Desforges passait pour l'homme rangé de la société, et le docteur Sue avait la plus grande confiance en lui.

On était attendu aux *Grands* ou aux *Gros Marronniers*, je ne me rappelle pas bien..

Le déjeuner fut splendide; on fit goûter aux deux jeunes gens les vins dont ils venaient faire l'acquisition, et Eugène Sue, sur lequel s'opérait particulièrement la séduction, en fut si content, qu'il en acheta, séance tenante, pour une somme de quinze mille francs, que, séance tenante toujours, il régla en lettres de change.

Le vin fut déposé dans une maison tierce, avec faculté à Eugène Sue de le faire goûter, de le vendre, et de faire dessus tel bénéfice qu'il lui conviendrait. Ce bénéfice, coté au plus bas, devait être, au moins, de cinq ou six mille francs.

Huit jours après, Eugène Sue revendait à un compère de la compagnie Ermingot et Godefroi son lot de vin pour la somme de quinze cents francs payés au comptant.

On perdait treize mille cinq cents francs sur la spéculation; mais on avait quinze cents francs d'argent frais, c'est-à-dire de quoi réaliser l'ambition qui, depuis un an, empêchait les deux amis de dormir: un groom, un cheval et un cabriolet.

Comment, demandera le lecteur, avec quinze cents francs, pouvait-on avoir un groom, un cheval et un cabriolet?

C'est inouï, le crédit que donnent quinze cents francs d'argent comptant, surtout quand on est fils de famille, et que l'on peut s'adresser aux fournisseurs du père.

On acheta le cabriolet chez Sailer, carrossier du docteur, et l'on donna cinq cents francs à compte; on acheta le cheval chez Kunsmann, où l'on prenait des leçons d'équitation, et l'on donna cinq cents francs dessus. On restait à la tête de

15.

cinq cents francs : on engagea un groom que l'on fit habiller de la tête aux pieds. — Cela n'était pas ruineux : on avait crédit chez le tailleur, le bottier et le chapelier.

On était arrivé à ce magnifique résultat au commencement de l'hiver de 1824 à 1825.

Le cabriolet dura tout l'hiver.

Au printemps, on résolut de monter un peu à cheval pour saluer les premières feuilles.

Un matin, on partit.

Desforges et Eugène Sue étaient à cheval, suivis de leur groom, à cheval comme eux. Le groom faisait des grimaces atroces, que les passants ne savaient à quoi attribuer. Desforges et Eugène Sue savaient seuls la cause de cette agitation des muscles de la face du pauvre John : on lui avait apporté le matin, des bottes trop étroites, et il avait fallu que les deux maîtres réunissent tous leurs efforts pour chausser leur domestique.

A moitié chemin des Champs-Élysées, comme on était en train de distribuer des saluts aux hommes et des sourires aux femmes, un cacolet vert s'arrête, une tête sort et examine avec stupéfaction les deux élégants.

La tête était celle du docteur Sue; le cacolet vert était ce que l'on appelait dans la famille la voiture à trois lanternes : c'était une voiture basse, inventée par le docteur Sue, et de laquelle on descendait sans marchepied ; — l'aïeule de tous les petits coupés qu'on fait aujourd'hui.

Cette tête frappa les deux jeunes gens comme eût fait celle de Méduse; seulement, au lieu de les pétrifier, elle leur donna des ailes. Ils partirent au galop ; par malheur, il fallait rentrer. On ne rentra que le surlendemain, mais on rentra.

La justice veillait à la porte sous les traits du docteur Sue.

On se vit contraint à tout avouer, et ce fut même un grand bonheur : la maison Ermingot et Godefroi commençait à montrer les dents, et envoyait du papier timbré; en outre le congé de six mois touchait à sa fin.

L'homme d'affaires du docteur Sue fut chargé d'arranger

l'affaire Ermingot et Godefroi; ceux-ci venaient d'avoir un petit désagrément en police correctionnelle qui les rendit tout à fait coulants: moyennant deux mille francs, ils rendirent les lettres de change, et donnèrent quittance générale.

Sur quoi, Eugène Sue s'engagea à rejoindre son poste à l'hôpital militaire de Toulon.

Desforges perdit toute la confiance du docteur; il fut reconnu qu'il avait trempé jusqu'au cou dans l'affaire Ermingot et Godefroi, il fut mis à l'index; ce qui le détermina, toujours facilité par sa fortune indépendante, à suivre Eugène Sue à Toulon.

Damon n'eût pas donné une plus grande preuve de dévouement à Pythias.

On partit après avoir passé la nuit ensemble; mais, au moment du départ, l'enthousiasme fut tel, que Romieu et Mira, — Mira était le fils du célèbre Brunet, — que Romieu et Mira résolurent d'escorter la diligence. Eugène Sue et Desforges étaient dans le coupé; Romieu et Mira galopaient aux deux portières.

Romieu galopa jusqu'à Fontainebleau; là, il fallut le descendre de cheval.

Mira, s'entêtant, fit trois lieues de plus; puis force lui fut de s'arrêter.

La diligence continua majestueusement son chemin, laissant les blessés sur la route.

On arriva le troisième jour à Toulon. — Aujourd'hui, on y va en vingt-quatre heures.

Le premier soin des exilés fut d'écrire pour avoir des nouvelles de leurs amis: Romieu avait été ramené dans la capitale sur une civière. Mira avait préféré attendre sa convalescence là où il était, et, quinze jours après, il était rentré à Paris en voiture.

On s'installa à Toulon, et l'on commença de faire les beaux avec les restes de la splendeur parisienne. Ces restes de splendeur, un peu fanés à Paris, étaient du luxe pour Toulon.

Les Toulonnais commencèrent à regarder les nouveaux

venus d'un mauvais œil. Ils appelaient Eugène Sue *le beau Sue*.

Ce fut bien pis quand on vit, tous les soirs, venir les muscadins au théâtre, et que l'on s'aperçut qu'ils y venaient particulièrement pour lorgner la première amoureuse, mademoiselle Florival! C'était presque s'attaquer aux autorités : le sous-préfet protégeait fort la première amoureuse.

Les deux Parisiens s'abonnèrent et demandèrent leurs entrées dans les coulisses. Desforges faisait valoir sa qualité d'auteur; il avait déjà eu deux ou trois pièces jouées.

Eugène Sue était vierge de toute littérature et ne donnait aucun signe de vocation pour la carrière d'homme de lettres; il était plutôt peintre : gamin, il avait couru les ateliers et dessinait, croquait, brossait.

Il y a trois ou quatre ans à peine, que je voyais encore, dans une des anciennes rues qui longent la Madeleine, rue aujourd'hui disparue, un cheval qu'il avait fait sur la muraille avec du vernis noir et un pinceau à cirer les bottes. Le cheval s'est écroulé avec la rue!

La porte des coulisses restait donc impitoyablement fermée; ce qui donnait le droit incontestable aux Toulonnais de goguenarder les Parisiens.

Par bonheur, Louis XVIII était mort le 16 septembre 1824, et Charles X avait eu l'idée de se faire sacrer. La cérémonie devait avoir lieu dans la cathédrale de Reims, le 26 mai 1825.

Maintenant, comment la mort de Louis XVIII à Paris, comment le sacre du roi Charles X à Reims, pouvaient-ils faire ouvrir les portes du théâtre de Toulon à Desforges et à Eugène Sue?

Voici :

Desforges proposa à Eugène Sue de faire ce que l'on appelait à cette époque un *à-propos* sur le sacre.

Eugène Sue accepta.

L'à-propos fut fait et joué au milieu de l'enthousiasme universel. — J'ai encore cette bluette, tout entière écrite de la main d'Eugène Sue.

Le même soir, les deux auteurs avaient d'une façon inattaquable leurs entrées dans les coulisses.

Mademoiselle Florival ne se montra pas plus sévère que l'administration, et donna aux deux auteurs leurs entrées chez elle. Ils en profitèrent conjointement et sans jalousie aucune. L'amitié de Desforges et d'Eugène Sue eût servi de modèle, nous l'avons dit, à celle de Damon et de Pythias.

Vers le mois de juin 1825, Pythias et Damon se séparèrent. Eugène Sue resta seul en possession de ses entrées au théâtre et chez mademoiselle Florival. Desforges partit pour Bordeaux?

Pourquoi Desforges allait-il à Bordeaux?

Il croyait tout simplement aller voir un ami : il allait fonder un journal. Les voies de la Providence sont mystérieuses et profondes!

Cet ami s'appelait Tessier; le journal s'appela *le Kaléidoscope*.

Desforges croyait passer un jour ou deux avec son ami. Tessier le conduit chez un libraire où non-seulement on vendait des livres, mais encore où l'on faisait de la littérature. — C'était chez lui, dans son magasin, situé, je crois, rue Esprit-des-Lois, que se tenait l'hôtel Rambouillet de Bordeaux. — Le voyageur trouve là huit ou dix jeunes gens avides de ce souffle parisien qui porte au monde entier le pollen littéraire.

— Ah! si nous avions un journal? disaient-ils, si nous avions surtout quelqu'un pour le fonder?

— Eh bien, mais me voilà! répondit Desforges.

Et, en effet, à la suite de cette réunion, grâce à Desforges, *le Kaléidoscope* fut fondé.

C'est ainsi que s'éparpillaient les missionnaires de la foi nouvelle, qui préparaient le grand mouvement littéraire de 1827, 1828 et 1829.

Desforges, qui ne me connaissait que de nom à cette époque, non pas par mon nom littéraire, — je n'en avais pas, — mais par mon nom d'enfant, qu'il avait entendu dire chez M. Collard, ce bon et excellent tuteur dont j'ai eu occasion de parler dans ces Mémoires, mit dans *le Kaléidoscope* des vers de moi, un fragment de mon élégie sur la mort du général Foy, autant qu'il m'en souvient.

Plus tard, ce fut le point de repère de notre connaissance à Paris.

Un jour, j'entrais au café des Variétés. Desforges causait avec Théaulon. Théaulon me dit bonjour d'un mouvement de tête.

Un moment après, Desforges vint à moi.

— Savez-vous, me dit-il, ce que prétend Théaulon à propos de vous?

— Théaulon m'aime beaucoup : il ne faut pas croire aveuglément ce qu'il dit, et même ce qu'il pense de moi.

— Eh bien, il m'a dit: « Vois-tu ce grand garçon maigre, il nous distancera tous tant que nous sommes en littérature. »

J'envoyai à Théaulon un sourire de doute et un signe de remercîment.

De ce jour, date notre connaissance, disons mieux, notre amitié avec Desforges.

Tandis que Desforges était à Bordeaux, et fondait *le Kaléidoscope*, Ferdinand Langlé fondait à Paris le journal *la Nouveauté*; encore une tribune ouverte à la nouvelle école, encore un jalon marquant un pas fait en avant.

Langlé avait eu une idée financière qui n'était pas trop mauvaise pour un aide-chirurgien aux gardes, surtout quand on pense que cette idée précédait de sept ans l'apparition d'Émile de Girardin, c'est-à-dire de l'homme qui a eu le plus d'idées en fait de presse: les mille premiers abonnés de *la Nouveauté*, versant soixante francs argent, devenaient propriétaires de la moitié des actions du journal; l'autre moitié appartenait naturellement au fondateur, Ferdinand Langlé.

Quinze jours après le prospectus lancé, il y avait soixante mille francs en caisse.

Quand je dis *en caisse*, par malheur, il n'y avait pas de caisse : ce fut le défaut d'emplacement fixe pour serrer l'argent qui fit qu'au bout d'un certain temps, il n'y eut plus qu'un caissier.

Et Dieu sait que ce n'était pas le caissier qui avait mangé la caisse, nous allons en donner une preuve irrécusable.

Le caissier de *la Nouveauté* avait cheval, cabriolet et domestique nègre ; il donnait à *Zoyo* — c'était le nom de son domestique — sept francs par semaine pour sa nourriture et celle de son cheval, vingt-huit francs par mois ! C'était à lui de se tirer de là comme il pourrait. Il s'en tirait en mangeant les sept francs, et en nourrissant son cheval avec les côtes de melon, les feuilles de salade et les trognons de chou qu'il trouvait sur les tas d'ordures ; il appelait cela mettre César au vert.

Quand cela ne suffisait pas, Zoyo tendait la main aux passants.

— Comment, drôle, tu mendies ? lui disait celui auquel il s'adressait.

— Monsieur, répondait Zoyo, ce n'est pas pour moi ; c'est pour mon pauvre César, qui meurt de faim.

Et il montrait son cheval, dont l'air noble et digne inspirait la sympathie.

Quand les côtes de melon, les feuilles de salade et les trognons de chou étaient insuffisants ; quand l'appel à la charité publique avait mal rendu, Zoyo prenait un grand parti : il s'en allait chez le cireur de bottes qui avait un établissement à l'entrée du passage Feydeau, et frottait des bottes de compte à demi avec le directeur de l'établissement. Lorsqu'il avait gagné dix sous en cirant dix paires de bottes, il convertissait son gain en un picotin d'avoine ou en une demi-botte de foin, et, tant bien que mal, César dînait.

A cinq heures, *quand la caisse était fermée*, on harnachait César, on l'attelait au cabriolet ; Zoyo chaussait la culotte blanche, les bottes à revers, endossait le gilet jaune, la redingote verte, se coiffait d'un chapeau à large galon, orné d'une cocarde noire, et amenait le cabriolet à la porte du bureau, rue de Richelieu, n° 67, en face de la bibliothèque nationale.

Le caissier sautait dans son cabriolet, Zoyo rabattait la capote, montait derrière ; on gagnait le boulevard, on le suivait jusqu'à la place Louis XV ; on prenait les Champs-Élysées, et l'on faisait un tour au bois.

Et, si l'on demandait:

— Quel est ce monsieur avec un cheval alezan, un cabriolet vert et un domestique nègre?

On répondait:

— C'est le caissier du journal *la Nouveauté*.

Cela faisait honneur au journal.

Ce n'était pas le tout que d'avoir un cabriolet, il fallait un éditeur responsable. L'éditeur responsable, à cette époque, était d'autant plus difficile à trouver qu'il en fallait absolument un: on faisait beaucoup de procès aux journaux, on mettait beaucoup les éditeurs responsables en prison; les éditeurs responsables étaient donc de toute nécessité.

Ferdinand Langlé jeta les yeux sur une espèce de nain nommé Dossion. La police du temps n'exigeait pas qu'un éditeur responsable eût telle ou telle taille. Ce Dossion était un singulier bonhomme, au nez rouge, à la taille cambrée en arrière, toujours monté sur ses ergots. Je me souviens que nous l'appelions le tambour-major des rats de l'égout Montmartre.

Cherchez l'étymologie du nom, si vous voulez; quant à moi, je ne m'en souviens plus; à coup sûr, elle se rattachait à quelque légende du temps, oubliée aujourd'hui.

Il avait été souffleur adjoint au Vaudeville, et avait tant fait près du bon Désaugiers, qu'il avait obtenu de lui de débuter dans les *Arlequins*, où il doublerait Laporte; mais, comme il avait la vue basse, le jour de ses débuts, il avait eu l'ingénieuse idée de mettre à son masque des verres de myope; seulement, il n'avait point pensé à une chose, c'était à la chaleur de la salle: la chaleur troubla les verres, et il en résulta que Dossion, en courant après Colombine, ne voyant plus où il mettait le pied, disparut dans le trou du souffleur.

Tout au contraire des roses, qui ne vivent qu'un matin, Dossion n'avait vécu qu'un soir.

Nous avions inventé un scie à l'aide de laquelle nous faisions entrer Dossion dans des colères bleues.

Dossion avait un chien du même pelage à peu près que le cheval de d'Artagnan, flottant de la nuance jonquille à la nuance bouton d'or. Comme Dossion était mortellement ennuyeux, on prétendait que son chien avait présenté une pétition à la Chambre pour être autorisé à quitter son maître ; mais les trois cents de M. de Villèle avaient considéré la chose comme une affaire politique ; un d'eux avait même prononcé la fameuse phrase :

— L'anarchie commence à relever la tête !

La pétition de Castor avait passé à l'ordre du jour.

Le malheureux animal, forcé de demeurer attaché à Dossion, était trépassé d'ennui.

Je ne sais si Dossion est mort ou vivant : s'il est vivant, les quelques lignes que je viens d'écrire sont un hommage que je lui rends ; s'il est mort, c'est une fleur que je jette sur sa tombe.

CCLXIII

Débuts d'Eugène Sue dans le journalisme. — L'Homme-Mouche. — Le mouton mérinos. — Eugène Sue dans la marine. — Il assiste à la bataille de Navarin. — Il se met dans ses meubles. — Dernière folie de jeunesse. — Un autre *Fils de l'Homme*. — Bossange et Desforges.

Vers la fin de 1825, Eugène Sue revint de Toulon.

Il trouva *la Nouveauté* dans l'état le plus prospère. Comme son ami Ferdinand Langlé en était le directeur ; comme lui, Eugène Sue, venant de faire jouer un *à-propos* à Toulon, était auteur, il devint tout naturellement rédacteur du journal ; on lui demanda des articles : il en fit quatre, une série intitulée *l'Homme-Mouche*.

Ce sont les premières lignes de l'auteur de *Mathilde* et des *Mystères de Paris* qui aient été imprimées ; il nous semble curieux de les consigner ici. — Nos Mémoires, nous l'avons dit, sont les archives littéraires de la première moitié du XIXe siècle ; d'ailleurs, il est toujours intéressant pour les artistes d'étudier le point de départ d'un homme arrivé au sommet élevé où est parvenu notre illustre confrère.

Voici les quatre articles qu'il écrivit pour *la Nouveauté*, et qui parurent, le premier dans le numéro du lundi 23 janvier

1826, le second dans le numéro du mercredi 25, le troisième dans le numéro du dimanche 29, et le quatrième dans le numéro du mardi 31.

Première lettre de l'Homme-Mouche.

A Monsieur le préfet de police.

« Monsieur le préfet,

» Je prends la liberté de me rappeler à votre souvenir ; car vous n'ignorez pas que, depuis dix ans que je suis au bagne de Toulon, je n'ai pas interrompu un seul instant les honorables fonctions que l'on m'a confiées. Cependant, comme il serait possible que vous m'eussiez oublié, je vais vous tracer de nouveau un petit tableau de mon existence physique et morale.

» Je m'appelle de *** ; oui, monsieur le préfet, de *** ! Mon nom est précédé de la particule, et j'ai pourtant été confondu avec un tas de coquins obscurs... Mais, hélas ! vous le savez comme moi, dans ce monde, à quoi n'est-on pas exposé ? Revenons à mon portrait. — Je ne suis ni grand ni petit, ni beau ni laid ; j'ai une de ces figures qui s'oublient facilement ce qui est un grand avantage dans notre état, car, si l'on nous reconnaissait toujours, nous serions souvent exposés à des scènes fort désagréables. La nature m'a doué d'un de ces regards obliques que le vulgaire appelle *louches*, mais que nous autres savons apprécier ; car, lorsqu'on a l'air de regarder d'un côté, on voit de l'autre. J'ai l'organe de l'ouïe très-développé, et, dans une conversation, pas un mot ne m'échappe. Enfin, ma colonne vertébrale est excessivement souple ; ce qui m'a été d'une grande utilité dans mainte occasion... Quant au moral, j'ai l'air le plus engageant du monde : je suis poli, affable, obséquieux même, et je possède la flatterie au plus haut degré ; je m'insinue dans l'intérieur des familles, je pénètre les replis les plus cachés du cœur humain : un regard, un demi-mot, me mettent sur la voie, et, quand, malgré toute ma pénétration, toute ma science, je n'ai rien trouvé, alors j'invente!

» Grâce à cette réunion d'heureuses qualités, vous eûtes la bonté de me donner de l'emploi. Criblé de dettes, connu comme un assez mauvais sujet de bon ton... vous entendez? un de vos agents qui pouvait m'apprécier me proposa d'entrer dans la grande confrérie; j'acceptai, et ce nouvel état ne servit qu'à développer mon naturel; car je fus accusé pour faux! J'eus beau supplier, intriguer, faire parler en ma faveur par un de mes confrères de Montrouge...; impossible de me disculper : la justice et les tribunaux n'entrent pas, malheureusement, dans tous ces petits intérêts-là ; elle ne plaisante jamais. Je fus condamné à dix ans de travaux forcés. Quelle humiliation pour un agent de l'autorité!

» A peine arrivé dans ce vaste établissement,... qui rend réellement d'immenses services à la société, et qu'on devrait nommer autrement, par égard pour nous autres gens bien nés... ma figure plut à l'inspecteur de police; il devina mes talents, me fit des propositions. Malgré le vœu que j'avais fait de ne plus servir un pays aussi ingrat, la philanthropie, le désir du bien général, etc., etc., me déterminèrent; mais hélas! quelle décadence, monsieur le préfet! être réduit à examiner la conduite morale et politique des galériens... moi qui avais exercé cet état important dans la meilleure société ! Vous m'avouerez que c'est très-désagréable. Outre que les agents en chef ne sont pas honnêtes du tout... Au moins, dans la capitale, on gazait les termes; vous nous faisiez appeler agents de l'autorité, voire même du gouvernement, tandis que, là, on vous appelle *mouchards* tout court... Si nous nous plaignons, si nous parlons de notre utilité, on nous compare aux plus vils instruments! Enfin, monsieur le préfet, c'était à n'y pas tenir. Heureusement que vous avez bien voulu vous intéresser à moi, pour me faire, le plus tôt possible, sortir de ce vilain endroit, et me promettre de me faciliter les moyens de continuer une carrière que je crois avoir exercée avec honneur et au gré de vos désirs; car j'ai mis à profit le temps que j'ai passé ici. J'ai fait des progrès sensibles en souplesse et en ruse ; je sais beaucoup de tours d'adresse que m'ont enseignés ces messieurs, et j'en compte faire usage, non pas pour moi, mais pour le bien public.

» Vous voyez, monsieur le préfet, que je suis digne de toute votre estime et de toute votre confiance. Mes talents ont augmenté ; j'ai analysé la délation avec fruit, et je suis certain que ma conduite passée vous sera un garant de ma fidélité future à remplir mes devoirs.

» Veuillez me faire connaître vos ordres, et ce que vous désirez faire de moi à la sortie du bagne.

» J'ai l'honneur d'être, monsieur le préfet, avec la considération la plus distinguée,

» Votre très-humble serviteur,

» L'Homme-Mouche. »

Deuxième lettre de l'Homme-Mouche.

A Monsieur le préfet de police.

« Monsieur le préfet,

» J'ai reçu vos nouveaux ordres, et, grâce à vous, je suis sorti de ce vilain endroit, où je m'ennuyais à la mort ; car j'y étais tout à fait déplacé. J'ai quitté l'uniforme, j'ai changé mon bonnet rouge pour un *trois-pour-cent*... Oh ! pardon monsieur le préfet... pardon ! cela m'échappe !... N'allez pas croire au moins que je veuille insulter ce respectable M. de V***, notre père à tous, notre bon père ! car c'est lui qui fournit à toutes nos petites dépenses, à votre budget secret... Mais cette expression est si universellement répandue, que je suis excusable. — J'ai donc quitté cette casaque rouge qui m'allait si mal, pour un frac couleur aile de mouche : c'est du dernier goût ; au lieu de cette grosse bague qu'ils m'avaient mise aux jambes (ce qui, entre nous, n'a pas le sens commun), j'en ai une au doigt, fort jolie, sur laquelle est gravé un œil qui n'est pas celui de la Providence. Mon passe-port est en règle... « On accordera protection et appui au sieur de***, propriétaire... » Il est vrai que j'ai fort peu de propriétés, et que je n'en ai même plus du tout, si ce n'est un pot de fleurs avec un rosier... que j'ai confiés aux soins d'un ami, à l'époque de mon accident ; mais j'ai mon industrie, votre protection, et c'est quelque chose !

» Je me suis mis en route le... pour ***. Je vais tâcher de vous rendre un compte succinct de mon voyage.

» J'ai préféré la diligence, parce que, pour nous autres observateurs, le théâtre est plus vaste et les scènes plus variées. J'aurais bien désiré avoir le coin gauche, à cause de mon épaule ; mais la place était prise : il a fallu me contenter du côté droit. En face de moi se trouvaient deux grands militaires porteurs de moustaches effroyables. Je ne sais, mais leur aspect m'importunait... je ne pouvais supporter leur regard... A côté d'eux était un prêtre ; et j'avais pour voisins un gros monsieur et une grosse dame. Je commençai par faire semblant de dormir, parce que cela n'empêche pas d'entendre, et qu'on inspire une honnête confiance.

» Les deux militaires parlaient à voix basse ; les mots : *Mécontents... Assez de leur service*, etc., etc., frappèrent mon oreille attentive ; je jugeai qu'il était temps de ne plus dormir, je m'éveillai ; je tâchai de provoquer insensiblement une de ces petites inconséquences dont nous faisons si facilement des conspirations... Impossible ! je suis forcé de l'avouer. Ils pensaient presque bien... Écoutez notre conversation.

» — Ces messieurs sont au service ?

» — Nous y étions.

» — Ces messieurs ont quitté le service volontairement ?

» — Oui, monsieur.

» — Ces messieurs ont bien fait ; car, dans le temps où nous sommes, hélas ! comment récompense-t-on la valeur ?... Tenez, moi qui vous parle...

» — Monsieur a servi ?

» — Beaucoup, monsieur ! beaucoup ! même plus que je n'aurais voulu... et Dieu sait comment j'ai été récompensé !

» — Nous, monsieur, c'est à peu près la même chose. Nous

allons en Grèce; nous offrons notre bras et notre sang ; on accepte, et on ne nous paye pas... Nous manquons vingt fois d'être assassinés! Alors, nous quittons cette terre inhospitalière, et nous revenons servir le roi dans nos grades respectifs.

» Vous voyez, monsieur le préfet, qu'il n'y avait rien à faire de ce côté.

» Je m'adressai au curé... Écoutez encore.

» — Monsieur le curé va rejoindre sa paroisse?

» — Oui, monsieur.

» — La paroisse de M. le curé est considérable?

» — Non, monsieur.

» — Alors, les appointements de M. le curé doivent être fort médiocres?

» — Oui, monsieur.

» — Mais c'est affreux, des appointements médiocres! Comment veut-on que le clergé soutienne le trône si on le paye aussi mal?

» — Monsieur, je ne me plains pas; car je trouve encore de quoi secourir quelques malheureux.

» — Mais, monsieur le curé, secourir les malheureux, sans doute c'est fort beau ; mais vous devez vivre de privations?

» — Monsieur, j'ai fait vœu de charité et d'humilité: je suis fidèle à mon vœu.

» — Mais, monsieur le curé, je connais des habitants de Montrouge qui ont aussi fait ce vœu-là, et ça n'empêche pas...

» — Monsieur, je n'habite pas Montrouge ; je suis un homme honnête, pieux, et je sais aimer Dieu sans haïr mon prochain.

» A ces mots, il se remet à lire son bréviaire.

» Il ne me restait qu'à exploiter le gros monsieur et la grosse dame; ils ronflaient à qui mieux mieux...

» Je pris le parti d'éveiller le gros monsieur pour lui demander l'heure: il accueillit ma demande assez peu civilement; mais il était éveillé, et c'est ce que je voulais. J'engageai la conversation, et j'appris qu'il était électeur... Électeur! hein! monsieur le préfet... électeur! quelle mine!... Eh bien, pas du tout. Écoutez encore.

» — Peut-on savoir de quel côté monsieur votera?

» — Pardieu! monsieur, du bon côté.

» — Comment, monsieur? lequel?

» — Y en a-t-il donc tant?... Celui où se trouve l'amour du roi et une juste liberté!

» Et de trois!... Vous avouerez, monsieur le préfet, qu'il est excessivement désagréable de perdre ainsi un temps précieux; aussi, pour l'éviter, je serais assez d'avis de faire surveiller d'abord les deux grands militaires. Ils aiment le roi, c'est bien; ils sont braves, c'est très-bien; mais ils ont combattu les Turcs, et c'est suspect. — Et ce prêtre qui fait du bien, qui n'habite pas Montrouge... c'est suspect! très-suspect! car, enfin, il ne suffit pas d'aimer Dieu et son prochain : il faut savoir se faire respecter. — Quant au gros monsieur, il avait un air goguenard avec son *bon côté!* La grosse dame a rappelé certaine époque où l'on assommait les chiens : j'ai pris cela pour une personnalité. Tenez, si vous m'en croyez, nous dénoncerons toute la voiture; si ça ne fait pas de mal, ça ne peut pas faire de bien. Vous voyez.... toujours fidèle à nos principes.

» Nous sommes arrivés à ***. J'attends de nouvelles instructions.

» J'ai l'honneur d'être, etc.

» L'Homme-Mouche. »

Troisième lettre de l'Homme-Mouche.

A Monsieur le préfet de police.

« Monsieur le préfet,

» J'ai reçu vos nouveaux ordres à mon arrivée à***. Je suis logé d'une manière commode et agréable; j'ai surtout un fort joli cabinet où je *travaille*. Je mange à table d'hôte, parce qu'on peut mieux *observer*. Le théâtre n'est pas très-bon; mais il faut bien aller quelque part.

» Je vous avouerai que je ne goûte pas du tout la manière de voir des acteurs.

» Je vous recommande surtout de faire défendre un pitoyable mélodrame, où l'on pend un espion ; ce n'est pas que je redoute aucune allusion, mais c'est égal, on n'aime pas à avoir ce spectacle-là devant les yeux. D'ailleurs, la pièce est immorale, très-immorale!

» Il m'est arrivé ici une scène assez bizarre, mais qui prouve combien vos employés, mes confrères, font bien leur devoir.

» Je vous demanderai la permission de vous rapporter notre conversation et les réflexions que nos réponses mutuelles nous suggéraient; car mon confrère m'a communiqué les siennes.

» J'étais allé au café prendre ma demi-tasse, parce que cela me donne des idées, agrandit l'imagination ; car vous sentez que nous ne pouvons jamais avoir trop d'imagination. Je prenais donc mon café sur la table qui est près du poêle... exellente place pour un observateur! On domine tout, rien ne vous échappe; on est à peu près caché par le tuyau, et, grâce à cet abri protecteur, on voit sans être vu.

» Le café était assez mal composé : des marchands, quelques sous-officiers, de petites gens enfin. Je perdais mon temps, lorsqu'un grand monsieur d'assez mauvaise mine entra dans le café ; ses regards observateurs le parcoururent dans tous les sens ; puis il choisit une table dans un coin écarté, et demanda d'une voix de stentor... devinez, monsieur le préfet... j'ose à peine vous le dire ! Il demanda *le Constitutionnel !* Vous sentez bien qu'en province, surtout, quand on demande un journal comme celui-là, on est très-suspect. Aussi, je m'approchai d'un air engageant, et lui souris agréablement.

» Écoutez, monsieur le préfet; c'est une espèce de scène de comédie.

» L'HOMME-MOUCHE. — Monsieur voudrait-il me passer le journal après lui ?

» L'INCONNU. — Certainement, monsieur, avec plaisir... (*A part.*) Voilà un gaillard qui fait un bien mauvais choix en fait de journaux ! Tachons d'engager la conversation...

(*Haut.*) Monsieur va bien s'ennuyer en attendant ! s'il prenait un autre journal ?...

» L'HOMME-MOUCHE. — Monsieur, je vous avouerai que je ne lis que celui-là

» L'INCONNU, *à part*. — Diable ! que celui-là... Attention ! cet homme est suspect. (*Haut.*) Monsieur a bien raison : c'est le seul, l'unique qui pense bien... Seulement, je lui voudrais un peu plus d'énergie.

» L'HOMME-MOUCHE, *à part*. — Ceci devient sérieux, très-sérieux !... (*Haut.*) Certainement, monsieur, je lui voudrais beaucoup plus d'énergie... Car entre nous, ça va mal, très-mal... n'est-ce pas ?

» L'INCONNU. — Hum ! hum !

» L'HOMME-MOUCHE, *à part*. — J'espère que c'est clair ! (*Haut.*) Parbleu ! je le crois bien ! ce M. de V***, entre nous, c'est un...

» L'INCONNU, *à part*. — Plus de doute ! (*Haut.*) Comment donc ! et ce M. de C***, c'est un paresseux !

» L'HOMME-MOUCHE, *à part*. — Je ne puis décidément plus longtemps supporter un langage aussi opposé à la morale publique... (*Haut.*) Monsieur, je suis désolé, mais j'ai une triste fonction à remplir... à remplir envers vous, vu votre manière de penser...

» L'INCONNU. — Eh bien, monsieur ?

» L'HOMME-MOUCHE. — Eh bien, monsieur, je vous arrête !

» L'INCONNU. — Monsieur, ne plaisantez pas avec des choses aussi sacrées ! Dans cet instant, je suis moi-même disposé à vous arrêter.

L'HOMME-MOUCHE. — Comment ! m'arrêter ?... Monsieur, connaissez-vous ce signe respectable et respecté ? le connaissez-vous ?

» L'INCONNU. — Quoi ! vous seriez ?...

» L'HOMME-MOUCHE. — Comme vous dites !

» L'INCONNU, *montrant sa carte*. — Le tour est charmant !...

» L'HOMME-MOUCHE. Comment ! vous êtes aussi un m......?

» L'INCONNU. — Parole d'honneur... foi d'honnête homme !

» L'HOMME-MOUCHE. — Touchez là, monsieur! Sans vous flatter, vous avez été charmant : impossible de réunir plus d'esprit, de finesse et de pénétration !

» — L'INCONNU. — Et vous donc ! comme vous lancez le mot de temps en temps !

» L'HOMME-MOUCHE. — Et votre *hum! hum!* quelle profondeur, quel génie dans votre *hum !*

» L'INCONNU. — Et puis, il faut l'avouer, vous avez tout à fait le ton de bonne compagnie : je vous prenais au moins pour un courtier marron !

» L'HOMME-MOUCHE. — Vous êtes trop indulgent !... Si un petit verre pouvait vous être agréable !...

» L'inconnu accepta le petit verre, et me mit au fait de quelques petites intrigues dont je vous donnerai connaissance.

» Vous voyez, monsieur le préfet, avec quel zèle nous nous occupons du bien public.

» J'attends de nouveaux ordres.

» J'ai l'honneur d'être, etc.

» L'Homme-Mouche. »

QUATRIÈME ET DERNIÈRE LETTRE DE L'HOMME-MOUCHE.

A Monsieur le préfet de police.

« Monsieur le préfet,

» Vous avez été instruit de l'accident qui m'a forcé de revenir dans la capitale : ça commence à aller un peu mieux ; seulement, les reins sont encore bien faibles... Enfin, n'y pensons plus !... mais je l'ai échappé belle : une canne grosse comme le bras ! Ah ! ciel ! j'en frissonne encore...

» Revenons à nos affaires.

» Comme, dans la capitale, chaque instant offre un sujet d'observation, je vais tout bonnement vous tracer un petit journal de ma journée.

» Je me suis levé à neuf heures ; j'ai appelé mon petit Brisquet... Quel bon chien ! quel chien estimable ! monsieur le préfet, vous n'en avez pas d'idée. D'abord, il *rapporte* très-bien ; il a un nez... quel nez ! il sent un suspect d'une lieue à la ronde... et il arrête supérieurement !... je ne fais pas mieux.

» J'ai été déjeuner dans un cabaret de la rue Montorgueil. « Un cabaret ! direz-vous, monsieur le préfet ; quel mauvais
» genre !... Comment un homme de bon ton peut-il fréquenter
» un tel endroit? » Eh bien, détrompez-vous : ce cabaret est quelquefois le rendez-vous de jeunes élégants du café de *Paris*, qui viennent y manger des huîtres fraîches et boire du vin blanc. J'attendis quelque temps. Rien ne me paraissait digne de fixer mon attention, lorsque j'entendis du bruit dans l'escalier, et que je vis monter quatre jeunes gens ; ils avaient l'air un peu défait ; leur toilette était négligée... J'y suis : ils sortent du bal, du jeu, etc., etc. Écoutons.

» — Que demanderons-nous ?

» — Des huîtres, du vin blanc et une soupe au madère.

» — Pas autre chose ?

» — Ici, il n'y a que cela de supportable... A propos, mon cher, sais-tu qu'on devrait faire fermer ces maisons honnêtes où l'on vous vole votre argent, et dont les maîtresses vivent du produit du flambeau ! Autrefois, si l'on y allait, on était sûr au moins d'y trouver bonne compagnie... en hommes ; mais, maintenant, qu'y voyez-vous ? Des gens fardés, des fripons et même des mouchards !

» J'irai là, monsieur le préfet.

» L'entretien roula sur les femmes, les chevaux... le vocabulaire ordinaire de ces messieurs. Ils s'en allèrent en se donnant rendez-vous pour le bal de l'Opéra.

» J'allai faire un tour aux Tuileries, aux Champs-Élysées... voir si je ne pourrais pas mal interpréter un pantalon... ou dénoncer un chapeau. Oui, monsieur le préfet... n'avons-nous pas eu les habillements politiques : les quirogas, les bolivars, etc. ? Je ne remarquai qu'un gros monsieur en *trois-pour-cent*; j'eus d'abord envie de faire quelque attention à lui ; mais j'appris qu'il arrivait de province... Alors, je vis qu'il était coiffé sans intention politique.

» Je fus à la Bourse : c'étaient, comme à l'ordinaire, des entrepreneurs en faillite, des goujats se vendant trois ou quatre cent mille livres de rente, et s'empruntant trente sous pour aller dîner !

» Cinq heures sonnèrent. Je me rendis au café *Anglais.* Quel désappointement pour un observateur ! J'arrive, je me trouve seul ; j'espère que la foule va arriver : personne ne vient, excepté un monsieur qui demande un poulet à la Marengo, et un autre un potage à la Colbert... A la Colbert ! il me semble que c'est un peu insultant pour M. de V*** ; nous verrons. Mais, comme ils étaient seuls, il n'y eut pas de conversation.

» Je fus, de là, aux Variétés. Rien de marquant. Mauvaise journée, monsieur le préfet ; elle finira mal. Cependant, j'y pense, vous avez toléré une chose bien extraordinaire : votre M. Odry, avec sa chanson des gendarmes ! Mais c'est direct, cela, monsieur le préfet, c'est direct... Les gendarmes n'obéissent qu'à l'impulsion qu'on leur donne ; cette impulsion est produite par un autre ; remontez à la source, et vous verrez que rien n'est sacré pour M. Odry !

» En sortant du spectacle, je fus dans une maison de jeu. Il n'y a guère à observer dans ces endroits (aussi c'est de l'un d'eux que je vous écris, ne sachant que faire de mon temps), parce que les croupiers, etc., sont nos confrères... Mais quelquefois on voit le jeune homme s'y présenter pour la première fois... Il rougit, porte à la ronde des yeux timides, et tremble de rencontrer un regard de connaissance ; sa vue s'arrête surtout avec crainte sur le banquier... Si on allait l'expulser, l'empêcher de perdre l'or, fruit d'un emprunt usuraire !...

» Le banquier m'appelle ; justement, il venait d'entrer un de ces jeunes gens.

» — Mon cher, me dit-il (je connais beaucoup ce banquier, nous avons *servi* ensemble), ce jeune homme a de l'or, beaucoup d'or ! mes renseignements sont pris ; mais il est timide, il tente la fortune d'une main tremblante. Donnez-lui l'exemple ; rendez-nous ce petit service ; car, vous savez, vous et nous, c'est tout un. Prenez ces dix mille francs ; jouez comme vous voudrez ; perdez, gagnez : l'exemple agira sur lui, et il mordra à l'hameçon !

» Je pris les billets... Le banquier s'apprêta à lancer la bienheureuse boule. Le confrère a un poignet d'enfer ; c'est comme un coup de pistolet, et... »

(Ici, le manuscrit est interrompu ; on lit la lettre suivante :)

« Monsieur le préfet,

» L'Homme-Mouche n'est plus ! un malheur effroyable vient d'arriver ! Le banquier allait lancer la fatale boule de roulette ; mais, au moment où son bras vigoureux lui donnait l'impulsion, elle lui a échappé des mains, est allée frapper à la tête notre malheureux ami, et il est tombé mort dans mes bras, victime de son attachement à ses devoirs.

» Quelle perte, monsieur le préfet !

» Je vous envoie ci-jointe une lettre, sa carte, sa médaille, etc., etc.

» Si vous aviez assez de confiance en moi pour me donner sa place (car il avait un grade au-dessus de moi), je vous en aurais la plus grande obligation... Il y a huit ans que je végète dans les emplois, et, étant aussi bien élevé que le défunt, je puis prétendre à le remplacer.

« J'ai l'honneur d'être, etc. »

On voit que l'opposition de notre ami Eugène Sue ne date pas d'hier.

Cependant, *la Nouveauté* ne payait pas ses rédacteurs au poids de l'or. D'un autre côté, le docteur Sue restait inflexible ; il avait sur le cœur non-seulement le vin bu, mais encore le vin gâté !

Restait une ressource dont on n'usait que dans les grandes occasions : c'était une montre Louis XVI, à fond d'émail, donnée par la bonne marraine, par l'impératrice Joséphine. Dans les cas extrêmes, ou la portait au mont-de-piété, et l'on en avait cent cinquante francs.

Elle défraya le mardi gras de 1826 ; mais, le mardi gras passé, après avoir traîné le plus longtemps possible, il fallut prendre un grand parti, et s'en aller à la campagne.

Bouqueval offrait aux jeunes gens son hospitalité champêtre et frugale : on alla à Bouqueval.

Pâques arriva, et, avec Pâques, un certain nombre de convives. Chacun avait promis d'apporter son plat : qui un homard, qui un pâté ; mais le malheur voulut que, chacun comptant sur son voisin, l'argent manquant à tous peut-être, personne n'apportât rien.

On alla droit aux étables, et on égorgea un mouton : c'était un magnifique mérinos que le docteur Sue gardait comme échantillon ! Il fut dépouillé, rôti et mangé jusqu'à la dernière côtelette.

Lorsque le docteur apprit ce nouveau méfait, il se mit dans une colère abominable ! Heureusement qu'aux colères paternelles Eugène Sue opposait une admirable sérénité. C'était un charmant caractère que celui du brave enfant, toujours gai, joyeux, riant. En est-il ainsi de l'homme ? Les soucis ont passé sur son visage, et l'exil pèse sur son cœur !

Ordre fut donné à Eugène Sue de quitter Paris.

Il passa dans la marine, et fit deux voyages aux Antilles. — De là le roman d'*Atar Gull* ; de là l'explication de ces magnifiques paysages qui semblent entrevus dans un pays de fées, à travers les déchirures d'un rideau de théâtre.

Puis il revint en France.

Une bataille décisive se préparait contre les Turcs : Eugène Sue s'embarqua, en qualité d'aide-major, à bord du *Breslau*, capitaine la Bretonnière ; assista à la bataille de Navarin, et rapporta, comme dépouilles opimes, un magnifique costume turc, — qui fut mangé, au retour, jusqu'à la dernière broderie, — un sabre et un Coran.

Tout en mangeant le costume turc, Eugène Sue, qui, peu à peu, prenait goût à la littérature, avait fait jouer, avec Desforges, *Monsieur le Marquis*. Enfin, vers le même temps, il faisait paraître, dans *la Mode*, *Plick et Plock*, son point de départ comme roman.

Sur ces entrefaites, le grand-père maternel d'Eugène mourut, lui laissant soixante et quinze mille francs, à peu près. C'était une fortune inépuisable! aussi le jeune poëte, qui avait vingt-quatre ans, donna-t-il sa démission au ministre de la marine, et se mit-il dans ses meubles.

Nous disons qu'il se mit *dans ses meubles*, parce que Eugène Sue, artiste d'habitudes comme d'esprit, fut le premier à meubler un appartement à la manière moderne; il eut le premier tous ces charmants *bibelots* dont personne ne voulait alors, et que tout le monde s'arracha depuis : vitraux de couleur, porcelaines de Chine, porcelaines de Saxe, bahuts de la renaissance, sabres turcs, crids malais, etc.

Puis il entra chez Gudin, et se mit à faire de la peinture.

Nous avons dit qu'Eugène Sue dessinait ou plutôt croquait assez habilement. Il avait, je me le rappelle, rapporté de Navarin un album doublement curieux, et comme côté pittoresque, et comme côté artistique.

Ce fut chez l'illustre peintre de marine qu'arriva à Eugène Sue la dernière aventure par laquelle se clôt la liste de ces folies de jeunesse qui avaient rendu si célèbre la société Rousseau, Romieu et Eugène Sue.

Nous avons, à propos de la parodie d'*Henri III*, raconté la fameuse charge faite au portier de la rue du Mont-Blanc, et connue sous le titre de *Portier, je veux de tes cheveux*, laquelle se trouve reproduite dans *les Mystères de Paris*.

Gudin, qui avait trente ans alors, était déjà dans toute la force de son talent et dans tout l'éclat de sa renommée; les amateurs s'arrachaient ses œuvres, les femmes se disputaient l'homme. Gudin, comme tous les artistes dans une certaine position, recevait de temps en temps des lettres de femmes inconnues qui, désirant faire connaissance avec lui, lui donnaient des rendez-vous à cet effet.

Un jour, il en reçut deux; les deux lettres donnaient rendez-vous pour la même heure. Gudin ne pouvait pas se dédoubler ; il fit part à Eugène Sue de son embarras.

Eugène Sue s'offrit pour le remplacer. De l'élève au maître, il n'y avait qu'un pas ; puis il existait une grande ressemblance physique entre Gudin et Eugène Sue, de même taille, ayant tous les deux la barbe et les cheveux noirs, de beaux yeux, des dents magnifiques ; l'un vingt-sept ans, l'autre trente ; la plus mal partagée des deux inconnues n'aurait point à crier au voleur. D'ailleurs, on mit les deux lettres dans un chapeau, et chacun y prit la sienne.

A partir de ce moment, et pour le reste de la journée, il y eut deux Gudin, et plus d'Eugène Sue.

Le soir, chacun alla à son rendez-vous ; le lendemain, tous deux revenaient enchantés. La chose eût pu durer ainsi éternellement ; mais la curiosité perdit toujours les femmes, témoin Ève, témoin Psyché.

La dame qui avait obtenu le faux Gudin en partage avait des goûts artistiques ; après avoir fait connaissance avec le peintre, elle voulut absolument visiter l'atelier, voir Gudin travaillant, la palette et le pinceau à la main.

Au nombre des femmes curieuses, nous avons oublié Sémélé, qui voulut voir son amant Jupiter dans toute sa splendeur, et qui fut brûlée vive par les rayons de la foudre.

Le faux Gudin ne put résister à tant d'instances : il consentit et donna rendez-vous pour le lendemain à la belle curieuse. Elle devait venir à deux heures de l'après-midi, moment où le jour est le plus favorable à la peinture.

A deux heures moins un quart, Eugène Sue, vêtu d'une magnifique livrée, attendait dans l'antichambre de Gudin ; à deux heures moins quelques minutes, la sonnette s'agita sous la main tremblante de la jolie visiteuse.

Eugène Sue alla ouvrir.

La dame, jalouse de tout voir, commença par jeter les yeux sur ce domestique, qui lui paraissait d'excellente mine, et qui s'inclinait humblement devant elle.

Cet examen fut suivi d'un cri terrible.

— Quelle horreur ! un laquais !...

Et la dame, se cachant le visage dans son mouchoir, descendit précipitamment les escaliers.

Au bal masqué suivant, Eugène Sue la rencontra et voulut renouer connaissance avec elle ; mais elle s'obstina à croire que c'était cette fois-là qu'il était déguisé, et Eugène Sue n'en obtint pour toute réponse que ces mots qu'il avait déjà entendus :

— Quelle horreur !...

La campagne d'Alger arriva ; Gudin partit avec l'expédition : les deux amis se trouvèrent séparés. Eugène Sue se remit à la littérature ; *Atar Gull* fut commencé à cette époque.

Puis vint la révolution de juillet.

Eugène Sue fit, avec Desforges, une comédie intitulée *le Fils de l'Homme*.

On se rappelle le poëme de Barthélemy ; c'était le même sujet : le roi de Rome, figure poétique, isolée et prisonnière à Shœnbrünn, comme Napoléon avait été isolé et prisonnier à Sainte-Hélène.

Les souvenirs de jeunesse se réveillaient chez Eugène Sue il se souvenait que Joséphine avait été sa marraine et qu'i portait le prénom du prince Eugène.

La comédie, une fois faite, était restée là. Outre que la réaction orléaniste avait été rapide, Desforges, l'un des auteurs, était devenu secrétaire du maréchal Soult.

Mais l'amour-propre d'auteur est une passion bien imprudente ! On a vu de pauvres filles trahir leur maternité par leur amour maternel.

Un jour que Desforges avait déjeuné avec Volnys, il tira du carton la pièce incendiaire, et la lut à son convive. Volnys est fils d'un général de l'Empire : le cœur de Volnys se fondit à cette lecture.

— Laissez-moi le manuscrit, dit-il : je veux relire cela.

Desforges laissa le manuscrit.

Six semaines s'écoulèrent.

Le bruit se répandait sourdement, dans le monde littéraire, qu'il se préparait un grand événement aux Nouveautés. On se demandait quel pouvait être cet événement.

Bossange était alors le directeur de ce théâtre; Bossange, le collaborateur de Frédéric Soulié dans deux ou trois drames, et l'un des hommes les plus spirituels de Paris. — Bossange était donc directeur, et avait notre chère Déjazet au nombre de ses pensionnaires. On les savait capables de tout à eux deux.

Le bruit de cet événement littéraire qui devait bouleverser Paris arriva jusqu'à Desforges, tout enseveli qu'il était au fond de son secrétariat. Il en tressaillit, et eut comme une révélation.

Si cet événement dramatique, c'était la première représentation du *Fils de l'Homme!*

Il se promit d'aller le soir même aux Nouveautés, et de s'entendre avec Bossange à ce sujet.

En effet, à huit heures, Desforges était dans les coulisses.

— Oh! ne me parlez pas de vos affaires ce soir, mon cher Desforges! lui dit le directeur. Vous voyez un homme désespéré! *Un tel* (je ne sais plus qui) nous fait manquer le spectacle, et nous sommes obligés de donner, au pied levé, une pièce qui était en répétition, et qui n'est pas sue. — Voyons, monsieur le régisseur, Déjazet est-elle prête?

— Oui, monsieur Bossange.

— Eh bien, frappez les trois coups, et faites l'annonce convenue.

On frappa les trois coups, on cria : « Place au théâtre! » et force fut à Desforges de se ranger comme les autres derrière un châssis.

Le régisseur, en cravate blanche, en habit noir, entra en scène, et dit, après les trois saluts d'usage :

— Messieurs, un de nos artistes s'étant trouvé indisposé au moment de lever le rideau, nous sommes forcés de vous donner, à la place de la seconde pièce, une comédie nouvelle qui ne devait passer que dans trois ou quatre jours. Nous vous supplions d'accepter l'échange.

Le public, à qui l'on offrait une pièce nouvelle au lieu d'une vieille, couvrit d'applaudissements les paroles du régisseur.

La toile tomba pour se relever presque aussitôt.

En ce moment, Déjazet descendait de sa loge avec un uniforme de colonel autrichien.

— Ah ! mon Dieu s'écria Desforges en l'arrêtant, que joues-tu donc là ?

— Ce que je joue ?... Mais je joue *le Fils de l'homme...* Allons, laissez-moi passer, monsieur l'auteur !

Les bras tombèrent à Desforges, et Déjazet passa.

Ce grand événement que préparait le théâtre des Nouveautés, c'était, en effet, la représentation du *Fils de l'Homme* ; seulement, Bossange, qui craignait quelque empêchement du ministère, avait gardé le plus profond silence, et, comme on vient de le voir, jouait la comédie à l'improviste. (1).

CCLXIV

Les duels politiques.

Au commencement de l'année 1833, qui s'ouvre maintenant devant nous, les yeux de la France tout entière étaient tournés vers le château de Blaye, où avait été écrouée madame la duchesse de Berry.

Le 28 janvier, à propos d'une pétition adressée à la chambre des pairs par quelques pensionnaires de l'ancienne liste civile, une interpellation fut adressée au ministère par M. de Dreux-Brézé, relativement à la détention de la princesse.

Il faut dire, au reste qu'à part quelques exceptions, le sens moral de la France se soulevait contre cette détention, comme il se souleva depuis contre celle d'Abdel-Kader.

M. de Dreux-Brézé avait demandé la parole ; la parole lui avait été accordée.

Il monta à la tribune.

— Puisque la Chambre m'accorde la parole, dit-il, je me permettrai de lui faire remarquer que le droit de pétition, con-

(1) Voir la biographie complète d'Eugène Sue, dans *les Morts vont vite*, t. II, p. 1.

sacré par la Charte, est devenu depuis quelque temps, dans cette assemblée, un droit illusoire. Un grand nombre de pétitions relatives à la loi sur l'état de siége ont été adressées à la Chambre, et, cependant, l'on n'a point fait de rapport. Or, je vous le demande, qu'attend-on pour faire le rapport ? Si on ne le fait que lorsque la Chambre aura statué sur cette loi, que devient le droit de pétition ?

» Mais il est d'autres pétitions d'un ordre plus élevé, et que je m'étonne de ne pas voir rapportées ; je veux parler de celles relatives à la captivité d'une illustre princesse dont le sort fixe en ce moment les regards de la France et de l'Europe. Je ne saurais ignorer leur existence, puisqu'elles m'ont été presque toutes adressées pour les déposer sur le bureau de la Chambre; je saisirai même l'occasion qui m'est offerte, par la publicité des débats, pour témoigner aux pétitionnaires ma profonde reconnaissance pour la confiance dont ils m'ont honoré. J'en ai reçu une ce matin qui est relative au même objet et qui est couverte de dix-sept cents signatures.

» Comment se fait-il, messieurs, qu'au mépris du droit de pétition, on laisse enfouies dans les cartons des milliers de signatures qui demandent la liberté de Madame, duchesse de Berry? et dans quelles circonstances? lorsqu'il est impossible de ne pas éprouver pour sa personne les craintes les plus vives, les alarmes les plus fondées ; lorsque sa captivité, vu l'insalubrité du lieu de sa détention, n'est plus seulement un acte arbitraire, mais devient un attentat à son existence ! Je ne me propose point d'entrer, messieurs, dans une discussion qui, dans ce moment, ne serait point motivée ; mais je demande que la Chambre fixe, dans cette séance, le jour de la discussion sur les nombreuses pétitions qui réclament la liberté de Madame, duchesse de Berry.

Le garde des sceaux monta à son tour à la tribune et répondit :

— L'orateur s'est plaint du lieu où la duchesse de Berry est détenue. Voudrait-il qu'on l'eût laissée perpétuer la guerre civile dans la Vendée ? Ce n'est sans doute pas sa pensée; mais on pourrait le croire, et, rationnellement, sa réclamation pour la liberté de la duchesse de Berry, quand on sait l'usage qu'elle en fait, pourrait être ainsi interprétée.

Puis le ministre de l'intérieur ajouta quelques mots, disant que, bien que le château de Blaye fût un séjour insalubre, il était de notoriété publique que jamais la ville n'avait été atteinte d'aucune épidémie. Il ne comprenait donc pas cette animosité des partis, qui prétendaient que le lieu de cette détention avait été choisi à dessein pour nuire à la santé de l'auguste prisonnière.

L'incident n'eut pas d'autre suite. La chambre des pairs, depuis que le duc de Fitz-James et M. de Chateaubriand avaient donné leur démission, n'était plus guère qu'une espèce de greffe où l'on enregistrait les lois de la chambre des députés.

Or, il arriva que, malgré l'affirmation du garde des sceaux et de M. le ministre de l'intérieur, la santé de la duchesse de Berry donna bientôt d'assez vives inquiétudes pour que le gouvernement expédiât à Blaye MM. Orfila et Auvity.

Leur départ fut annoncé par un journal du gouvernement, *le Nouvelliste*, je crois. Il se bornait à dire que les deux illustres praticiens avaient à examiner une question importante de médecine légale.

La vague concision de cette note souleva de tous côtés des commentaires.

Le Nouvelliste, mis en demeure de s'expliquer, inséra la note suivante :

« Plusieurs journaux se livrent à mille conjectures sur la mission de MM. Orfila et Auvity pour le château de Blaye. Cette mission n'a pourtant rien qui puisse justifier la multitude des commentaires qu'elle fait naître. *L'état de madame la duchesse de Berry ne présente rien d'inquiétant ; seulement, elle est depuis quelque temps assez indisposée* pour qu'il ait paru convenable de lui offrir l'occasion de consulter, sur sa santé, deux des hommes les plus dignes de confiance, M. Orfila, doyen de la faculté de médecine, et M. Auvity, dont l'un a été son médecin ordinaire, et l'autre son médecin consultant. La position de prisonnière où se trouvait madame la duchesse de Berry imposait l'obligation de suivre cette marche régulière, et c'est dans ce sens que nous avons appelé *légale* la mission des deux médecins. »

A la suite de cette déclaration, *le Corsaire* laissa supposer que l'indisposition de madame la duchesse de Berry pouvait bien être une grossesse.

Le lendemain, un jeune carliste, M. Barbot de la Trésorière, se présenta dans les bureaux du journal pour appeler en duel l'auteur de l'article, ou, à son défaut, le gérant responsable.

Le gérant responsable était M. Viennot.

M. Viennot répondit qu'il ne pouvait accepter la responsabilité de l'article que dans le cas où l'auteur de cet article ne la réclamerait point. Il demandait jusqu'au lendemain pour rendre une réponse à M. Barbot de la Trésorière.

Celui-ci trouva la demande trop juste, mais manifesta le désir que cette réponse fût positive, l'intention du parti carliste étant de ne pas laisser planer l'ombre d'un soupçon sur la réputation de l'illustre prisonnière.

A peine ces derniers mots étaient-ils prononcés, qu'un des rédacteurs du *Corsaire* sortit du cabinet de rédaction.

Il avait tout entendu ; il s'avança vers M. de la Trésorière.

— Monsieur, lui dit-il, c'est moi qui suis l'auteur de l'article dans lequel vous prétendez voir une insulte. Je me nomme Eugène Briffault, et suis tout à votre disposition.

Le duel accepté, le reste de l'affaire regardait les témoins.

Les témoins s'abouchèrent, et il fut convenu que la rencontre aurait lieu le lendemain, à huit heures du matin, au bois de Boulogne.

Le lendemain, à l'heure convenue, les deux adversaires se trouvaient sur le terrain.

Le pistolet avait été l'arme choisie. On plaça les deux adversaires à trente pas l'un de l'autre ; au troisième coup frappé dans les mains, ils devaient tirer en même temps.

Au troisième coup, tous deux tirèrent, en effet.

La balle de M. Briffaut fut perdue ; celle de M. Barbot de la

Trésorière se logea dans l'épaule de M. Briffault, et s'y logea si bien, que jamais on ne put l'en tirer.

La blessure était grave. On transporta M. Briffault chez Étienne Arago, directeur du Vaudeville. — Il va sans dire que le blessé fut soigné avec un dévouement tout fraternel.

Cependant, le jour même où le duel devait avoir lieu, on lisait dans *la Quotidienne :*

« 30 *janvier*. — MM. Orfila et Auvity sont de retour de Blaye, où ils ont accompli la mission qui leur avait été donnée.

» Quelle était cette mission ? — Le pouvoir ne le dira pas.

» Nous le dirons, nous, parce que nous pensons, comme Madame, qu'il est des circonstances où le sacrifice des convenances les plus sacrées est imposé par l'honneur même.

» Depuis environ huit jours, des bruits infâmes étaient répandus sur la position de Madame. Les honnêtes gens de tous les partis ne les écoutaient qu'avec dégoût, et nous devons à la vérité de déclarer que l'opposition libérale en a hautement témoigné son indignation. Généralement, on ne pensait point que l'autorité fût étrangère à ces honteuses insinuations; on présumait que les hommes du pouvoir, quelques-uns du moins, étaient complices de la calomnie; mais il ne venait à la pensée de personne qu'ils fussent les premières dupes. D'indignes paroles étaient répétées, à la vérité; prononcées, disait-on, par des personnages officiels, et notamment par M. Thiers, et, cependant, on ne pouvait croire à un miracle de stupide méchanceté.

» Eh bien, on se trompait : moins coupables, si l'on veut, mais plus ineptes qu'on ne le présumait, ce qu'ils disaient, ils le croyaient, entendez-vous? Mais passons rapidement sur toutes ces hontes. Bornons-nous à laisser entrevoir dans quel excès d'aveuglement certains hommes peuvent être entraînés par les basses passions qui les obsèdent.

» Ainsi donc, voici les deux savants médecins dans la citadelle de Blaye. — Les voici en présence de Madame! ils balbutient; ils essayent de parler, ils parlent; mais ils n'ont pas prononcé trois paroles, que Madame les a compris. C'est alors (nous nous en rapportons à un témoignage qui, certes, ne peut pas être suspect), c'est dans cette épreuve, si cruelle pour une femme, si offensante pour une femme du sang royal; c'est alors, disons-nous, que Madame, s'armant de son caractère, s'élève, par un sublime effort, au-dessus des vains ménagements et des susceptibilités vulgaires.

» Calme, sans émotion apparente, moins troublée, sans doute, que les hommes qui sont devant elle, la princesse s'adresse à eux avec autorité; elle parle à leur conscience, elle invoque leur honneur, elle les somme de remplir *exactement* leur mission, elle exige que leur conviction d'art soit pleine, entière, irréfragable; elle veut que, devant Dieu et devant les hommes, ils puissent témoigner de ce qu'ils vont savoir de la veuve du duc de Berry, de la mère de Henri V! Les deux savants obéissent aux ordres de Madame; leur conviction est formée; tout ce qu'il faut qu'ils sachent, ils le savent; il ne leur reste plus qu'à se retirer, et ils se retirent la rougeur sur le front.

» Un premier rapport est rapidement expédié aux hommes qui avaient cru... De là un maladroit désaveu que nous avons enregistré avec tout le mépris qu'il devait inspirer.

» Le pouvoir n'ira pas plus loin; il n'aura pas le courage d'avouer ce qu'il attendait de deux hommes de l'art, et ce qu'il en a obtenu. »

L'affaire, comme on le voit, était, de la part du parti carliste, et comme lutte armée et comme polémique écrite, engagée aussi crânement que possible. On va voir qu'elle fut soutenue par le parti républicain avec une ardeur égale.

Effectivement, le 5 février, le rapport de MM. Auvity et Orfila parut dans *le Moniteur*.

Ce rapport ne renfermait aucune circonstance propre à fixer les opinions sur l'état présumé de la princesse; de sorte que les journaux continuèrent à donner carrière à leurs suppositions. *Le Corsaire*, surtout, qui avait annoncé la grossesse de Madame, maintenait son dire.

Il en résulta qu'une nouvelle provocation lui fut adressée.

Le Corsaire en donna connaissance à ses lecteurs dans les termes suivants :

« On s'est présenté dans nos bureaux pour nous demander raison d'un article récemment publié sur la duchesse de Berry. Nous avons répondu que, ne reconnaissant à aucun individu le droit de nous demander raison au nom de la duchesse de Berry, nous refusions toute satisfaction pour ces faits. Nous avons ajouté que nous acceptions, même à cet égard, la mauvaise humeur du parti légitimiste.

» Le mot *calomnieux*, appliqué aux bruits répandus sur la duchesse de Berry, ne s'adresse pas à nous : il remonte aux sources élevées d'où ces bruits sont partis ; leur origine est aujourd'hui de notoriété publique.

» Le rédacteur de l'article a déclaré formellement qu'il tenait pour *vrai* ce qu'il avait écrit. Le temps seul pourra détruire ou confirmer son opinion.

» Quant à l'attitude politique du parti carliste, que nous avons représenté comme songeant bien plus à conspirer qu'à combattre, nous rappellerons les paroles mêmes de la prisonnière de Blaye. A la vue des listes de dévouement, elle s'est écriée :

» — Ils m'offrent leurs noms, et ils ne m'ont pas offert leurs bras !

» Cette exclamation, rapportée il y a plus d'un mois dans le journal le plus répandu, n'a pas été démentie.

» Ce n'est pas la première, mais la seconde fois que le Corsaire se trouve exposé à semblables visites, et l'un de ses rédacteurs, M. Briffault, a même eu le malheur d'être blessé par un soi-disant légitimiste, à qui il avait bien voulu reconnaître le droit de prendre fait et cause pour la prisonnière de Blaye.

» Il est assez singulier que la susceptibilité du parti carliste, en ce qui touche les princes de la famille déchue, ne se montre que depuis ce qu'on appelle la défaite essuyée en juin par le parti patriote. Il est vrai que la royauté se vaute d'avoir fait pâlir la République; mais toutes les royautés n'ont pas vaincu peut-être ce jour-là avec Louis-Philippe. Il est vrai encore que beaucoup de patriotes sont, par l'effet des journées de juin, dispersés, bannis, emprisonnés; mais il en reste assez hors des prisons pour que MM. les champions de la légitimité puissent être assurés de trouver à qui parler en toute occasion; seulement, pour se disputer l'honneur d'achever M. Briffault, il faudrait attendre qu'il fût guéri de sa blessure.

» Il serait vraiment extraordinaire qu'on ne pût pas écrire un mot sur la duchesse de Berry sans avoir l'épée au côté pour en répondre à toutes les personnes qui sont intéressées à en faire une héroïne. Qui s'amusait à rompre des lances, avant la révolution de juillet, pour ou contre la vertu de la duchesse de Berry? Et, cependant, les bruits calomnieux ou vrais ne manquaient pas plus alors qu'aujourd'hui. Mais la duchesse est captive! elle est malheureuse! Cela peut faire saigner le cœur à ses cavaliers servants; mais, nous qui nous souvenons fort bien qu'elle dansait aux Tuileries quand on coupait la tête à nos amis en place de Grève, il faut avouer que les égards ne peuvent être, de notre part, que générosité pure.

» Le parti carliste prend un fort mauvais moyen d'obtenir la bienveillance de la presse patriotique pour la prisonnière de Blaye; il suffirait qu'on voulût nous imposer silence sur des particularités scandaleuses qui sont ou ne sont pas, mais dont on parle enfin, pour que nous nous crussions obligés d'insister sur ces on dit, que nos habitudes nous portent à négliger, et, certainement, nous reconnaîtrions à ces messieurs, en aussi grand nombre qu'il leur plairait, le droit de signaler contre nous leur dévouement à la personne de la duchesse de Berry, ils trouveraient à notre bureau une fort longue liste de gens disposés à leur offrir toutes les occasions de se distinguer qu'ils peuvent désirer.

» Il faut que ces messieurs comptent beaucoup sur l'approche d'une troisième restauration, car les dévouements prennent date, se font mettre en prison, insultent la révotion de juillet en brochures, en romans, en protestations signées, en promenades dans les rues, en cartels adressés aux feuilles patriotes ; il paraît que voilà le moment venu de prouver la fameuse alliance républicaine carliste.

» Eh bien, qu'à cela ne tienne! que MM. les cavaliers servants disent combien ils sont; qu'on se voie une fois, et qu'il n'en soit plus question. En tout cas, nous n'irons pas chercher les gens du juste milieu pour nous aider. »

On comprend que de pareils articles n'étaient point faits pour calmer les haines politiques.

La Tribune prit fait et cause pour *le Corsaire*, et une polémique ardente s'engagea entre elle et *le Revenant*. *Le Revenant* avait alors pour rédacteur en chef M. Albert de Calvimont, aujourd'hui préfet de l'Empire. *Le National* intervint à son tour, et *le Revenant* se trouva en présence de trois adversaires.

M. Albert de Calvimont reçut un défi collectif de *la Tribune*, pour lui et ses amis. M. Albert de Calvimont répondit pour lui personnellement, mais refusa de s'engager sur le terrain qu'on voulait lui imposer.

En même temps, on répondit à un article agressif d'Armand Carrel, en lui envoyant une liste de douze personnes, sur laquelle il devait choisir un nom.

Le bruit se répandit aussitôt parmi nous qu'une liste de provocation, demandant douze adversaires, avait été envoyée à Armand Carrel.

Je courus chez Carrel; il y avait encombrement à la porte : c'était à qui s'inscrirait. Je venais m'inscrire comme les autres.

Il y avait assez longtemps que je n'avais vu Carrel; nous n'étions pas personnellement en froid; mais, *le National* attaquant avec acharnement l'école romantique, nos relations étaient devenues plus rares.

Je dus probablement à la rareté de mes visites la faveur d'être introduit près de lui.

Il déjeunait avec cette charmante femme dont j'ai eu l'occasion de parler, et dont l'existence, au milieu de toutes ces émeutes et de toutes ces provocations, était une angoisse continuelle, qu'elle déguisait sous un sourire dont il était facile de voir la tristesse, et qui, cependant, était un sourire.

Autant que je puis me le rappeler, Grégoire déjeunait avec eux.

— Ah! c'est vous! me dit Carrel; il faut les grandes circonstances pour que l'on vous voie.

— Qu'importe, cher ami, répondis-je, si l'on me voit dans les grandes circonstances?

— Vous venez pour vous battre?

— Je viens pour faire ce que l'on fera... On m'a dit que l'on vous avait envoyé une liste de douze carlistes : si vous êtes embarrassé de trouver douze républicains, disposez de moi; c'est toujours une unité.

— Mais, si je ne suis pas embarrassé de les trouver...?

— Alors, cher ami, dispensez-moi de cette bagarre.

— Vous n'y mettez pas d'enthousiasme.

— Je trouve la cause ridicule.

— Comment! ridicule?

— Oui; à mon avis, on eût dû attendre en silence des nouvelles officielles de Blaye. La duchesse de Berry, avant tout, est une femme; et de quel droit dit-on d'une princesse, parce qu'elle est princesse, ce que vous ne voudriez pas dire de la veuve de votre épicier?

— Que voulez-vous! dit Carrel, qui sentait qu'au fond, et au point de vue chevaleresque, j'avais raison, la question est engagée ainsi...

— Il faut la soutenir.

— Êtes-vous d'une certaine force?

— Au pistolet, oui...; à l'épée, non...

— Alors, vous vous battriez au pistolet?

— Non, je me battrais à l'épée.

— Comment arrangez-vous cela?

— C'est une affaire de sentiment, vous savez. Je me suis battu deux fois à l'épée : deux fois j'ai touché mon adversaire; je ne me suis battu qu'une fois au pistolet, et, quoique mon adversaire tirât fort mal, puisque la balle a frappé à terre et à six pas de moi, cette même balle m'a traversé le mollet.

— Voulez-vous tirer quelques bottes avec moi?
— Si cela peut vous être agréable.
— Venez.

Nous passâmes dans une espèce de chambre-salon où il y avait des fleurets et des masques.

Nous nous mîmes en garde.

Je tire mal, comme je l'ai dit, — quoique Grisier, par amitié pour moi, m'ait fait une réputation de bon tireur qui m'a sauvé plus d'un duel; — seulement, à cette époque, ayant eu occasion de rendre un petit service d'argent à un brave homme nommé Castelli, qui était de première force à l'épée, et qui servait de répétiteur à tous les maîtres en renom, il n'avait trouvé d'autre moyen de s'acquitter envers moi que de venir de temps en temps me donner une leçon. Il en résulta que, sans m'en douter, comme ses leçons étaient excellentes, je me trouvai plus fort que je ne le croyais moi-même.

Comme élève de Grisier, j'avais un jeu de défense plutôt que d'attaque. Carrel me porta plusieurs coups que j'évitai, soit en rompant d'un pas, soit en parant des contres.

Carrel s'emportait facilement, et je sentis que son jeu se ressentait de cet emportement.

— Prenez garde, lui dis-je, en faisant ainsi sur le terrain, vous courriez grand risque d'être arrêté court ou touché en riposte.

— C'est vrai, me dit-il en jetant son fleuret; mais je suis fataliste comme un musulman : ce qui doit arriver est écrit.

— Trouvez-vous que je tire suffisamment pour me faire l'honneur de m'inscrire?

— Oui; mais je ne vous inscrirai pas.

— Pourquoi?

— Parce que j'ai reçu une liste, c'est vrai ; qu'elle porte douze noms, c'est encore vrai; mais, dans ces douze noms, *le National* n'en doit choisir qu'un seul.

— Et...?

— Et je choisis M. Roux-Laborie.

— C'est donc vous qui vous battez ?
— Pardieu ! répondit Carrel.
— Et quand cela ?
— Demain.
— C'est décidé ?
— Parfaitement décidé.
— Je présume que vous avez déjà vos témoins ?
— Oui.
— C'est... ?
— Grégoire et d'Hervas.
— Et vous vous battez...?
— A l'épée... Je suis comme vous : je tire peut-être mieux le pistolet que l'épée ; mais j'avoue que j'ai un faible pour l'épée : à l'épée, on défend sa vie ; au pistolet, on la livre.
— Vous n'avez pas besoin de moi ?
— Non.
— En rien ?
— Merci.
— Bonne chance, cher ami !

Carrel fit un mouvement d'épaules qui signifiait : « Il en sera ce qu'il plaira à Dieu ! »

Je rentrai chez moi, où je trouvai deux de mes amis qui m'attendaient pour le cas où je serais porté sur la liste. Je leur annonçai la résolution de Carrel. Carrel était si parfaitement brave, que cela n'étonna personne, qu'il se fît le champion de la République, — quoique ce fût un singulier républicain, — et qu'il prît le duel pour son compte.

Pendant ce temps, c'est-à-dire le 1er février 1833, la réponse de M. Albert de Calvimont était portée à *la Tribune* par MM. Albert Berthier et Théodore Anne, chargés de maintenir la lutte sur le terrain individuel, le seul que M. Albert de Calvimont voulût accepter.

La discussion fut longue entre les deux témoins de M. Albert de Calvimont et M. Marrast, auquel s'adressait la réponse de M. de Calvimont. M. Marrast, entouré de tous ses amis, et poussé par eux, voulait une véritable bataille dans laquelle les forces des deux partis eussent donné ; les amis de M. de

Calvimont, de leur côté, ne pouvaient qu'offrir le duel, tout accord autre que celui-là les exposant à un désaveu.

Au milieu de la discussion arriva une communication du *National :* elle annonçait la provocation reçue par Carrel. On tint conseil, et l'on décida qu'il ne fallait prendre aucun engagement avant de savoir ce que ferait Carrel lui-même.

On se borna donc, pour le moment, à mettre la communication sous les yeux des deux témoins de M. de Calvimont, et à ajourner la discussion jusqu'au soir.

Le soir, la décision de Carrel fut connue : il avait choisi M. Roux-Laborie fils, non-seulement comme royaliste, mais encore parce que M. Roux-Laborie était fils d'un homme qui avait des intérêts dans le *Journal des Débats,* journal dévoué à la royauté de juillet.

Les détails du combat furent réglés entre MM. Grégoire et d'Hervas, témoins de Carrel, — et Théodore Anne et Albert Berthier, témoins de M. Roux-Laborie.

Carrel, comme provoqué, avait le choix des armes : il choisit l'épée.

Le lendemain samedi, 2 février, — jour de la première représentation de *Lucrèce Borgia,* — M. Roux-Laborie, accompagné de MM. Berthier et Théodore Anne, se rendit à la barrière de Clichy, où arriva presque immédiatement Armand Carrel, assisté de M. d'Hervas, capitaine de chasseurs, et de Grégoire.

Les deux adversaires restèrent chacun dans sa voiture ; les témoins descendirent et s'abouchèrent.

Alors, un incident qui, avec un autre homme que le brave et loyal Carrel, eût fait manquer la rencontre s'éleva entre les témoins. Les seconds de M. Roux-Laborie, d'après les instructions reçues des chefs du parti carliste, déclarèrent que leur ami était prêt à répondre de son défi, mais qu'il désirait seulement se battre avec un autre que Carrel, attendu que les sentiments que les légitimistes avaient pour le rédacteur en chef du *National* étaient bien plutôt des sentiments de reconnaissance que des sentiments de haine, Carrel ayant, devant les assises de Blois, par sa déposition franche et loyale, sauvé la vie à l'un des leurs, M. de Chièvres, accusé de participation aux affaires de la Vendée. — Au reste, en cette occasion, Carrel n'avait fait pour M. de Chièvres, en 1832, que ce que M. de Chièvres avait fait pour Carrel quand Carrel était accusé, en 1823, de complot contre l'État.

Si Carrel était blessé, disaient MM. Théodore Anne et Albert Berthier, le deuil existerait dans les deux camps, tandis que, si, au contraire, M. Roux-Laborie était atteint, le deuil n'existerait que dans un seul ; la partie ne serait donc pas égale.

Par tous ces motifs, les témoins de M. Roux-Laborie demandaient le remplacement de Carrel par telle autre personne que l'on voudrait. M. Roux-Laborie était prêt à accepter cette personne, quelle qu'elle fût.

Ces observations furent transmises à Carrel. Il descendit de sa voiture, s'approcha des témoins, les remercia de ce qu'ils avaient dit de flatteur pour lui, mais déclara, en même temps, qu'il n'avait pas l'habitude de se faire remplacer, et que, venu pour se battre, il se battrait.

La résolution de Carrel était positive, il fallut céder.

On remonta en voiture, et l'on chercha un endroit convenable à une rencontre ; on fut longtemps sans le trouver. Enfin, l'on s'arrêta derrière une usine, du côté de l'île Saint-Ouen. Jusque-là, on avait trouvé la terre trop humide et trop glissante ; là seulement, le terrain était solide, à cause du charbon de terre qui y avait séjourné.

Les deux adversaires descendirent alors de leur voiture, se saluèrent avec politesse, et tombèrent en garde.

L'engagement fut court et vif. Les deux adversaires, après deux ou trois passes, se fendirent en même temps.

L'épée de Carrel avait seulement traversé le bras de M. Roux-Laborie.

Les témoins arrêtèrent le combat, en s'écriant :

— Il y a un blessé !

Et ils s'approchèrent de M. Roux-Laborie.

— Mais, moi aussi, dit tranquillement Carrel, je suis blessé.

Et, en même temps, il porta la main au bas ventre.

Tandis que le médecin de M. Roux-Laborie, M. Bouché-

Dugua, pansait son client, Dumont, médecin de Carrel, constatait une blessure grave à l'aine.

M. Roux-Laborie put être emmené en voiture ; mais, pour Carrel, la chose fut impossible. On courut à l'usine, on prit un matelas que l'on étendit sur un brancard de charrette qui se trouvait là, on plaça Carrel sur le matelas, et ses témoins, aidés des amis de M. Roux-Laborie, qui étaient restés auprès d'eux, transportèrent le blessé à l'usine, où l'on s'empressa de lui donner l'hospitalité.

Carrel fut saigné par Dumont ; mais son état était trop grave pour qu'il pût être ramené en voiture à Paris : c'eût été provoquer un accident fatal, le mouvement de la voiture pouvant amener l'extravasation du sang.

Un des témoins de M. Roux-Laborie courut à Clichy, et rapporta une civière sur laquelle on put ramener Carrel à sa maison de la rue Blanche.

On envoya chercher aussitôt M. Dupuytren, qui accourut.

La blessure était grave : l'épée était entrée de trois pouces, à peu près, et avait traversé le foie ; on ne pouvait encore rien préjuger sur le résultat de l'accident.

Le même soir, le bruit de l'événement se répandit dans Paris, avec la rapidité des mauvaises nouvelles.

Il faut avoir vécu à cette époque d'exaltation et d'enthousiasme pour avoir idée du prestige qui s'attachait au nom de Carrel.

Le lendemain, le duel et les détails du duel faisaient le premier-Paris de tous les journaux.

Nous ouvrons au hasard le premier venu ; — c'est *le Corsaire*.

Lisons :

« 2 *février* 1833. — C'est avec une inexprimable douleur que tout ce qui porte un cœur généreux a connu hier la nouvelle de la blessure qu'a reçue M. Armand Carrel, dans une rencontre avec M. Roux-Laborie, un des légitimistes dont les noms avaient été envoyés au *National*. Mais il est tout à fait impossible de faire comprendre quelles ont été l'indignation et l'affliction des patriotes en apprenant ce déplorable événement.

» Les carlistes sauront que notre énergie n'avait pas besoin d'être poussée jusqu'au désespoir; ce que nous accomplissions comme un devoir, nous l'accomplirons maintenant comme une obligation sacrée.

» M. Armand Carrel, par la hauteur de son talent, par la noble fermeté de son caractère, par l'éclat et l'utilité des services qu'il a rendus, et surtout par la haine que lui avaient vouée les ennemis de nos libertés, est un de ces hommes dont la jeunesse a déjà honoré le pays.

» Le parti qui l'a frappé n'a pas la monnaie de M. Carrel.

» Obéissant à un élan généreux, alors même qu'il repoussait par le raisonnement une agression injuste, il a accepté une rencontre dans la triste collision à laquelle nous sommes aujourd'hui en butte.

» Il a été atteint d'un coup d'épée dans la région de l'aine; son état n'est pas désespéré: M. Dupuytren, appelé près de lui, a constaté la gravité de la blessure, sans ôter tout espoir.

» L'avenir est si immense pour M. Carrel, que nous ne pouvons nous habituer à l'accablante idée qu'il sera sitôt terminé. Il est des hommes qui semblent unis aux destinées de la patrie.

» Et nous auxquels il témoignait un si touchant intérêt lors du malheur qui, dans la même cause, avait frappé un de nos amis, nous ne cesserons de l'entourer de notre reconnaissance, de nos vœux, de notre dévouement, et aussi de ce patriotisme qu'il enseignait si bien, et dont il nous a donné de si beaux exemples. »

Paris tout entier alla s'inscrire chez Carrel. Au nombre des vingt premiers noms portés sur la liste, on lisait ceux de la Fayette, de Chateaubriand, de Béranger, de Thiers et de Dupin.

La société *Aide-toi et le Ciel t'aidera* nomma une commission de trois membres pour aller, au nom de toute la société, s'inscrire chez Carrel, et lui exprimer toute sa sympathie pour la loyale et courageuse conduite qu'il avait tenue pendant toute cette affaire. La commission se composait de MM. Thiard, Lariboissière et Lemercier, de l'Institut.

Le soir même du duel, M. Albert Berthier, l'un des témoins de M. Roux-Laborie, recevait de M. d'Hervas la lettre suivante :

« Monsieur,

» C'est avec un profond chagrin qu'en échange de vos bons et de vos généreux procédés de ce matin, je me vois forcé de vous demander une rencontre pour demain. M. Carrel est l'homme que j'aime et que j'estime le plus au monde. Il est grièvement blessé : l'honneur m'ordonne de le venger. Votre conduite obligeante de ce matin a seule retenu sur mes lèvres la demande que je vous fais en ce moment. Je sais que vous êtes homme d'honneur, je suis certain que vous me comprendrez. Je passe la nuit chez M. Carrel; c'est là que j'attendrai votre réponse demain matin. Choisissez les armes, le lieu du rendez-vous et l'heure ; mais je désire que nous nous rencontrions demain dans la journée, car je suis obligé de rentrer le soir à mon régiment.

» Agréez l'assurance de l'estime de votre très-humble serviteur.

» D'HERVAS. »

Le dimanche matin, M. d'Hervas reçut cette réponse :

« 3 février 1833.

» Monsieur,

» La police m'enlève ; je n'ai que le temps de vous répondre que, pour le moment, il m'est impossible de me rendre à votre invitation.

» Vous me comprenez.

» Agréez, etc.

» ALBERT BERTHIER. »

Une lettre à peu près semblable à celle qu'avait écrite M. Berthier avait été écrite par M. Grégoire à Théodore Anne.

Mais, comme M. Albert Berthier, Théodore Anne venait d'être arrêté.

Force fut donc d'ajourner la rencontre.

Mais, pour qu'on sût bien qu'une force majeure entravait seule les rencontres proposées, le parti républicain fit insérer dans les journaux la note suivante, qui était une réponse publique aux lettres de MM. Berthier et Théodore Anne.

« Nous regrettons vivement, messieurs, qu'une arrestation, ou des menaces d'arrestation ne vous permettent pas de répondre à la lettre que nous vous avons écrite hier; nous désirons, autant que vous pouvez le désirer vous-mêmes, qu'un prompt élargissement vous permette de répondre bientôt à notre appel.

» Au surplus, nous accepterons volontiers, en vous attendant, les légitimistes par lesquels il vous plaira de vous faire remplacer.

« D'HERVAS, GRÉGOIRE. »

On voit que le tournoi était engagé carrément, et à fer émoulu.

Les arrestations de MM. Berthier et Théodore Anne ne firent, comme on le comprend bien, qu'exaspérer les deux partis. — Le véritable ennemi dans tout cela, carlistes et patriotes le sentaient bien, c'était le gouvernement de Louis-Philippe.

La lettre suivante fut adressée aux rédacteurs du *Revenant*:

« Messieurs,

» Nous avons regardé comme une provocation directe votre démarche d'hier au *National* et à *la Tribune*.

» Hier, vous avez refusé notre défi; aujourd'ui, après ce qui vient de se passer entre MM. Armand Carrel et Roux-Laborie, nous tenons plus que jamais à soutenir ce que nous avons avancé, et à poursuivre PAR TOUS LES MOYENS sur votre parti, une juste et éclatante réparation.

» Nous vous envoyons une première liste de douze personnes,

puisque, hier, vous avez parlé de douze des vôtres. Nous ne demandons pas douze duels simultanés, mais successifs, et dans des temps et des lieux dont nous conviendrons facilement.

» Point d'excuse, point de prétexte, qui ne vous sauveraient pas d'une lâcheté, ni surtout des conséquences qu'elle entraîne.

» Entre votre parti et le nôtre, désormais la guerre est engagée par un premier combat. Plus de trêve que l'un des deux n'ait fléchi devant l'autre.

» Armand Marrast, Godefroy Cavaignac, Gardarin. »

Puis venaient les noms de douze patriotes.

Une lettre semblable fut adressée aux bureaux de *la Quotidienne*. Elle était signée d'Ambert, de Guinard et de Thévenin.

En même temps, Germain Sarrut, assisté de MM. Delsart et Saint-Edme, se rendait chez M. de Genoude, qui répondit aux explications demandées :

« Monsieur,

» Les rédacteurs de *la Gazette* désapprouvent formellement la conduite des hommes de leur parti qui ont provoqué les écrivains rédacteurs des différents journaux et refusent, par conséquent, de prendre une part *quelconque* à la querelle élevée entre les deux partis. »

De son côté, *la Quodidienne* écrivit la lettre suivante en réponse à celle d'Ambert, de Guinard et de Thévenin :

« MM. de Montfort, M. de Calvimont et autres étant arrêtés ou sous le poids d'un mandat d'amener, l'objet de la lettre de MM. du *National* ne peut être rempli pour le moment. — 3 février. »

Cette lettre fut reçue le 4.

Le 5, les journaux patriotes contenaient la note suivante :

« Les lettres adressées hier par nos amis aux champions de la légitimité ont été appuyées aujourd'hui de démarches faites par plusieurs d'entre eux auprès de ces messieurs, pour les engager à prendre un parti, et à ne pas prolonger une situation qui n'était jusqu'ici ni une acceptation ni un refus formel. Il paraît maintenant qu'il n'y a plus d'équivoque. On n'accepte pas. »

Pendant ce temps, les rencontres partielles avaient lieu.

Le 2 février, préoccupé par la première représentation de *Lucrèce Borgia*, je n'avais fait qu'une courte apparition au *National*; on n'y savait pas encore le résultat de la rencontre. J'y trouvai M. de Beauterne, un de mes amis, caractère fiévreux et exalté. Il venait se faire inscrire ; mais, apprenant que la liste était close, il résolut d'agir pour son propre compte.

Nous revînmes ensemble, il monta chez moi, me demanda une plume, de l'encre et du papier, et écrivit à Nettement, rédacteur de *la Quotidienne*, pour lui offrir une rencontre.

Il me pressait beaucoup d'en faire autant ; cela m'était assez difficile : tout républicain que j'étais, je comptais certainement plus d'amis parmi les carlistes que parmi les républicains.

Il y mit une telle insistance, qu'il n'y eut pas moyen pour moi de reculer.

Je pris à mon tour la plume et j'écrivis :

« Mon cher Beauchêne,

» Si votre parti est aussi bête que le mien, et vous force de vous battre, je vous demande la préférence, enchanté que je serai toujours de vous donner une preuve d'estime, à défaut d'une preuve d'amitié.

» Tout à vous,

» ALEX. DUMAS. »

Beauterne poussa la complaisance jusqu'à se charger de faire parvenir la lettre. — Beauchêne était à la campagne, et il ne revenait que dans huit ou dix jours; mais son concierge s'était chargé de lui faire passer la lettre où il était.

Le 4 février, la rencontre offerte par Beauterne à Nettement eut lieu. Ce dernier reçut un coup d'épée à travers le bras.

Au reste, les bulletins qui nous arrivaient de la santé de Carrel étaient satisfaisants. Personne n'entrait dans sa chambre, — excepté la dévouée créature qui ne le quittait pas, et M. Dupuytren, qui venait le voir deux fois par jour.

Le 5 février, *le Revenant* paraissait en blanc : une note d'une demi-ligne annonçait que tous ses rédacteurs étaient arrêtés.

Le 9, on arrêtait M. Sarrut.

Le même jour, j'avais reçu une lettre de Beauchêne : il était retenu pour quelques jours encore à la campagne ; mais, aussitôt son retour, il se mettait à ma disposition.

Toutefois, il n'y avait plus moyen de se battre : chacun de nous avait un agent de police qui ne le quittait pas plus que son ombre.

Le 9, Carrel allait assez bien pour que quelques-uns de ses amis pussent être introduits dans sa chambre. J'y entrai avec deux ou trois autres : M. Dupuytren y était. C'était la première fois que je le voyais. Il faisait une dissertation sur la prompte et facile guérison des coups d'épée, et promettait à Carrel qu'avant huit jours il serait sur pied.

Un mois auparavant, voici ce qui était arrivé à l'illustre praticien :

Un officier payeur avait joué et perdu une somme considérable prise à la caisse du régiment; rentré chez lui, il n'avait vu d'autre alternative que les galères ou la mort, il avait choisi la mort.

Puis, avec un prodigieux sang-froid, après avoir écrit la cause de son suicide, il avait tiré son épée, en avait appuyé le pommeau à la muraille, la pointe à sa poitrine, et avait fait un pas en avant : l'épée était entrée de six pouces...

Il avait continué de pousser; l'épée était entrée d'un pied...

il avait poussé encore : la garde de l'épée, comme on dit en termes de salle d'armes, lui avait servi d'emplâtre.

Malgré cela, il était resté debout!

Alors, il avait eu un remords; le désir de la vie l'avait repris ; il avait sonné son domestique ; seulement, comme il se sentait faible, il s'était mis, pour l'attendre, à califourchon sur une chaise.

C'était dans cette position qu'en entrant, le domestique l'avait trouvé.

Celui-ci n'y avait rien compris d'abord ; il ne se rendait pas compte de cette garde d'épée appuyée à la poitrine, et de ces dix-huit pouces de fer sortant entre les deux épaules.

— Allez me chercher M. Dupuytren, lui avait dit l'officier.

Le domestique avait voulu entrer dans des explications.

— Allez! allez! avait répété l'officier. Sacrebleu ! vous voyez bien qu'il n'y a pas de temps à perdre !

L'officier devenait très-pâle, et il se faisait à ses pieds une mare de sang.

Le domestique vit qu'en effet, il n'y avait pas de temps à perdre, et courut chez M. Dupuytren.

Quand M. Dupuytren arriva, le blessé avait glissé en bas de sa chaise, et était couché évanoui sur le côté.

M. Dupuytren avait retiré l'épée avec la plus grande précaution, avait appliqué un double appareil, et, voyant un papier écrit, s'en était emparé: la cause du suicide lui avait alors été expliquée.

Avec le papier, il avait été trouver un banquier, et celui-ci lui avait donné les cent cinquante louis perdus par l'officier.

La veille du jour où M. Dupuytren nous racontait cela, l'officier s'était levé et avait pu aller à son bureau. En ouvrant son tiroir, il y avait trouvé les cent cinquante louis.

L'homme était sauvé deux fois.

Tandis que Carrel marchait vers sa guérison, les arrestations préventives continuaient; mais, le 14 février, la chambre du conseil rendit un arrêt de non-lieu en faveur des témoins de M. Roux-Laborie, et MM. Albert Berthier et Théodore Anne furent mis en liberté.

Le premier acte de liberté que firent ces messieurs fut de se mettre à la disposition de MM. d'Hervas et Achille Grégoire; seulement, ne voulant pas engager cette succession de combats posée en principe, ils choisirent leurs témoins parmi les républicains.

Ainsi MM. Mathieu et Alexis Dumesnil devinrent les témoins de M. Berthier, et Étienne Arago et Anténor Joly ceux de M. Théodore Anne..

Mais, le 15 au matin, MM. Théodore Anne et Albert Berthier reçurent cette lettre écrite en double par Carrel.

Nous avons sous les yeux celle qui était adressée à Théodore Anne.

« Paris, 15 février 1833.

» J'ai appris, monsieur, avec une satisfaction bien vive, qu'aujourd'hui, enfin, vous aviez été rendu à vos affaires et à vos amis. Je ne saurais protester trop énergiquement contre le motif sur lequel on a osé fonder votre détention arbitraire; mais j'ai surtout besoin de vous dire, monsieur, combien j'ai été sensible aux soins que votre loyauté généreuse m'a prodigués au moment où je pouvais craindre de n'avoir de droits qu'à la douleur et à l'active sollicitude de mes témoins et amis. Dans ce moment périlleux pour moi, il m'a été difficile de distinguer entre le dévouement des amis qui avaient voulu soutenir ma cause et partager mes dangers, et la courtoisie généreuse des hommes d'honneur que M. Roux-Laborie avait choisis pour seconds. Croyez, monsieur, que j'ai tout vu, tout remarqué dans le temps même où des souffrances aiguës semblaient me refuser la lumière, et que je n'oublierai jamais les empressements dont vous m'avez personnellement comblé. C'est assez vous dire, monsieur, combien j'ai été désolé que mes témoins aient cru devoir, cédant à l'émotion du moment, chercher en vous et en M. Berthier des adversaires; à l'avenir, il ne me sera plus permis de vous compter qu'au nombre des gens qui me veulent du bien, et à qui j'en veux beaucoup. En retour, recevez-en l'assurance et croyez-moi.

» Votre plus dévoué serviteur,

» CARREL. »

Le même jour, Carrel sortit, passa à *la Tribune* et au *National*, et alla faire une visite à M. Roux-Laborie, que sa blessure, bien moins grave que celle de son adversaire, et cependant bien plus lentement guérie, retenait encore dans sa chambre.

Au reste, après la lettre de Carrel, il n'y avait plus de duels possibles. Le 17 février, on lisait dans les journaux républicains la note suivante:

« 17 *février*. — On se souvient qu'à la suite de la rencontre qui eut lieu entre MM. Carrel et Roux-Laborie, les témoins de M. Carrel adressèrent une provocation aux témoins de M. Laborie, MM. Albert Berthier et Théodore Anne. On sait que ces deux messieurs avaient été mis en état d'arrestation, comme prévenus de provocation au meurtre. Cette accusation ayant été abandonnée, MM. Albert Berthier et Théodore Anne ont dû, en recouvrant la liberté, avertir les témoins de M. Carrel qu'ils se trouvaient ainsi à leur disposition ; ils ont ajouté que, ne voulant pas qu'une rencontre entre eux pût avoir un caractère politique, ils choisissaient leurs témoins parmi les amis politiques des témoins de M. Carrel.

» Les témoins des deux partis, s'étant réunis, ont pensé ne pouvoir pas permettre qu'aucune suite fût donnée à cette affaire, puisque, de la part de MM. Berthier et Théodore Anne, la question de l'affaire politique est abandonnée, et que la provocation de MM. d'Hervas et Achille Grégoire n'était motivée que par le danger que pouvait courir alors M. Armand Carrel, danger heureusement et promptement dissipé. Les choses étant en cet état, les témoins soussignés prononcent que toute collision entre les amis de MM. Armand Carrel et

Laborie, quand les motifs n'existent plus, serait injustifiable aux yeux de la raison et de l'honneur.

Ambert, Guinard, Grégoire Lecocq, Ozanne, témoins de MM. d'Hervas et Achille Grégoire.	Mathieu, Alexis Dumesnil, Étienne Arago, Anténor Joly, témoins de MM. Berthier et Théodore Anne.

Le 14, nous l'avons dit, MM. Théodore Anne et Albert Berthier avaient été mis en liberté.

Le 15, Beauchêne était revenu de la campagne, et m'avait fait avertir de son arrivée. Le lendemain, nos témoins s'abouchaient: mais, comme je l'ai dit, après la lettre de Carrel, il n'y avait plus de duels possibles.

D'ailleurs, le bruit de la grossesse de la duchesse de Berry, sans être officiel, prenait une consistance sérieuse. Personne n'en doutait déjà plus, quand, dans la partie officielle du *Moniteur* du 26 février, on lut:

« Le vendredi 22 février, à cinq heures et demie, madame la duchesse de Berry a remis à M. le général Bugeaud, gouverneur de la citadelle de Blaye, la déclaration suivante:

« Pressée par les circonstances et par les mesures ordonnées
» par le gouvernement, quoique j'eusse les motifs les plus
» graves pour tenir mon mariage secret, je crois devoir à moi-
» même, ainsi qu'à mes enfants, de déclarer m'être mariée
» secrètement pendant mon séjour en Italie.
» De la citadelle de Blaye, ce 22 février 1833.

» *Signé:* Marie-Caroline. »

« Cette déclaration, transmise par M. le général Bugeaud à M. le président du conseil ministre de la guerre, a été immédiatement déposée aux archives de la chancellerie de France. »

Pas un mot sur la grossesse de Son Altesse royale n'était

prononcé dans ces lignes ; mais on sentait parfaitement qu'elles n'avaient été écrites qu'à cause de cette grossesse.

Au reste, ce ne fut que deux mois et demi plus tard que le nom du nouveau mari de madame la duchesse de Berry fut officiellement prononcé dans le procès-verbal d'accouchement.

Voici ce procès-verbal, curieux pendant à celui qui fut dressé aux Tuileries, le jour de la naissance du duc de Bordeaux :

« L'an mil huit cent trente-trois, le dix mai, à trois heures et demie du matin ;

» Nous soussignés, Thomas-Robert Bugeaud, membre de la chambre des députés, maréchal de camp, commandant supérieur de Blaye ;

» Antoine Dubois, professeur honoraire à la faculté de médecine de Paris ;

» Charles-François Marchand-Dubreuil, sous-préfet de l'arrondissement de Blaye ;

» Daniel-Théotime Pastoureau, président du tribunal de première instance de Blaye ;

» Pierre Nadaud, procureur du roi près le même tribunal ;

» Guillaume Bellon, président du tribunal de commerce, adjoint au maire de Blaye ;

» Charles Bordes, commandant de la garde nationale de Blaye ;

» Élie Descrambes, curé de Blaye ;

» Pierre-Camille Delord, commandant de la place de Blaye ;

» Claude-Olivier Dufresne, commissaire civil du gouvernement à la citadelle ;

» Témoins appelés à la requête du général Bugeaud, à l'effet d'assister à l'accouchement de Son Altesse royale Marie-Caroline, princesse des Deux-Siciles, duchesse de Berry ;

» (MM. Merlet, maire de Blaye, et Regnier, juge de paix, témoins également désignés, se trouvant momentanément à la campagne, n'ont pas pu être prévenus à temps.)

» Nous nous sommes transportés dans la citadelle de Blaye,

et dans la maison habitée par Son Altesse royale ; nous avons été introduits dans un salon qui précède une chambre dans laquelle la princesse se trouvait couchée.

» M. le docteur Dubois, M. le général Bugeaud et M. Delord, commandant de la place, étaient dans le salon dès les premières douleurs ; ils ont déclaré aux autres témoins que madame la duchesse de Berry venait d'accoucher à trois heures ; qu'ils l'avaient vue accouchant, et recevant les soins de MM. les docteurs Deneux et Menière, M. Dubois étant resté dans l'appartement jusqu'à la sortie de l'enfant.

» M. le général Bugeaud est entré demander à madame la duchesse si elle voulait recevoir les témoins ; elle a répondu : « Oui, aussitôt qu'on aura nettoyé et habillé l'enfant. »

» Quelques instants après, madame d'Hautefort s'est présentée dans le salon, en invitant, de la part de la duchesse, les témoins à entrer ; et nous sommes immédiatement entrés.

» Nous avons trouvé la duchesse de Berry couchée dans son lit, ayant un enfant nouveau-né à sa gauche : au pied de son lit était assise madame d'Hautefort ; madame Hansler, MM. Deneux et Menière étaient debout à la tête du lit.

» M. le président Pastoureau s'est alors approché de la princesse, et lui a adressé à haute voix les questions suivantes :

» — Est-ce à madame la duchesse de Berry que j'ai l'honneur de parler ?

» — Oui.

» — Vous êtes bien madame la duchesse de Berry ?

» — Oui, monsieur.

» — L'enfant nouveau-né qui est auprès de vous est-il le vôtre ?

» — Oui, monsieur, cet enfant est de moi.

» — De quel sexe est-il ?

» — Il est du sexe féminin. J'ai, d'ailleurs, chargé M. Deneux d'en faire la déclaration.

» Et, à l'instant, Louis-Charles Deneux, docteur en médecine, ex-professeur de clinique d'accouchement de la faculté de Paris, membre titulaire de l'Académie royale de médecine, a fait la déclaration suivante :

» — Je viens d'accoucher madame la duchesse de Berry, ici présente, épouse en légitime mariage du comte Hector de Lucchesi-Palli, des princes de Campo-Franco, gentilhomme de la chambre du roi des Deux-Siciles, domicilié à Palerme.

» M. le comte de Brissac et madame la comtesse d'Hautefort interpellés par nous s'ils signeraient la relation de ce dont ils ont été témoins, ont répondu qu'ils étaient venus ici pour donner leurs soins à la duchesse de Berry, comme amis, mais non pour signer un acte quelconque.

» De tout quoi nous avons dressé le présent procès-verbal en triple expédition, dont l'une a été déposée en notre présence aux archives de la citadelle ; les deux autres ont été remises à M. le général Bugeaud, gouverneur, que nous avons chargé de les adresser au gouvernement, et avons signé après lecture faite, les jour, mois et an que dessus. »

A notre avis, madame la duchesse de Berry eut un tort plus grave que celui d'épouser M. le comte de Lucchesi-Palli, — noble et loyal gentilhomme sicilien, du reste, dont j'ai eu l'honneur de connaître la famille pendant mon voyage en Sicile. — Ce tort, ce fut de signer la déclaration du 22 février et le procès-verbal d'accouchement du 10 mai 1833 ; aucune puissance humaine ne pouvait l'y contraindre, et l'opposition contre le gouvernement était telle à cette époque, que toute pièce officielle non signée de madame la duchesse de Berry pouvait être, sinon avec bonne foi, du moins avec succès, répudiée comme apocryphe. Entre la dénégation du parti carliste et l'affirmation du juste milieu, l'opinion publique fût demeurée indécise.

C'est ainsi que l'on traversa une des périodes les plus fiévreuses du commencement du règne de Louis-Philippe. Elle eut un avantage réel : ce fut de rapprocher, non point comme opinion, mais comme estime, le parti carliste du parti républicain. MM. Théodore Anne et Berthier, en touchant la main de MM. d'Hervas et Grégoire, de même que Carrel en touchant l'épée de M. Roux-Laborie, se donnèrent cette preuve d'estime dont je parlais à Beauchêne, et que l'on se donne entre ennemis, à défaut d'une preuve d'amitié.

Et, maintenant, nous demandons à nos patients et fidèles lecteurs la permission de clore provisoirement ici la série de nos Mémoires. Plus tard, — si l'accueil qui leur est fait répond à notre attente, et que Dieu veuille bien nous prêter vie, — nous reprendrons notre plume de chroniqueur, avec l'espoir de fournir de nouveaux et curieux matériaux à l'histoire véridique de notre temps.

FIN

TABLE

Pages.

CCXLIII. — Les artilleurs. — Carrel et *le National.* — Barricades du boulevard Bourdon et de la rue de Ménilmontant. — La voiture du général la Fayette. — Un mauvais tireur de mes amis. — Désespoir d'Harel. — Les pistolets de *Richard.* — Les femmes sont contre nous! — Je distribue des armes aux insurgés. — Changement d'uniforme. — Réunion chez Laffitte. — Marche de l'insurrection. — M. Thiers. — Barricade Saint-Merri. — Jeanne. — Rossignol. — Barricade du passage du Saumon. — Matinée du 6 juin... 1

CCXLIV. — L'intérieur de la barricade Saint-Merri, d'après un enfant de Paris. — Le général Tiburce Sébastiani. — Louis-Philippe pendant l'insurrection. — M. Guizot. — MM. François Arago, Laffitte et Odilon Barrot aux Tuileries. — La dernière raison des rois. — Étienne Arago et Howelt. — Dénonciation contre moi. — Rapport de M. Dinot........................... 22

CCXLV. — *Le Fils de l'Emigré.* — J'apprends ma mort prématurée. — On me conseille un voyage de prudence et de santé. — J'opte pour la Suisse. — Opinion littéraire de Gosselin sur ce pays. — Premier effet du changement d'air. — De Châlon à Lyon par un train de petite vitesse. — La montée du Cerdon. — Arrivée à Genève.. 45

CCXLVI. — Grands éclaircissements sur le bifteck d'ours. — Jacotot. — Une épithète malsonnante. — Un feutre séditieux. — Des carabiniers trop spirituels. — Je me brouille avec le roi Charles-Albert à propos de la dent du Chat. — Les princes et les hommes d'esprit... 51

CCXLVII. — Le 22 juillet 1832............................ 66

Pages.

CCXLVIII. — Rescrit qui débaptise le roi de Rome. — Anecdotes sur l'enfance du duc de Reichstadt. — Lettre de sir Hudson Lowe annonçant la mort de Napoléon...................... 74

CCXLIX. — Le prince de Metternich est chargé d'apprendre au duc de Reichstadt l'histoire de Napoléon. — Plan de conduite politique du duc. — Le poëte Barthélemy à Vienne. — Ses entrevues avec le comte Dietrichstein. — Opinion du duc de Reichstadt sur le poëme de *Napoléon en Égypte*............. 81

CCL. — Voyage du duc de Reichstadt. — M. le chevalier de Prokesch. — Questions sur les souvenirs laissés par le *Napoléon en Égypte*. — L'ambition du duc de Reichstadt. — La comtesse Camerata. — Le prince est nommé lieutenant-colonel. — Il s'enroue en passant une revue. — Il tombe malade. — Rapport du docteur Malfatti sur sa santé........................ 90

CCLI. — Le duc de Reichstadt à Schœnbrünn. — Progrès de sa maladie. — L'archiduchesse Sophie. — Derniers moments du prince — Sa mort. — Effet que la nouvelle produit à Paris. — Article du *Constitutionnel* sur cet événement............... 100

CCLII. — Lucerne. — Le lion du 10 août. — Les poules de M. de Chateaubriand. — Reichenau. — Un tableau de Couder. — Lettre à M. le duc d'Orléans. — Promenade dans le parc d'Arenenberg... 110

CCLIII. — Nouvelles de France. — Première représentation du *Fils de l'Émigré*. — Ce qu'en pense le *Constitutionnel*. — Effet produit par cette pièce sur la population parisienne en général, et sur M. Véron en particulier. — Mort de Walter Scott. — *Perrinet Leclerc*. — *Sic vos non vobis*............................... 129

CCLIV. — La duchesse de Berry revient à Nantes déguisée en paysanne. — Le panier de pommes. — La maison Duguigny. — Madame dans sa retraite. — Simon Deutz. — Ses antécédents. — Ses missions. — Il entre en marché avec MM. Thiers et Montalivet. — Il part pour la Vendée............................ 140

CCLV. — M. Maurice Duval est nommé préfet de la Loire-Inférieure. — Les Nantais lui donnent un charivari. — Instances de Deutz pour voir Madame. — Il obtient une première audience, puis une seconde. — Investissement de la maison Duguigny. — La cachette. — Perquisitions de la police — Découverte de la duchesse.. 151

CCLVI. — Premiers moments de l'arrestation. — Les treize mille francs de Madame. — Ce qu'un gendarme peut gagner à dormir sur un lit de camp, et à faire des réflexions philosophiques. — La duchesse au château de Nantes. — Elle est transférée à Blaye. — Judas.. 93

	Pages.
CCLVII. — *Le Roi s'amuse*. — La critique et la censure............	186
CCLVIII. — Procès du *Corsaire*. — Le duc d'Orléans caricaturiste. Procès de *la Tribune*. — Le droit d'association consacré par le jury. — Statistique des condamnations politiques sous la Restauration. — *Le Pré-aux-Clers*..........................	227
CCLIX. — Victor Jacquemont........................	232
CCLX. — George Sand............................	241
CCLXI. — Eugène Sue. — Sa famille, sa naissance, son parrain et sa marraine, son éducation. — La cave du docteur Sue. — Chœur de botanistes. — Comité de chimie. — Dîner sur l'herbe. — Eugène Sue part pour l'Espagne. — Son retour. — La chambre de Ferdinand Langlé. — Le capitaine Gauthier..............	248
CCLXII. — Eugène Sue a l'ambition d'un groom, d'un cheval et d'un cabriolet. — Il fait, avec la maison Ermingot, Godefroy et Cⁱᵉ, une affaire qui lui permet de se passer cette fantaisie. — Triomphe aux Champs-Élysées. — Fâcheuse rencontre. — Desforges et Eugène Sue se séparent. — Desforges fonde *le Kaléidoscope* à Bordeaux. — Ferdinand Langlé fonde *la Nouveauté* à Paris. — César et le nègre Zoyo. — Dossion et son chien......	260
CCLXIII. — Débuts d'Eugène Sue dans le journalisme. — L'Homme-Mouche. — Le mouton mérinos. — Eugène Sue dans la marine. — Il assiste à la bataille de Navarin. — Il se met dans ses meubles. — Dernière folie de jeunesse. — Un autre *Fils de l'Homme*. — Bossange et Desforges.........................	269
CCLXIV. — Les duels politiques........................	287

FIN DE LA TABLE DU TOME DIXIÈME

Paris. — Imp. N.-M. DUVAL, 17, rue de l'Echiquier

EXTRAIT DU CATALOGUE MICHEL LÉVY

1 FRANC LE VOLUME. — 1 FR. 25 PAR LA POSTE

ROGER DE BEAUVOIR

	vol.
AVENTURIÈRES ET COURTISANES	1
LE CABARET DES MORTS	1
LE CHEVALIER DE CHARNY	1
LE CHEVALIER DE SAINT-GEORGES	1
L'ÉCOLIER DE CLUNY	1
HISTOIRES CAVALIÈRES	1
LA LESCOMBAT	1
MADEMOISELLE DE CHOISY	1
LE MOULIN D'HEILLY	1
LES MYSTÈRES DE L'ILE SAINT-I...	2
LES ŒUFS DE PAQUES	1
LE PAUVRE DIABLE	1
LES SOIRÉES DU LIDO	1
LES TROIS ROHAN	1

Mme ROGER DE BEAUVOIR

	vol.
CONFIDENCES DE Mlle MARS	1
SOUS LE MASQUE	1

ALBERT BLANQUET

	vol.
LA BELLE FÉRONNIÈRE	1
LA MAITRESSE DU ROI	1

CH. DE BOIGNE

	vol.
LES PETITS MÉMOIRES DE L'OPÉRA	1

COMTESSE DASH

	vol.
UN AMOUR COUPABLE	1
LES AMOURS DE LA BELLE AURORE	2
AVENTURES D'UNE JEUNE MARIÉE	1
LES BALS MASQUÉS	1
LA BELLE PARISIENNE	1
LA CEINTURE DE VÉNUS	1
LA CHAINE D'OR	1
LA CHAMBRE BLEUE	1
LE CHATEAU DE LA ROCHE-SANGLANTE	1
LES CHATEAUX EN AFRIQUE	1
LA DAME DU CHATEAU MURÉ	1
LA DERNIÈRE EXPIATION	2
LA DUCHESSE D'ÉPONNES	1
LE DRAME DE LA RUE DU SENTIER	1
LA DUCHESSE DE LAUZUN	3
LA FÉE AUX PERLES	1
LA FEMME DE L'AVEUGLE	1
LE FILS NATUREL	1
LES FOLIES DU CŒUR	1
LE FRUIT DÉFENDU	1
LES GALANTERIES DE LA COUR DE LOUIS XV	4
— LA RÉGENCE	1

COMTESSE DASH (Suite)

	vol.
— LA JEUNESSE DE LOUIS XV	1
— LES MAITRESSES DU ROI	1
— LE PARC AUX CERFS	1
LE JEU DE LA REINE	1
LA JOLIE BOHÉMIENNE	1
LES LIONS DE PARIS	1
MADAME DE LA SABLIÈRE	1
MADAME LOUISE DE FRANCE	1
MADEMOISELLE DE LA TOUR DU PIN	1
LA MAIN GAUCHE ET LA MAIN DROITE	1
LES MALHEURS D'UNE REINE	1
LA MARQUISE DE PARABÈRE	1
LA MARQUISE SANGLANTE	1
LA NEUF DE PIQUE	1
LE POUDRE ET LA NEIGE	1
LA PRINCESSE DE CONTI	1
UN PROCÈS CRIMINEL	1
UNE RIVALE DE LA POMPADOUR	1
LE SALON DU DIABLE	1
LES SECRETS D'UNE SORCIÈRE	2
LA SORCIÈRE DU ROI	2
LES SOUPERS DE LA RÉGENCE	2
LES SUITES D'UNE FAUTE	1
TROIS AMOURS	1

ARSÈNE HOUSSAYE

	vol.
L'AMOUR COMME IL EST	1
LES AVENTURES GALANTES DE MARGOT	1
LES FEMMES COMME ELLES SONT	1
LES FEMMES DU DIABLE	1

EUGÈNE DE MIRECOURT

	vol.
ANDRÉ LE SORCIER	1
UN ASSASSIN	1
LA BOHÉMIENNE AMOUREUSE	1
CONFESSIONS DE MARION DELORME	3
CONFESSIONS DE NINON DE LENCLOS	3
LE FOU PAR AMOUR	1
UN MARIAGE SOUS LA TERREUR	1
LE MARI DE MADAME ISAURE	1
MASANIELLO, LE PÊCHEUR DE NAPLES	1

PAUL DE MOLÈNES

	vol.
AVENTURES DU TEMPS PASSÉ	1
CARACTÈRES ET RÉCITS DU TEMPS	1
CHRONIQUES CONTEMPORAINES	1
HISTOIRES INTIMES	1
HISTOIRES SENTIMENTALES ET MILITAIRES	1
MÉM. D'UN GENTILH. DU SIÈCLE DERNIER	1

Le Catalogue complet sera envoyé franco à toute personne qui en fera la demande par lettre affranchie.

Paris. — Imprimerie Dumoutet, 3, rue Aube

www.ingramcontent.com/pod-product-compliance
Lightning Source LLC
Chambersburg PA
CBHW071240160426
43196CB00009B/1132